# Das Hirschgraben Lesebuch

## für Realschulen in Bayern

## 7. Jahrgangsstufe

Die Reihe wurde erarbeitet
unter Beratung von
Gertraud Bildl, Höchberg
Hans-Dieter Borowczyk, Marktoberdorf
Liane Herold, Wolfratshausen
Rosa Maria Megies, Altötting
Leonore Rahnhöfer, Zirndorf
und
Karl-Hans Reichl, Weiden

Cornelsen

Das vorliegende Buch beruht auf der Ausgabe von
Renate Arbeus, Eva-Marie Häußler, Claudia Kitzig,
Jörg Knobloch, Peter Kohrs und Marlene Schommers

Verlagsredaktion: Ingeborg Herchen
Umschlaggestaltung: Egbert Herfurth; Knut Waisznor
Gestaltung: Katrin Nehm
Technische Umsetzung: werkstatt für gebrauchsgrafik, Berlin

Cornelsen online http://www.cornelsen.de

Die Internet-Adressen und -Dateien, die in diesem Lehrwerk angegeben sind, wurden vor Drucklegung geprüft (Stand: Januar 2003). Der Verlag übernimmt keine Gewähr für die Aktualität und den Inhalt dieser Adressen und Dateien oder solcher, die mit ihnen verlinkt sind.

Dieses Werk berücksichtigt die Regeln der reformierten Rechtschreibung und Zeichensetzung. Bei den mit R gekennzeichneten Texten haben die Rechteinhaber einer Anpassung an die neue Rechtschreibung widersprochen.

1. Auflage 2001 € Druck 5 4 3 2 Jahr 06 05 04 03

Alle Drucke dieser Auflage sind inhaltlich unverändert und können im Unterricht nebeneinander verwendet werden.



Druck: CS-Druck CornelsenStürtz, Berlin

ISBN 3-464-60120-X

Bestellnummer: 601200

Gedruckt auf säurefreiem Papier, umweltschonend hergestellt aus chlorfrei gebleichten Faserstoffen.

Liebe Schülerin, lieber Schüler,

in diesem Lesebuch haben wir für dich viele interessante und auch spannende Texte zusammengestellt. Lesen macht – neben Spaß – auch Arbeit. Aber Arbeit lässt sich oftmals **sinnvoll erleichtern.** Darum haben wir einige Hilfen für dich eingearbeitet:

1 Die Nummerierung der Zeilen hilft dir, schnell eine bestimmte Stelle im Text zu nennen.

2 Wörter, deren Bedeutung du vielleicht nicht kennst oder die dir ganz unbekannt sind, werden am Textrand erklärt. Hinter diesen Wörtern findest du einen kleinen Pfeil: ↑
Weil wir auch nicht alle Wörter kennen, haben wir für unsere Erklärungen verschiedene Lexika↑ benutzt. Falls du also noch andere Wörter nicht verstehst, mache es wie wir: Schlage nach!

die Lexika: *Mehrzahl von* das Lexikon: *ein Nachschlagewerk*

3 Wörter, vor denen ein kleiner Pfeil steht, sind wichtige Fachbegriffe; Beispiel: → Ballade. Sie werden im Anhang ab Seite 225 erklärt.

4 Bei diesem Zeichen **Lesehinweis** findest du einen Hinweis auf andere Texte oder Bücher, die zu deinem aktuellen Thema passen. Du kannst dort weiterlesen.

5 Ein L neben einer Aufgabe heißt, dass du deine Lösung im Anhang auf Seite 220 kontrollieren kannst.

6 Die eckigen Klammern [...] weisen darauf hin, dass der Text an dieser Stelle gekürzt wurde.

7 Das Zeichen R unter einem Text bedeutet, dass dieser Text auf Wunsch der Rechteinhaber in der alten Rechtschreibung abgedruckt ist.

## Achtung Rätsel!

Die Titelabbildung und der Text auf der Rückseite deines Lesebuchs gehören zu einem bestimmten Kapitel, das im Buch steht. Bevor du einfach lossuchst, orientiere dich im Inhaltsverzeichnis: Welches Kapitel könnte das sein? Und findest du auch den Text, dem das Zitat entnommen ist?

Viel Spaß beim Lesen!

# INHALTSVERZEICHNIS

## Freizeit – was tun?



## Leitbilder – Traumbilder

## Nachgeben – sich durchsetzen



## Eine Welt – verschiedene Welten



## Spannend erzählt

## Epochen der Literatur: Mittelalter und Barock



## Kunstvolle Natur

## Umweltsch(m)utz



## Fliegen – Traum und Wirklichkeit



## Und wo bist du zu Hause?

## WERKSTATT Lesetraining



## WERKSTATT Dramatisches

## WERKSTATT Film und Fernsehen – Hinter den Kulissen



## WERKSTATT Von Gutenberg zum Internet

# FREIZEIT – WAS TUN?

In der Freizeit bin ich am liebsten unter Freunden. Da fühle ich mich wohl und kann mich entspannen.

Für mich ist Freizeit wichtig zum Entspannen: Musik hören, lesen, schlafen. Schule ist für mich Pflicht.

Ich habe einen Hund, zwei Wellensittiche und ein Meerschweinchen; die Tiere brauchen viel Pflege. Am Wochenende gehe ich immer reiten.

Ich bin ganz froh, dass es bei uns ein Jugendzentrum gibt. Man kann spielen oder Musik hören. Für die Ferien stellen wir vielleicht einen Aufenthalt in Holland auf die Beine.

1. Sicher kannst du deine Vorlieben in den Äußerungen der Schülerinnen und Schüler wiederfinden. Erzähle von deiner Freizeit.
2. Gestalte ein Plakat zum Aushang im Klassenzimmer, auf dem du deine Freizeitaktivitäten in Wort und Bild vorstellst.
3. Notiere dir drei Freizeitaktivitäten, die man gut als → Pantomime darstellen kann. Spiele sie vor und lasse die Klasse raten.

*Johann Wolfgang Goethe empfiehlt:*

Man sollte alle Tage
wenigstens ein kleines
Lied hören,
ein gutes Gedicht
lesen,
ein treffliches
Gemälde sehen und
– wenn es möglich
zu machen wäre –
einige vernünftige
Worte sprechen.

1. Goethe spricht von vier Tätigkeiten, für die man sich „alle Tage“ Zeit nehmen sollte. Nenne sie.
2. Warum legt Goethe auf diese Tätigkeiten besonderen Wert?
3. Du hast sicher noch andere Vorstellungen, was man jeden Tag machen sollte.
   - Schreibe sie untereinander auf und begründe deine Wahl jeweils daneben.
   - Vergleicht eure Listen miteinander.

*Antoine de Saint-Exupéry*

## Plädoyer↑ für die Freizeit

das Plädoyer: *die Verteidigungsrede (vor Gericht)*

*Der kleine Prinz ist von seinem Planeten auf die Erde gekommen. Hier sieht er vieles, über das er sich wundert. Er begegnet einem Händler:*

„Guten Tag“, sagte der kleine Prinz. „Guten Tag“, sagte der Händler. Er handelte mit höchst wirksamen durststillenden Pillen. Man schluckte jede Woche eine und spürte überhaupt kein Bedürfnis mehr zu trinken. „Warum verkaufst du das?“, fragte der kleine Prinz. „Das ist eine große Zeitersparnis“, sagte der Händler. „Fachleute haben ausgerechnet, dass man damit 53 Minuten pro Woche sparen kann.“

„Und was macht man mit den 53 Minuten?“ „Man macht damit, was man will.“

„Wenn ich 53 Minuten zur Verfügung hätte“, dachte der kleine Prinz, „dann würde ich ganz gemächlich zu einem Brunnen spazieren.“

1. Was würdest du tun, wenn du mehr Freizeit hättest?
2. Lässt sich der Wert der freien Zeit nach Minuten oder Stunden berechnen? Begründe.
3. Schreibe von einem Erlebnis, bei dem du die Zeit ganz „vergessen“ hattest.

# Skateboarding

Huntington Beach, Kalifornien: Wir schreiben das Jahr 1960. Zwei Surfer sind mit ihrem Pick-up↑ zum Strand gefahren, ihre gewachsten Bretter glänzen in der Sonne. Erwartungsvoll schauen sie übers Meer – und werden enttäuscht: Die Brandung ist flau. Das Surfen wird also zwangsläufig ausfallen. Da haben die beiden eine glänzende Idee, die sie zu Hause sofort in die Tat umsetzen. Sie nageln ein paar ausgediente Rollerskate-Rollen ans Surfbrett und sausen damit nach draußen. Ja, und so war eines der tollsten Dinger in der Geschichte der Menschheit geboren: das Skateboard.

*der Pick-up: kleiner Wagen zum Transportieren der Ausrüstung*

So oder ähnlich hat es sich der Legende nach damals zugetragen. Natürlich blieb es nicht beim Zeitvertreib für Tage mit schlechtem Wellengang. Das Brett mit den Rollen wurde bald zum Standard in amerikanischen Haushalten. Oft als reines Fortbewegungsmittel, wobei es diesen Zweck wie kaum ein anderes zu erfüllen vermochte: umweltfreundlich und sparsam. Doch manche sahen das Ganze schon damals als ernst zu nehmende Sportart und unterzogen das Equipment↑ sowie ihr eigenes Können einer stetigen Verfeinerung, die bis in die heutige Zeit andauert.

Hätte man den „Urvätern“ damals erzählt, dass man Jahre später auf solch einem Rollbrett einen Salto in sechs Meter Höhe über dem Boden machen würde, sie hätten es wohl kaum geglaubt. Denn zunächst ging es im rollenden Sport recht spartanisch↑ zu. Man fuhr barfuß und hatte nur eine begrenzte Auswahl an Tricks, die allesamt direkt vom Surfen übernommen wurden. Das änderte sich, als Anfang der 80er Jahre die Ära↑ der großen Skateparks hereinbrach. Überall in Kalifornien wurden quadratkilometergroße Spezialbahnen aus Beton errichtet, die alles boten, was die Bretterflitzer begehrten. Das war der erste große Boom, den Skateboarding erleben sollte. Die besten unter den Fahrern wurden durch ihre Trick-Kreationen und Stunts↑ zu Legenden, wurden von Fans verehrt und konnten ihren Lebensunterhalt durch Sponsor-Verträge↑ verdienen.

Ein Skater sieht die Welt mit anderen Augen, nimmt beispielsweise Architektur nicht nur als notwendig oder kunstvoll wahr, sondern prüft sie auf die Verwendbarkeit für Skateboard-Stunts. Treppengeländer werden, auf dem Brett stehend, abgerutscht (Sliden) und das Brett vollführt die bereits erwähnte Drehung (Flips).

Aktionen dieser Art stoßen nicht selten auf Unverständnis bei den Mitmenschen. Oftmals werden Skater vertrieben, beschimpft und in den USA sogar verhaftet. Dort verstößt das Ganze gegen geltendes Recht. Skateboarding ist in den Städten verboten. Als Ersatz bieten die Gemeinden jedoch abgegrenzte Übungsflächen, auf denen sich die Cracks↑ an nachgestellten Straßenhindernissen (Obstacles) kostenlos austoben können. In Deutschland sind solche Skate-Plätze noch rar.

das Equipment (engl.): *die Ausstattung*

spartanisch: *einfach*

die Ära: *das Zeitalter*

der Crack (engl.): *ein besonders begabter, fähiger Mensch*

der Stunt (engl.): *eine Nummer, ein Gag*

der Sponsor: *ein Förderer, ein Geldgeber. Sponsoring ist besonders im Sport verbreitet; als Gegenleistung für die finanzielle Förderung wird Werbung für den Sponsor – eine Firma oder einen Markenhersteller – gemacht.*

1. Was weißt du über Skateboarding?
2. Im Text erfährst du, wie Skateboarding entstanden ist. Fasse den Bericht kurz zusammen.
3. Solche Sportarten können für Anwender und Mitmenschen gefährlich werden. Welche Verhaltens- oder Verkehrsregeln musst du beachten? Stelle sie zusammen und gestalte ein Plakat. Benutze dazu den Computer.
4. Kennst du noch andere neuere Sportarten? Informiere dich (z. B. in der Bücherei) und beschreibe, wie sie sich entwickelt haben und wie sie ausgeübt werden.

*Jan Peter Schniebel*

## Freizeit ist Medienzeit

1. Erkläre den Witz des → Comics.
2. In der Freizeit werden Medien von unterschiedlicher Art genutzt (vgl. S. 213 f.).
   - Notiere dir, welche du aus eigener Erfahrung kennst: Fernsehen ...
   - Erstelle eine Liste, geordnet nach gedruckten und elektronischen Medien.
3. Schreibe Beispiele dafür auf, wann du welches Medium gerne nutzt.
4. Kann der Gebrauch von Medien auch Nachteile haben?
   Suche Beispiele, an denen du das begründen kannst.
5. Zeichne als Comic eine Situation, in der ein Medium eine Rolle spielt.
6. Diskutiert in einer „Expertenrunde" über den heutigen Umgang mit den Medien.

## Anregungen aus dem Internet

Mit dem Computer und einem Internetanschluss kannst du weltweit vernetzte Daten nutzen, um dich zu informieren, dich zu unterhalten, Post zu verschicken oder – wie auf Seite 215 beschrieben – Kontakt mit einer anderen Schulklasse aufzunehmen.

1. Bist du schon im Internet gewesen (zu Hause, in der Schule, …)?
2. Wofür kannst du das Internet einsetzen? Nenne Beispiele aus deiner Erfahrung.
3. Welche Vorteile bietet deiner Meinung nach das Internet?
4. Kann das Internet auch missbraucht werden? Welche Gefahren sind dir bekannt?

Eine Möglichkeit, das Internet für die Freizeit sinnvoll zu nutzen, zeigt dir das folgende Beispiel: Der „Bund für Umwelt und Naturschutz Deutschland“ (BUND) hat interessante Internetseiten für Jugendliche gestaltet, die dir Möglichkeiten zeigen, dich im Natur- und Umweltschutz zu engagieren.
Er hat die Internetadresse www.bund.net .
Wenn du diese Adresse eingegeben hast, stellt sich der BUND mit seiner Homepage vor. Diese enthält alle Angaben, die du benötigst um eine Suche zu starten.
Über den Link „Aktiv werden“ gelangst du auf die folgende Internetseite:

Und die Links dieser Seite führen dich ebenfalls weiter …

## Zeitschriftenartikel – was da so alles drinsteht

1. Welche Zeitschriften kennst du? Notiere die Titel in deinem Heft. (Vgl. auch S. 37 ff.) Sammelt eure Ergebnisse an der Tafel.

**Sterben für die Pelzmode**

Viele Eisfüchse werden jährlich wegen ihres feinen Felles in Fallen gefangen. Hauptabnehmer neben Russland, Italien und Japan ist nach wie vor Deutschland. Über die Zahl der in Fallen qualvoll gefangenen Eisfüchse gibt es keine exakten Zahlen. Sicher sind es einige zehntausend. Viel mehr – über zwei Millionen – kommen jährlich in Pelztierfarmen um. Mehr als die Hälfte davon allein in Finnland.

**Das erste Rennen**

1894 veranstaltete eine Pariser Zeitung das erste Autorennen. Bei einer Vorprüfung sollten die Teilnehmer eine längere Strecke mit 17 Kilometern pro Stunde zurücklegen – möglichst bequem und ohne Risiko. Das Tempo erschien vielen jedoch zu gefährlich, und so einigte man sich schließlich auf 12 Stundenkilometer. 19 Fahrer gingen an den Start. Auf der 126 Kilometer langen Strecke von Paris nach Rouen wurden die Rennfahrer von einem Reporter begleitet – er fuhr mit einem Fahrrad! Den Sieg teilten sich die Franzosen Panhard und Peugeot.

***„Gibt es denn niemand** in meinem Königreich, der mich von diesem lästigen Priester befreit?“*
Dieser Wutausbruch des jähzornigen Königs Heinrich II. entschied für Jahrhunderte den Machtkampf mit der Kirche – allerdings gegen die Krone …

dominieren: *beherrschen*

die Heroen (griech.): *Helden, Halbgötter*

Wattenscheid: *eine Stadt in Nordrhein-Westfalen*

**Längst weiß man** auch, dass die Gifte in der Kleidung eine der Ursachen für Allergien oder sogar Krebs sind. Grund genug, umzusteigen. Aber Öko klingt nach Frischkornbrei und Wollpullis aus dem Dritte-Welt-Laden, die kurz vor der Kniescheibe enden. Politisch völlig korrekt, wahnsinnig gesund und ziemlich unsexy.
Ein Image, das als eine der Ersten die junge Designerin Britta Steilmann aufpolieren wollte. 1992 stellte die Wattenscheiderin↑ ihre „It's one world“-Kollektion vor: Jeans, T-Shirts, Wäsche – alles chemiefrei. Die Werbespots liefen im Kino und bei MTV, und plötzlich lag Natur auf der Haut im Trend.

**Seit fast drei Jahren** dominieren↑ Take That die englischen Charts und die Schlagzeilen in der Klatschpresse. Jahrelang wurden Mark & Co. von Nobodys zu Heroen↑ aufgebaut. Jetzt, da sie den Pop-Thron erklommen haben, scheint die Zeit gekommen, sie wieder abzusägen – in Englands Zeitungen werden die Messer gewetzt! Der angesehene „Evening Standard“ treibt einen Keil zwischen Komponist Gary und den Rest der Band, der als „Haufen untalentierter Tänzer und Models“ bezeichnet wird.

L 2. Lies die Artikel. Aus welcher Art von Zeitschrift könnten sie jeweils stammen?
3. Sicher ist dir aufgefallen, dass die Sprache in den jeweiligen Artikeln sehr unterschiedlich ist. Welche Wendungen und Sätze weisen darauf hin? Schreibe sie heraus.
4. Die Artikel enthalten Fakten und persönliche Meinungsäußerungen. Stelle die Unterschiede fest und sammle jeweils Beispiele aus den Texten.
5. Was erwartest du von einer guten Jugendzeitschrift, z. B. hinsichtlich der Gestaltung und der Themen (Sport, Musik …)? Stellt in Gruppen eine Liste mit euren Vorstellungen zusammen.

*Franz S. Sklenitzka*

## Die Geschichte vom Hans-Guck-auf-den-Schirm↑

Wenn der Hans zur Schule ging,
stets sein Blick am Bildschirm hing.
Denn er hatte, wie ihr seht,
ein Pocket-Farb-TV-Gerät –
wasserdicht und extra klein,
extra flach noch obendrein,
mit gestochen scharfem Bild.
Hans – der war aufs Fernsehen wild!

Hans-Guck-auf-den-Schirm: *Dieser Titel nimmt Bezug auf die Geschichte von Hans-Guck-in-die-Luft. Du kannst sie in dem Buch „Der Struwwelpeter" von Heinrich Hoffmann (1809–1894) nachlesen.*

1. Trage das Gedicht vor.
2. Stelle dir vor, wie sich Hans-Guck-auf-den-Schirm wohl gefühlt hat. Und wie mag er auf seine Mitmenschen gewirkt haben?
3. Spielt die im Gedicht beschriebene Szene.
4. Denke dir eine Fortsetzung aus und schreibe sie auf.

*Josef Berlinger*

## Gedankn auf d Nacht ganz aloans nach am Hitchcock↑-Fuim

Wenn e bloß scho
em Bett lieng daad
und eigschlaffa waar

s Schlafzimmafensta
is aa no offa

wenn owa äitz
oana eigstieng is
und wardd aaf mi
hinta da Schlafzimmadia
mid am langa Messa
oda mid ana Rasierglinga

... häd a ma bloß
am andan Brogramm
an Komödienstadl ogschaut

*(Niederbayerisch)*

Alfred Hitchcock (1899–1980): *britischer Regisseur, der über 50 Filme gedreht hat. Vorwiegend schuf er „Thriller", das heißt psychologisch spannungsreiche Kriminalfilme. Hitchcock konnte Unheimliches meisterhaft darstellen.*

1. Beschreibe die Situation, von der das Gedicht erzählt.
2. Hast du schon mal Ähnliches erlebt? Wie ist es dir ergangen?
3. Dieses Gedicht lässt sich gut in einem Bild darstellen. Zeichne die Situation, wie du sie dir vorstellst.

# Actionhelden sind Vorbilder

*Aggression nimmt durch Rambos zu*

Sylvester Stallone als „Rambo“

BONN – 88 Prozent der jungen Leute auf der ganzen Welt kennen Arnold Schwarzenegger als „Terminator“. Mehr als jedes dritte Kind möchte so sein wie er, in Krisengebieten↑ sogar jedes zweite. Dies ist das Ergebnis einer Studie der UN-Organisation für Bildung, Wissenschaft, Kultur und Kommunikation.

Nach der Unseco-Umfrage↑ unter Zwölfjährigen in 23 Ländern in Europa, Asien, Afrika und Amerika betrachten 30 Prozent der Jungen und 21 Prozent der Mädchen Actionhelden als ihre Vorbilder. Mit großem Abstand folgen in der Beliebtheit Popstars mit nur 18,5 Prozent, am Ende der Skala↑ stehen Politiker. […]

Das Hauptproblem liegt nach Meinung der Unesco nicht in einzelnen Filmen, sondern im Ausmaß und in der Allgegenwart von Mediengewalt an sich.

An den Actionhelden bewundern die Kinder und Jugendlichen weniger die Gewalt als den Mut der Helden. Dies ergab eine Studie, die das Institut Jugend Film Fernsehen, München, durchführte. „Action, die mit Geschick und Klugheit bestanden werden muss, ist allemal attraktiver als blinde, unmotivierte Gewalt“, erklärt der Institutsdirektor Jürgen Barthelmes.

Jugendliche, die Gewaltverbrechen nach dem Vorbild von Horrorvideos begehen, seien die absolute Ausnahme. „Die Nachahmungstheorie wird von keinem bedeutenden Wissenschaftler mehr vertreten“, sagt die Direktorin des Deutschen Jugendinstituts München, Helga Theunert.

Die jüngsten Forschungen ergaben jedoch – in Übereinstimmung mit der Unesco-Studie – dass Medien zu Gewalt anregen, wenn Gewalt in der Gesellschaft als Problemlösung anerkannt wird.

das Krisengebiet: *ein Land, in dem die Menschen durch die politischen oder gesellschaftlichen Unruhen in Armut oder im Krieg leben*

die Unesco: *United Nations Educational, Scientific and Cultural Organization*

die Skala: *eine Rangfolge*

1. Von welchen „Helden“ schwärmen Jugendliche?
   Schreibe die wichtigsten Punkte aus dem Artikel heraus.
2. Welche Eigenschaften werden an den „Helden“ bewundert?
3. Stimmt dich der Artikel nachdenklich? Was hältst du von Actionhelden? Diskutiert darüber.

„Opa, woher wusstest du eigentlich, was du essen musstest, als du klein warst? Da gab es doch noch gar kein Fernsehen."

Cartoon: *Bob Schroeter*

*Helmar Klier*

## Der Fernseher

Es war einmal ein kleiner Junge, der am liebsten nur immer vor dem Fernseher saß. Eines Tages fragte er seine Mutter: „Warum kaufst du nicht die Zahnpasta, die den Zahnverfall stoppt?" Da sagte die Mutter: „Warum eigentlich nicht?", und kaufte die Zahnpasta.

Am nächsten Tag fragte der Junge: „Warum kaufst du nicht das Waschmittel, das Wäsche porentief reinigt?" „Warum eigentlich nicht?", dachte die Mutter und kaufte das Waschmittel.

Wieder einen Tag später fragte der Junge: „Warum kaufst du nicht die Schokolade, die verbrauchte Energie zurückbringt?" Die Mutter sagte: „Warum eigentlich nicht?", und kaufte die Schokolade.

So ging das eine Zeit lang weiter. Der Junge fragte: „Warum kaufst du nicht?" Die Mutter dachte: „Warum eigentlich nicht", und kaufte.

Eines Tages fragte der Junge: „Warum genießt du nicht im Stil der neuen Zeit?" „Warum eigentlich nicht?", dachte die Mutter, packte ihre Koffer und fuhr davon.

Als der Vater abends nach Hause kam, erzählte ihm der Junge, was geschehen war. Dann fragte er: „Darf ich fernsehen?" „Warum eigentlich?", sagte der Vater, nahm einen Hammer und schlug den Fernseher entzwei.

Dann ging er ins Wirtshaus und trank das Bier, das Männer mögen.

1. Kennst du die Produkte, um die es in dem Text geht? Woher?
2. Besorge dir eine Werbeanzeige zu einem der im Text genannten Produkte und untersuche sie:
   - Was ist das Ziel der Anzeige?
   - Mit welchen Mitteln (Texte, Bilder, ...) soll dieses Ziel erreicht werden?
   - Spricht dich die Anzeige an? Warum?/Warum nicht?
3. Du kannst zu einem Thema (z. B. Gesundheit oder Haushaltsmittel) eine Collage mit Produkten und Werbesprüchen erstellen, die typisch für das jeweilige Thema sind.
4. Denke dir Werbesprüche für Alltagsgegenstände (Bleistift, Schultasche usw.) aus und gestalte sie grafisch. Setze für die Gestaltung den Computer ein.

*Ein sehr spannendes Buch über unser Verhältnis zur Zeit hat Michael Ende geschrieben: „Momo". Es geht um ein aufgewecktes Kind, das Zeit für andere hat und dem es gelingt, durch bloßes Zuhören Probleme lösen zu helfen.*
*Seinen Absichten wirken aber „graue Herren" entgegen, die nur an ihr Geschäft und ihren Nutzen denken und bewirken, dass die Menschen unglücklich werden und füreinander keine Zeit mehr haben.*
*Der folgende Text ist das 6. Kapitel aus Michael Endes Roman „Momo".*

*Michael Ende*

## Die Rechnung ist falsch und geht doch auf

Es gibt ein großes und doch ganz alltägliches Geheimnis. Alle Menschen haben daran teil, jeder kennt es, aber die wenigsten denken je darüber nach. Die meisten Leute nehmen es einfach so hin und wundern sich kein bisschen darüber. Dieses Geheimnis ist die Zeit.

Es gibt Kalender und Uhren, um sie zu messen, aber das will wenig besagen, denn jeder weiß, dass einem eine einzige Stunde wie eine Ewigkeit vorkommen kann, mitunter kann sie aber auch wie ein Augenblick vergehen – je nachdem, was man in dieser Stunde erlebt.
Denn Zeit ist Leben. Und das Leben wohnt im Herzen.
Und genau das wusste niemand besser als die grauen Herren. Niemand kannte den Wert einer Stunde, einer Minute, ja einer einzigen Sekunde so wie sie. Freilich verstanden sie sich auf ihre Weise darauf, so wie Blutegel sich aufs Blut verstehen, und auf ihre Weise handelten sie danach.
Sie hatten ihre Pläne mit der Zeit der Menschen. Es waren weit gesteckte und sorgfältig vorbereitete Pläne. Das Wichtigste war ihnen, dass niemand auf ihre Tätigkeit aufmerksam wurde. Unauffällig hatten sie sich im Leben der großen Stadt und ihrer Bewohner festgesetzt. Und Schritt für Schritt, ohne dass jemand es bemerkte, drangen sie täglich weiter vor und ergriffen Besitz von den Menschen.
Sie kannten jeden, der für ihre Absichten in Frage kam, schon lange bevor der Betreffende selbst etwas davon ahnte. Sie warteten nur den richtigen Augenblick ab, in dem

sie ihn fassen konnten. Und sie taten das ihre dazu, dass dieser Augenblick eintrat.
Da war zum Beispiel Herr Fusi, der Friseur. Er war zwar kein berühmter Haarkünstler, aber er war in seiner Straße gut angesehen. Er war nicht arm und nicht reich. Sein Laden, der mitten in der Stadt lag, war klein und er beschäftigte einen Lehrjungen.
Eines Tages stand Herr Fusi in der Tür seines Ladens und wartete auf Kundschaft. Der Lehrjunge hatte frei und Herr Fusi war allein. Er sah zu, wie der Regen auf die Straße platschte, es war ein grauer Tag, und auch in Herrn Fusis Seele war trübes Wetter.
„Mein Leben geht so dahin", dachte er, „mit Scherengeklapper und Geschwätz und Seifenschaum. Was habe ich eigentlich von meinem Dasein? Und wenn ich einmal tot bin, wird es sein, als hätte es mich nie gegeben."
Es war nun durchaus nicht so, dass Herr Fusi etwas gegen ein Schwätzchen hatte. Er liebte es sogar sehr, den Kunden weitläufig seine Ansichten auseinander zu setzen und von ihnen zu hören, was sie darüber dachten. Auch gegen Scherengeklapper und Seifenschaum hatte er nichts. Seine Arbeit bereitete ihm ausgesprochenes Vergnügen und er wusste, dass er sie gut machte. Besonders beim Rasieren unter dem Kinn gegen den Strich war ihm so leicht keiner über. Aber es gibt eben manchmal Augenblicke, in denen das alles kein Gewicht hat. Das geht jedem so.
„Mein ganzes Leben ist verfehlt", dachte Herr Fusi. „Wer bin ich schon? Ein kleiner Friseur, das ist nun aus mir geworden. Wenn ich das richtige Leben führen könnte, dann wäre ich ein ganz anderer Mensch!"
Wie dieses richtige Leben allerdings beschaffen sein sollte, war Herrn Fusi nicht klar. Er stellte sich nur irgendetwas Bedeutendes vor, etwas Luxuriöses, etwas, wie man es immer in den Illustrierten sah. „Aber", dachte er missmutig, für so etwas lässt mir meine Arbeit keine Zeit. Denn für das richtige Leben muss man Zeit haben. Man muss frei sein. Ich aber bleibe mein Leben lang ein Gefangener von Scherengeklapper, Geschwätz und Seifenschaum."

etwas Luxuriöses: *etwas Kostbares*

In diesem Augenblick fuhr ein feines, aschengraues Auto vor und hielt genau vor Herrn Fusis Friseurgeschäft. Ein grauer Herr stieg aus und betrat den Laden. Er stellte seine bleigraue Aktentasche auf den Tisch vor dem Spiegel, hängte seinen runden steifen Hut an den Kleiderhaken, setzte sich auf den Rasierstuhl, nahm sein Notizbüchlein aus der Tasche und begann darin zu blättern, während er an seiner kleinen grauen Zigarre paffte.
Herr Fusi schloss die Ladentür, denn es war ihm, als würde es plötzlich ungewöhnlich kalt in dem kleinen Raum.
„Womit kann ich dienen", fragte er verwirrt, „Rasieren oder Haare schneiden?", und verwünschte sich im gleichen Augenblick wegen seiner Taktlosigkeit, denn der Herr hatte eine spiegelnde Glatze.
„Keines von beidem", sagte der graue Herr, ohne zu lächeln, mit einer seltsam tonlosen, sozusagen aschengrauen Stimme. „Ich komme von der Zeit-Spar-Kasse. Ich bin Agent Nr. XYQ/384/b. Wir wissen, dass Sie ein Sparkonto bei uns eröffnen wollen."
„Das ist mir neu", erklärte Herr Fusi noch verwirrter. „Offen gestanden, ich wusste bisher nicht einmal, dass es ein solches Institut überhaupt gibt."
„Nun, jetzt wissen Sie es", antwortete der Agent knapp. Er blätterte in seinem Notizbüchlein und fuhr fort: „Sie sind doch Herr Fusi, der Friseur?"
„Ganz recht, der bin ich", versetzte Herr Fusi.

„Dann bin ich an der rechten Stelle", meinte der graue Herr und klappte das Büchlein zu. „Sie sind Anwärter bei uns."
„Wie das?", fragte Herr Fusi, noch immer erstaunt.
„Sehen Sie, lieber Herr Fusi", sagte der Agent, „Sie vergeuden↑ Ihr Leben mit Scherengeklapper, Geschwätz und Seifenschaum. Wenn Sie einmal tot sind, wird es sein, als hätte es Sie nie gegeben. Wenn Sie Zeit hätten das richtige Leben zu führen, dann wären Sie ein ganz anderer Mensch. Alles, was Sie also benötigen, ist Zeit. Habe ich Recht?"

vergeuden: *verschwenden*

„Darüber habe ich eben nachgedacht", murmelte Fusi und fröstelte, denn trotz der geschlossenen Tür wurde es immer kälter.
„Na, sehen Sie!", erwiderte der graue Herr und zog zufrieden an seiner kleinen Zigarre. „Aber woher nimmt man Zeit? Man muss sie eben ersparen! Sie, Herr Fusi, vergeuden Ihre Zeit auf ganz verantwortungslose Weise. Ich will es Ihnen durch eine kleine Rechnung beweisen. Eine Minute hat sechzig Sekunden. Und eine Stunde hat sechzig Minuten. Können Sie mir folgen?"
„Gewiss", sagte Herr Fusi.
Der Agent Nr. XYQ/384/b begann die Zahlen mit einem grauen Stift an den Spiegel zu schreiben.
„Sechzig mal sechzig ist dreitausendsechshundert. Also hat eine Stunde dreitausendsechshundert Sekunden.
Ein Tag hat vierundzwanzig Stunden, also dreitausendsechshundert mal vierundzwanzig, das macht sechsundachtzigtausendvierhundert Sekunden pro Tag.
Ein Jahr hat aber, wie bekannt, dreihundertfünfundsechzig Tage. Das macht mithin einunddreißig Millionen fünfhundertundsechsunddreißigtausend Sekunden pro Jahr. Oder dreihundertfünfzehn Millionen dreihundertundsechzigtausend Sekunden in zehn Jahren.
Wie lange, Herr Fusi, schätzen Sie die Dauer Ihres Lebens?"
„Nun", stotterte Herr Fusi verwirrt, „ich hoffe so siebzig, achtzig Jahre alt zu werden, so Gott will."
„Gut", fuhr der graue Herr fort, „nehmen wir vorsichtshalber einmal nur siebzig Jahre an.
Das wäre also dreihundertfünfzehn Millionen dreihundertsechzigtausend mal sieben: Das ergibt zwei Milliarden zweihundertsieben Millionen fünfhundertzwanzigtausend Sekunden."
Und er schrieb diese Zahl groß an den Spiegel:

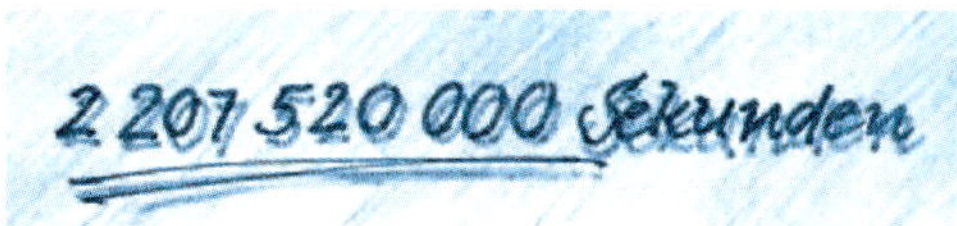


Dann unterstrich er sie mehrmals und erklärte: „Dies also, Herr Fusi, ist das Vermögen, welches Ihnen zur Verfügung steht."
Herr Fusi schluckte und fuhr sich mit der Hand über die Stirn. Die Summe machte ihn schwindelig. Er hätte nie gedacht, dass er so reich sei.
„Ja", sagte der Agent nickend und zog wieder an seiner kleinen grauen Zigarre, „es ist eine eindrucksvolle Zahl, nicht wahr? Aber nun wollen wir weitersehen. Wie alt sind Sie, Herr Fusi?"
„Zweiundvierzig", stammelte der und fühlte sich plötzlich schuldbewusst, als habe er eine Unterschlagung begangen.
„Wie lange schlafen Sie durchschnittlich pro Nacht?", forschte der graue Herr weiter.
„Acht Stunden etwa", gestand Herr Fusi.
Der Agent rechnete blitzgeschwind. Der Stift kreischte über das Spiegelglas, dass sich Herrn Fusi die Haut kräuselte.

„Zweiundvierzig Jahre – täglich acht Stunden – das macht also bereits vierhunderteinundvierzig Millionen fünfhundertundviertausend. Diese Summe dürfen wir wohl mit gutem Recht als verloren betrachten. Wie viel Zeit müssen Sie täglich der Arbeit opfern, Herr Fusi?"

„Auch acht Stunden, so ungefähr", gab Herr Fusi kleinlaut zu.

„Dann müssen wir also noch einmal die gleiche Summe auf das Minuskonto verbuchen", fuhr der Agent unerbittlich fort. „Nun kommt Ihnen aber auch noch eine gewisse Zeit abhanden durch die Notwendigkeit sich zu ernähren. Wie viel Zeit benötigen Sie insgesamt für alle Mahlzeiten des Tages?"

„Ich weiß nicht genau", meinte Herr Fusi ängstlich, „vielleicht zwei Stunden?"

„Das scheint mir zu wenig", sagte der Agent, „aber nehmen wir es einmal an, dann ergibt es in zweiundvierzig Jahren den Betrag von hundertzehn Millionen dreihundertsechsundsiebzigtausend. Fahren wir fort! Sie leben allein mit Ihrer alten Mutter, wie wir wissen. Täglich widmen Sie der alten Frau eine volle Stunde, das heißt, Sie sitzen bei ihr und sprechen mit ihr, obgleich sie taub ist und Sie kaum noch hört. Es ist also hinausgeworfene Zeit: macht fünfundfünfzig Millionen einhundertachtundachtzigtausend. Ferner haben Sie überflüssigerweise einen Wellensittich, dessen Pflege Sie täglich eine Viertelstunde kostet, das bedeutet umgerechnet dreizehn Millionen siebenhundertsiebenundneunzigtausend."

„Aber …", warf Herr Fusi flehend ein.

„Unterbrechen Sie mich nicht!", herrschte ihn der Agent an, der immer schneller und schneller rechnete. „Da Ihre Mutter ja behindert ist, müssen Sie, Herr Fusi, einen Teil der Hausarbeit selbst machen. Sie müssen einkaufen gehen, Schuhe putzen und dergleichen lästige Dinge mehr. Wie viel Zeit kostet Sie das täglich?"

„Vielleicht eine Stunde, aber …"

„Macht weitere fünfundfünfzig Millionen einhundertachtzigtausend, die Sie verlieren, Herr Fusi. Wir wissen ferner, dass Sie einmal wöchentlich ins Kino gehen, einmal wöchentlich in einem Gesangsverein mitwirken, einen Stammtisch haben, den Sie zweimal in der Woche besuchen, und sich an den übrigen Tagen abends mit Freunden treffen oder manchmal sogar ein Buch lesen. Kurz, Sie schlagen Ihre Zeit mit nutzlosen Dingen tot, und zwar etwa drei Stunden täglich, das macht einhundertfünfundsechzig Millionen fünfhundertvierundsechzigtausend. – Ist Ihnen nicht gut, Herr Fusi?"

„Nein", antwortete Herr Fusi, „entschuldigen Sie bitte …"

„Wir sind gleich zu Ende", sagte der graue Herr. „Aber wir müssen noch auf ein besonderes Kapitel Ihres Lebens zu sprechen kommen. Sie haben da nämlich dieses kleine Geheimnis, Sie wissen schon."

Herr Fusi begann mit den Zähnen zu klappern, so kalt war ihm geworden.

„Das wissen Sie auch?", murmelte er kraftlos. „Ich dachte, außer mir und Fräulein Daria …"

„In unserer modernen Welt", unterbrach ihn der Agent Nr. XYQ/384/b, „haben Geheimnisse nichts mehr verloren. Betrachten Sie die Dinge einmal sachlich und realistisch, Herr Fusi. Beantworten Sie mir eine Frage: Wollen Sie Fräulein Daria heiraten?"

„Nein", sagte Herr Fusi, „das geht doch nicht …"

„Ganz recht", fuhr der graue Herr fort, „denn Fräulein Daria wird ihr Leben lang an den Rollstuhl gefesselt bleiben, weil ihre

Beine verkrüppelt sind. Trotzdem besuchen Sie sie täglich eine halbe Stunde, um ihr eine Blume zu bringen. Wozu?“

„Sie freut sich doch immer so“, antwortete Herr Fusi, den Tränen nah.

„Aber nüchtern betrachtet“, versetzte der Agent, „ist es für Sie, Herr Fusi, verlorene Zeit. Und zwar insgesamt bereits siebenundzwanzig Millionen fünfhundertvierundneunzigtausend Sekunden. Und wenn wir nun dazurechnen, dass Sie die Gewohnheit haben, jeden Abend vor dem Schlafengehen eine Viertelstunde am Fenster zu sitzen und über den vergangenen Tag nachzudenken, dann bekommen wir nochmals eine abzuschreibende Summe von dreizehn Millionen siebenhundertsiebenundneunzigtausend. Nun wollen wir einmal sehen, was Ihnen eigentlich übrig bleibt, Herr Fusi.“

Auf dem Spiegel stand nun folgende Rechnung:

| | | |
|---|---|---|
| Schlaf | 441 504 000 | Sekunden |
| Arbeit | 441 504 000 | Sekunden |
| Nahrung | 110 376 000 | " |
| Mutter | 55 188 000 | " |
| Wellensittich | 13 797 000 | " |
| Einkauf usw. | 55 188 000 | " |
| Freunde, Singen usw. | 165 564 000 | " |
| Geheimnis | 27 594 000 | " |
| Fenster | 13 797 000 | " |
| Zusammen: | 1 324 512 000 | Sekunden |

„Diese Summe“, sagte der graue Herr und tippte mit dem Stift mehrmals so hart gegen den Spiegel, dass es wie Revolverschüsse klang, „diese Summe also ist die Zeit, die Sie bis jetzt bereits verloren haben. Was sagen Sie dazu, Herr Fusi?“

Herr Fusi sagte gar nichts. Er setzte sich auf einen Stuhl in der Ecke und wischte sich mit dem Taschentuch die Stirn, denn trotz der eisigen Kälte brach ihm der Schweiß aus.

Der graue Herr nickte ernst.

„Ja, Sie sehen ganz recht“, sagte er, „es ist bereits mehr als die Hälfte Ihres ursprünglichen Gesamtvermögens, Herr Fusi. Aber nun wollen wir einmal sehen, was Ihnen von Ihren zweiundvierzig Jahren eigentlich geblieben ist. Ein Jahr, das sind einunddreißig Millionen fünfhundertsechsunddreißigtausend Sekunden, wie Sie wissen. Und das mal zweiundvierzig genommen macht eine Milliarde dreihundertvierundzwanzig Millionen fünfhundertundzwölftausend." Er schrieb die Zahl unter die Summe der verlorenen Zeit:

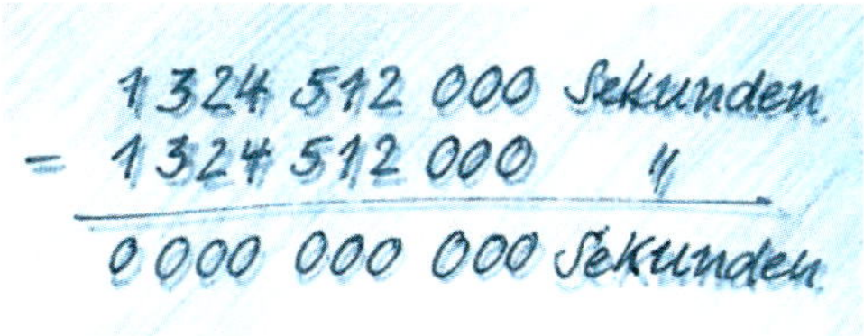


Er steckte seinen Stift ein und machte eine längere Pause, um den Anblick der vielen Nullen auf Herrn Fusi wirken zu lassen.

Und er tat seine Wirkung.

„Das", dachte Herr Fusi zerschmettert, „ist also die Bilanz meines ganzen bisherigen Lebens."

Er war so beeindruckt von der Rechnung, die so haargenau aufging, dass er alles widerspruchslos hinnahm. Und die Rechnung selbst stimmte. Das war einer der Tricks, mit denen die grauen Herren die Menschen bei tausend Gelegenheiten betrogen.

„Finden Sie nicht", ergriff nun der Agent Nr. XYQ/384/b in sanftem Ton wieder das Wort, „dass Sie so nicht weiterwirtschaften können, Herr Fusi? Wollen Sie nicht lieber zu sparen anfangen?"

Herr Fusi nickte stumm und mit blau gefrorenen Lippen.

„Hätten Sie beispielsweise", klang die aschenfarbene Stimme des Agenten an Herrn Fusis Ohr, „schon vor zwanzig Jahren angefangen, täglich nur eine einzige Stunde einzusparen, dann besäßen Sie jetzt ein Guthaben von sechsundzwanzig Millionen zweihundertundachtzigtausend Sekunden. Bei zwei Stunden täglich ersparter Zeit wäre es natürlich das Doppelte, also zweiundfünfzig Millionen fünfhundertundsechzigtausend. Und ich bitte Sie, Herr Fusi, was sind schon zwei lumpige kleine Stunden angesichts einer solchen Summe?"

„Nichts!", rief Herr Fusi. „Eine lächerliche Kleinigkeit!"

„Es freut mich, dass Sie das einsehen", fuhr der Agent gleichmütig fort. „Und wenn wir nun noch ausrechnen, was Sie unter denselben Bedingungen in weiteren zwanzig Jahren erspart haben würden, so kämen wir auf die stolze Summe von einhundertfünf Millionen einhundertundzwanzigtausend Sekunden. Dieses ganze Kapital stünde Ihnen in Ihrem zweiundsechzigsten Lebensjahr zur freien Verfügung."

„Großartig!", stammelte Herr Fusi und riss die Augen auf.

„Warten Sie ab", fuhr der graue Herr fort, „denn es kommt noch viel besser. Wir, das heißt die Zeit-Spar-Kasse, bewahren nämlich die eingesparte Zeit nicht nur für Sie auf, sondern wir zahlen Ihnen auch noch Zinsen dafür. Das heißt, Sie hätten in Wirklichkeit noch viel mehr."

„Wie viel mehr?", fragte Herr Fusi atemlos.

„Das läge ganz bei Ihnen", erklärte der Agent, „je nachdem, wie viel Sie eben einsparen würden und wie lange Sie das Ersparte bei uns liegen lassen."

„Liegen lassen", erkundigte sich Herr Fusi, „was heißt das?"

„Nun, ganz einfach", meinte der graue Herr. „Wenn Sie Ihre ersparte Zeit nicht vor fünf Jahren von uns zurückverlangen, dann bezahlen wir Ihnen noch einmal dieselbe Summe dazu. Ihr Vermögen verdoppelt sich alle fünf Jahre, verstehen Sie? Nach zehn Jahren wäre es bereits das Vierfache der ursprünglichen Summe, nach fünfzehn Jahren das Achtfache und so weiter. Wenn Sie vor zwanzig Jahren angefangen hätten, täglich nur zwei Stunden einzusparen, dann stünde für Sie in Ihrem zweiundsechzigsten Lebensjahr, also nach vierzig Jahren insgesamt, das Zweihundertsechsundfünfzigfache der bis dahin von Ihnen ersparten

Zeit zur Verfügung. Das wären sechsundzwanzig Milliarden neunhundertundzehn Millionen siebenhundertundzwanzigtausend."

Und er nahm noch einmal seinen grauen Stift heraus und schrieb auch diese Zahl an den Spiegel:

„Sie sehen selbst, Herr Fusi", sagte er dann und lächelte zum ersten Mal dünn, „es wäre mehr als das Zehnfache Ihrer ursprünglichen gesamten Lebenszeit. Und das bei nur zwei ersparten Stunden täglich. Bedenken Sie, ob dies nicht ein lohnendes Angebot ist."

„Das ist es!", sagte Herr Fusi erschöpft. „Das ist es ganz ohne Zweifel! Ich bin ein Unglücksrabe, dass ich nicht schon längst angefangen habe zu sparen. Jetzt erst sehe ich es völlig ein und ich muss gestehen – ich bin verzweifelt!"

„Dazu", erwiderte der graue Herr sanft, „besteht durchaus kein Grund. Es ist niemals zu spät. Wenn Sie wollen, können Sie noch heute anfangen. Sie werden sehen, es lohnt sich."

„Und ob ich will!", rief Herr Fusi. „Was muss ich tun?"

„Aber, mein Bester", antwortete der Agent und zog die Augenbrauen hoch, „Sie werden doch wissen, wie man Zeit spart! Sie müssen zum Beispiel einfach schneller arbeiten und alles Überflüssige weglassen. Statt einer halben Stunde widmen Sie sich einem Kunden nur noch eine Viertelstunde. Sie vermeiden zeitraubende Unterhaltungen. Sie verkürzen die Stunde bei Ihrer alten Mutter auf eine halbe. Am besten geben Sie sie überhaupt in ein gutes, billiges Altersheim, wo für sie gesorgt wird, dann haben Sie bereits eine ganze Stunde täglich gewonnen. Schaffen Sie den unnützen Wellensittich ab! Besuchen Sie Fräulein Daria nur noch alle vierzehn Tage einmal, wenn es überhaupt sein muss. Lassen Sie die Viertelstunde Tagesrückschau ausfallen und vor allem vertun Sie Ihre kostbare Zeit nicht mehr so oft mit Singen, Lesen oder gar mit Ihren so genannten Freunden. Ich empfehle Ihnen übrigens ganz nebenbei, eine große, gut gehende Uhr in Ihren Laden zu hängen, damit Sie die Arbeit Ihres Lehrjungen genau kontrollieren können."

„Nun gut", meinte Herr Fusi, „das alles kann ich tun, aber die Zeit, die mir auf diese Weise übrig bleibt – was soll ich mit ihr machen? Muss ich sie abliefern? Und wo? Oder soll ich sie aufbewahren? Wie geht das Ganze vor sich?"

„Darüber", sagte der graue Herr und lächelte zum zweiten Mal dünn, „machen Sie sich nur keine Sorgen. Das überlassen Sie ruhig uns. Sie können sicher sein, dass uns von Ihrer eingesparten Zeit nicht das kleinste bisschen verloren geht. Sie werden es schon merken, dass Ihnen nichts übrig bleibt."

„Also gut", entgegnete Herr Fusi verdattert, „ich verlasse mich also darauf."

„Tun Sie das getrost, mein Bester", sagte der Agent und stand auf. „Ich darf Sie also hiermit in der großen Gemeinde der Zeit-Sparer als neues Mitglied begrüßen. Nun sind auch Sie ein wahrhaft moderner und fortschrittlicher Mensch, Herr Fusi. Ich beglückwünsche Sie!"

Damit nahm er seinen Hut und seine Mappe.

„Einen Augenblick noch!", rief Herr Fusi. „Müssen wir denn nicht irgendeinen Vertrag abschließen? Muss ich nichts unterschreiben? Bekomme ich nicht irgendein Dokument?"

Der Agent Nr. XYQ/384/b drehte sich in der Tür um und musterte Herrn Fusi mit leichtem Unwillen.

„Wozu?“, fragte er. „Das Zeit-Sparen lässt sich nicht mit irgendeiner anderen Art des Sparens vergleichen. Es ist eine Sache des vollkommenen Vertrauens – auf beiden Seiten! Uns genügt Ihre Zusage. Sie ist unwiderruflich. Und wir kümmern uns um Ihre Ersparnisse. Wie viel Sie allerdings ersparen, das liegt ganz bei Ihnen. Wir zwingen Sie zu nichts. Leben Sie wohl, Herr Fusi!“

Damit stieg der Agent in sein elegantes, graues Auto und brauste davon.

Herr Fusi sah ihm nach und rieb sich die Stirn. Langsam wurde ihm wieder wärmer, aber er fühlte sich krank und elend. Der blaue Dunst aus der kleinen Zigarre des Agenten hing noch lange in dichten Schwaden im Raum und wollte nicht weichen.

Erst als der Rauch vergangen war, wurde es Herrn Fusi wieder besser. Aber im gleichen Maß, wie der Rauch verging, verblassten auch die Zahlen auf dem Spiegel. Und als sie schließlich ganz verschwunden waren, war auch die Erinnerung an den grauen Besucher in Herrn Fusis Gedächtnis ausgelöscht – die an den Besucher, nicht aber die an den Beschluss! Den hielt er nun für seinen eigenen. Der Vorsatz, von nun an Zeit zu sparen, um irgendwann in der Zukunft ein anderes Leben beginnen zu können, saß in seiner Seele fest wie ein Stachel mit Widerhaken.

Und dann kam der erste Kunde an diesem Tag. Herr Fusi bediente ihn mürrisch, er ließ alles Überflüssige weg, schwieg und war tatsächlich statt in einer halben Stunde schon nach zwanzig Minuten fertig.

Und genauso hielt er es von nun an bei jedem Kunden. Seine Arbeit machte ihm auf diese Weise überhaupt keinen Spaß mehr, aber das war ja nun auch nicht mehr wichtig. Er stellte zusätzlich zu seinem Lehrjungen noch zwei weitere Gehilfen ein und gab scharf darauf Acht, dass sie keine Sekunde verloren. Jeder Handgriff war nach einem genauen Zeitplan festgelegt. In Herrn Fusis Laden hing nun ein Schild mit der Aufschrift:

An Fräulein Daria schrieb er einen kurzen, sachlichen Brief, dass er wegen Zeitmangels leider nicht mehr kommen könne. Seinen Wellensittich verkaufte er einer Tierhandlung. Seine Mutter steckte er in ein gutes, aber billiges Altersheim und besuchte sie dort einmal im Monat. Und auch sonst befolgte er alle Ratschläge des grauen Herrn, die er ja nun für seine eigenen Beschlüsse hielt.

Er wurde immer nervöser und ruheloser, denn eines war seltsam: Von all der Zeit, die er einsparte, blieb ihm tatsächlich niemals etwas übrig. Sie verschwand einfach auf rätselhafte Weise und war nicht mehr da. Seine Tage wurden erst unmerklich, dann aber deutlich spürbar kürzer und kürzer. Ehe er sich's versah, war schon wieder eine Woche, ein Monat, ein Jahr herum und noch ein Jahr und noch eines.

Da er sich ja an den Besuch des grauen Herrn nicht mehr erinnerte, hätte er sich wohl eigentlich ernstlich fragen müssen, wo all seine Zeit denn blieb. Aber diese Frage stellte er sich so wenig wie alle anderen Zeit-Sparer. Es war etwas wie eine blinde Besessenheit über ihn gekommen. Und wenn er manchmal mit Schrecken gewahr wurde, wie schnell und immer schneller seine Tage dahinrasten, dann sparte er nur umso verbissener.

Wie Herrn Fusi, so ging es schon vielen

Menschen in der großen Stadt. Und täglich wurden es mehr, die damit anfingen, das zu tun, was sie „Zeit sparen“ nannten. Und je mehr es wurden, desto mehr folgten nach, denn auch denen, die eigentlich nicht wollten, blieb gar nichts anderes übrig als mitzumachen.

Täglich wurden im Rundfunk, im Fernsehen und in den Zeitungen die Vorteile neuer Zeit sparender Einrichtungen erklärt und gepriesen, die den Menschen dereinst die Freiheit für das „richtige“ Leben schenken würden. An Hauswänden und Anschlagsäulen klebten Plakate, auf denen man alle möglichen Bilder des Glücks sah. Darunter stand in leuchtenden Lettern:

Aber die Wirklichkeit sah ganz anders aus. Zwar waren die Zeit-Sparer besser gekleidet als die Leute, die in der Nähe des alten Amphitheaters↑ wohnten. Sie verdienten mehr Geld und konnten auch mehr ausgeben. Aber sie hatten missmutige, müde oder verbitterte Gesichter und unfreundliche Augen. Bei ihnen war die Redensart „Geh doch zu Momo!“ natürlich unbekannt. Sie hatten niemanden, der ihnen so zuhören konnte, dass sie davon gescheit, versöhnlich oder gar froh geworden wären. Aber selbst wenn es dort so jemanden gegeben hätte, es wäre doch höchst zweifelhaft gewesen, ob sie je zu ihm hingegangen wären – es sei denn, man hätte die Sache in fünf Minuten erledigen können. Andernfalls hätten sie es für verlorene Zeit gehalten. Selbst ihre freien Stunden mussten, wie sie meinten, ausgenutzt werden und in aller Eile so viel Vergnügen und Entspannung liefern, wie nur möglich war.

das Amphitheater: *ein Theater aus der römischen Antike mit stufenweise aufsteigenden Sitzen (Hier wohnt Momo.)*

So konnten sie keine richtigen Feste mehr feiern, weder fröhliche noch ernste. Träumen galt bei ihnen fast als ein Verbrechen. Am allerwenigsten aber konnten sie die Stille ertragen. Denn in der Stille überfiel sie Angst, weil sie ahnten, was in Wirklichkeit mit ihrem Leben geschah. Darum machten sie Lärm, wann immer die Stille drohte. Aber es war natürlich kein fröhlicher Lärm wie der auf einem Kinderspielplatz, sondern ein wütender und missmutiger, der die große Stadt von Tag zu Tag lauter erfüllte.

Ob einer seine Arbeit gern oder mit Liebe zur Sache tat, war unwichtig – im Gegenteil, das hielt nur auf. Wichtig war ganz allein, dass er in möglichst kurzer Zeit möglichst viel arbeitete.

Über allen Arbeitsplätzen in den großen Fabriken und Bürohäusern hingen deshalb Schilder, auf denen stand:

Ähnliche Schilder hingen auch über den Schreibtischen der Chefs, über den Sesseln der Direktoren, in den Behandlungszimmern der Ärzte, in den Geschäften, Restaurants und Warenhäusern und sogar in den Schulen und Kindergärten. Niemand war davon ausgenommen.

Und schließlich hatte auch die große Stadt selbst mehr und mehr ihr Aussehen verändert. Die alten Viertel wurden abgerissen und neue Häuser wurden gebaut, bei denen man alles wegließ, was nun für überflüssig galt. Man sparte sich die Mühe, die Häuser so zu bauen, dass sie zu den Menschen passten, die in ihnen wohnten; denn dann hätte man ja lauter verschiedene Häuser bauen müssen. Es war viel billiger und vor allem zeitsparender, die Häuser alle gleich zu bauen.

Im Norden der großen Stadt breiteten sich schon riesige Neubauviertel aus. Dort erhoben sich in endlosen Reihen vielstöckige Mietskasernen, die einander so gleich waren wie ein Ei dem anderen. Und da alle Häuser gleich aussahen, sahen natürlich auch alle Straßen gleich aus. Und diese einförmigen Straßen wuchsen und wuchsen und dehnten sich schon schnurgerade bis zum Horizont – eine Wüste der Ordnung! Und genauso verlief auch das Leben der Menschen, die hier wohnten: schnurgerade bis zum Horizont! Denn hier war alles genau berechnet und geplant, jeder Zentimeter und jeder Augenblick.

Niemand schien zu merken, dass er, indem er Zeit sparte, in Wirklichkeit etwas ganz anderes sparte. Keiner wollte wahrhaben, dass sein Leben immer ärmer, immer gleichförmiger und immer kälter wurde.

Deutlich zu fühlen jedoch bekamen es die Kinder, denn auch für sie hatte nun niemand mehr Zeit.

Aber Zeit ist Leben. Und das Leben wohnt im Herzen.

Und je mehr die Menschen daran sparten, desto weniger hatten sie.

1. „… jeder weiß, dass einem eine einzige Stunde wie eine Ewigkeit vorkommen kann, mitunter kann sie aber auch wie ein Augenblick vergehen …“
   – Kennst du solche Situationen? Suche jeweils Beispiele.
   – Woran liegt es, dass wir Zeit so unterschiedlich empfinden? Überlege dir Gründe.
2. Der Agent schreibt Beschäftigungen an den Spiegel, mit denen Herr Fusi seine Zeit verschwenden würde. Wie denkst du über den Sinn der Tätigkeiten?
   – Schreibe sie untereinander.
   – Ergänze daneben, welchen Wert du darin siehst.
3. „Gesparte Zeit ist doppelte Zeit!“
   Nach diesem Grundsatz verändern die Menschen in dieser Geschichte ihr Leben. Zähle ihre Verhaltensänderungen auf.

**Lesehinweis** Wenn du wissen möchtest, was Momo mit den grauen Herren erlebt und wie ihre Geschichte ausgeht, leihe dir das Buch aus.
*Michael Ende:* Momo oder Die seltsame Geschichte von den Zeitdieben und von dem Kind, das den Menschen die gestohlene Zeit zurückbrachte. Ein Märchen-Roman
Das Buch „Momo“ ist auch verfilmt worden. Mehr darüber erfährst du in diesem Lesebuch auf Seite 196 f.

# LEITBILDER – TRAUMBILDER

## Die Jugend von heute ...

53 Prozent sehen eher zuversichtlich in die Zukunft der Gesellschaft, 47 Prozent eher düster.

Nur jeder sechste Jugendliche gibt an, ein Vorbild zu haben. 1955 hatte noch fast jeder Zweite ein Vorbild.

JANETTE: „Die meisten Jugendlichen haben genaue Vorstellungen, was sie in ihrem späteren Leben machen wollen, und sie tun auch was dafür."

SIMONE: „Ich träume von einer anderen Welt. Ich möchte was aus meiner Zukunft machen, auch wenn der Weg hart ist."

CHRISTOPH: „Jugendliche brauchen Chancen und müssen auch Fehler machen dürfen, denn nur so kann man aus Fehlern lernen."

MARIO: „Wir flüchten doch lieber in unsere Illusionen und drehen unsere eigenen Dinger. Doch wir sind auch bereit, eine Chance zu ergreifen und unsere Träume zu verwirklichen."

1. Welche der Aussagen sprechen dich an?
   Schreibe sie heraus und notiere deine Gedanken dazu.
2. Führt mit euren Eltern, Großeltern, Verwandten, ... → Interviews und befragt sie über ihre eigene Jugendzeit.

## Hannes Wader

*Hannes Wader wurde 1942 geboren. Der erfolgreiche deutsche Liedermacher beschäftigte sich in seinen frühen Liedern hauptsächlich mit sich selbst. Später wandelte er sich und griff Volks- und Arbeiterlieder auf, die gesellschaftliche Probleme beschreiben. Wader zeigte sich zunehmend politisch engagiert, vor allem in der Friedensbewegung. Wie er selbst seine Entwicklung sieht, zeigt der folgende Interviewausschnitt:*

„Meine frühen Lieder haben stark um mich selbst gekreist, um meine persönlichen Gefühle und Wünsche. Doch allmählich hat es mich gelangweilt, immer tiefer in meinem Inneren, meiner Seele und meinem Magen zu forschen. Ich habe gemerkt, dass es ja nicht immer nur mich gibt, sondern dass außerhalb meiner Person unheimlich viel passiert, das wichtig zu wissen ist, und dass andere ihre eigenen Sorgen haben. Natürlich forscht man dann auch nach Liedern der anderen und muss nicht mehr unbedingt alle Lieder selber machen.“

*Hannes Wader*

### Heute hier, morgen dort

1. Heute hier, morgen dort,
bin kaum da, muss ich fort,
hab mich niemals deswegen beklagt;
hab es selbst so gewählt,
nie die Jahre gezählt,
nie nach gestern und morgen gefragt.

Manchmal träume ich schwer
und dann denk ich, es wär
Zeit zu bleiben und nun
was ganz andres zu tun.
So vergeht Jahr um Jahr
und es ist mir längst klar,
dass nichts bleibt, dass nichts bleibt,
wie es war.

2. Dass man mich kaum vermisst,
schon nach Tagen vergisst,
wenn ich längst wieder anderswo bin,
stört und kümmert mich nicht,
vielleicht bleibt mein Gesicht
doch dem ein oder andren im Sinn.

Manchmal träume ich schwer ...

3. Fragt mich einer, warum
ich so bin, bleib ich stumm,
denn die Antwort darauf fällt mir schwer,
denn was neu ist, wird alt,
und was gestern noch galt,
stimmt schon heut oder morgen nicht mehr.

Manchmal träume ich schwer ...

1. Das → Lied bringt eine stille Sehnsucht zum Ausdruck. Nenne Textstellen.
2. Welche typischen Merkmale unserer Zeit erkennst du im Text?
3. Nenne vergleichbare Beispiele aus deiner Erfahrung.
4. Verfasse selbst ein kleines → Gedicht mit der Überschrift „Manchmal träume ich schwer …“.

*Vera Ferra-Mikura*

## Fragt mich nicht, warum das so ist …

Zur Jazzgymnastik soll ich gehn, sagt die Mama. Sie geht jeden Montag mit ihrer Freundin hin. Nachher sitzen sie in der Konditorei und unterhalten sich köstlich, sagt die Mama. Sie werden wieder ganz jung. Wie Schulmädchen kichern sie über alles. Ein Kunststück, wenn man keine Matheschularbeit mehr fürchten muss.

Ich latsche wie in der Zeitlupe durch die Gegend, statt meine Jugend zu genießen, sagt der Papa. Es gibt doch Turnvereine und so! Klubs jede Menge! Er ginge gern in einen Judokurs, wenn er abends nicht den Bürokram fürs Geschäft erledigen müsste. Ein Chor wäre auch nicht schlecht. Und das Klavier steht herum wie bestellt und nicht abgeholt, sagt er.

Am Samstag wird wieder meine Kusine Minni anrufen. Für morgen ist Sonne angesagt, komm mit ins Schwimmbad, Gerlinde. Jaja, ich mit der weißen Haut und flach wie ein Brett, was der einfällt. Die ist schon fünfzehn und richtig hübsch. Die kann sich leicht selber gefallen. Wenn ich in den Spiegel schau, wird mir zum Heulen!

Du fühlst dich nicht wohl in deiner Haut, sagt Tante Pia. Mit derart abgeknabberten Fingernägeln kein Wunder! Und ewig die zerknautschten Jeans und eine Frisur wie eine Trauerweide. Bis du deinen Stil findest, können hundert Jahre vergehn. Nimm wenigstens ein paar Ratschläge an, in deinem Alter war ich ganz anders, immer flott und lustig, keine Party hab ich versäumt. Aber du bist ungesellig und starrst bloß Löcher in die Luft. Interessiert dich denn überhaupt nichts? Wie kann man so ein Muffel sein?

Manchmal bin ich nahe daran, zu wissen, warum ich so bin. Da hab ich ein so wehes Gefühl, für das gibt es kein Wort. Ein Gefühl wie Sehnsucht nach irgendwas. So muss einem zumute sein, der allein auf einem Berg steht und zuschaut, wie die Wolken ziehn. Mit denen möchte ich fliegen, denkt er. Und kann es nur nicht, weil er keine Flügel hat.

Manchmal, wenn die anderen schon schlafen, hole ich heimlich den Teddy aus der Kiste, den halte ich dann im Arm wie früher und kann endlich wieder mein Gesicht an ein anderes drücken.

Meine Eltern glauben ja, ich mag es nicht mehr, dass sie mich küssen und umarmen und streicheln. Warum sie das glauben, weiß ich nicht. Zwischen uns ist eine Wand gewachsen, immer höher. Ich könnte, der Mama zuliebe, mit ihr zur Jazzgymnastik gehn und dem Papa zuliebe wieder Klavier üben, aber das ist mir zu fad, danach hab ich überhaupt keine Sehnsucht.

Fragt mich nicht, warum das so ist.

1. Gerlinde wird von ihrer Familie sehr kritisch wahrgenommen. Alle geben ihr gut gemeinte „Ratschläge“, was sie tun solle. Stelle die Ansichten und Tipps in einer Tabelle zusammen.
2. Warum wirken die Meinungen der anderen verletzend auf Gerlinde?
3. Was beschäftigt Gerlinde wirklich? Lies die Geschichte ab Zeile 39 noch einmal.
4. Stelle dir vor, Gerlinde sei deine Freundin. Schreibe ihr einen Brief oder eine E-Mail, in dem/der du von dir und deiner Situation erzählst. Kannst du ihr Mut machen?

Cartoon:
*Walter Kurowski*

1. Welche Personen ziehen am Jugendlichen in der Karikatur? Zähle sie auf.
2. Erfinde Sätze, die die Personen dem Jugendlichen sagen könnten.
3. Überlegt euch entsprechende Alltagssituationen und spielt sie euch gegenseitig vor.

*Peter Bichsel*

## Colombin

Am Hofe gab es starke Leute und gescheite Leute, der König war ein König, die Frauen waren schön und die Männer mutig, der Pfarrer war fromm und die Küchenmagd fleißig – nur Colombin, Colombin war nichts.

Wenn jemand sagte: „Komm, Colombin, kämpf mit mir", sagte Colombin: „Ich bin schwächer als du." Wenn jemand sagte: „Wie viel gibt zwei mal sieben?", sagte Colombin: „Ich bin dümmer als du." Wenn jemand sagte: „Getraust du dich, über den Bach zu springen?", sagte Colombin: „Nein, ich getraue mich nicht." Und wenn der König fragte: „Colombin, was willst du werden?", antwortete Colombin: „Ich will nichts werden, ich bin schon etwas, ich bin Colombin."

1. Wie werden die Leute am Hofe beschrieben? Stelle eine Liste mit den Adjektiven zusammen.
2. Colombin denkt anders über sich als Gerlinde (vgl. den Text von Vera Ferra-Mikura: „Fragt mich nicht, warum das so ist …", Seite 32). Stelle die Unterschiede einander gegenüber.
3. Wie siehst du dich? Schreibe über dich einen kurzen Text.
4. Erstellt zu zweit Schattenbilder von euren Köpfen:
   - Mit dem Tageslichtprojektor erscheint dein Profil als Schatten an der Wand.
   - Lasse deine Umrisse auf einem Plakat nachzeichnen.
   - Schneide dein Profil aus und übertrage darauf in gestalteter Schrift deinen Text.

*Eva Rechlin*

## Song

das Individuum: *eine einzigartige Person*

originell: *einzigartig*

der Nimbus: *der Heiligenschein*

Ich bin ein Individuum↑.
Bei manchen geht das schnell.
Ich geh zum Beispiel sonntags gern
mit einem Krokodil herum,
denn ich als Individuum
bin individuell.
Die Nachbarschaft ist mir egal,
die geht das gar nichts an.
Und wenn mir so zumute ist,
dann sing ich mal,
dann pfeif ich mal
und prügle, wen ich kann.
Ich fühl mich als Persönlichkeit.
Ich bin originell↑.
Ich geh am Sonntag durch die Stadt
und trage nur das Sonntagsblatt
auf meinem nackten Fell.
Ich bin ja was Besonderes,
ich füge mich nicht ein.
Ich bin, wie mir zumute ist:
mal ganz natürlich wundervoll,
mal einfach nur gemein.
Ich bin nun mal ein Einzelstück,
mein Anstand ist verstaucht.
Das brave Wörtchen „rücksichtsvoll“
hab ich noch nie gebraucht.
Ich weiß, dass ich bedeutend bin.
Nicht jeder hat den Mut,
nicht jeder setzt ’nen Nimbus↑ auf
wie einen alten Hut.
Mein Takt ist ja aus Edelstahl,
die Nerven aus Beton.
Und wenn mir so zumute ist,
dann pfeif ich mal,
dann sing ich mal,
zum Beispiel diesen Song.

*Irmela Wendt*

## Gut

Ich möchte gut sein.
Doch wenn sie meine Fehler zählen,
sagen sie – du weißt schon wer –
gut sei ich nicht.

Zählt doch mal,
was ich alles richtig mache.
Im Traum hab ich's gesehn,
du, das war schön.

1. Vergleiche die Gedichte von Irmela Wendt und Eva Rechlin (S. 34). Wie stellt das „Ich" sich jeweils dar?
2. Im „Song" von Eva Rechlin ist nicht alles wörtlich gemeint. Schreibe diese Aussagen heraus. Welche Bedeutungen haben sie?

*Oskar Schlemmer:* Konzentrische Gruppe (1925)

*Josef Reding*

## er ist „in“

er ist „in“
wo „in“?
in unseren kreisen,
in unserer runde,
in unserer clique,
in unserem verein,
in unserem haufen,
in unserer gesellschaft,
lohnt es sich,
hier immer „in“ zu sein?
ist es eine schande,
auch „out“ zu sein,
ein außenstehender,
ein ausgestoßener,
ein outsider?
und wer entscheidet,
ob jemand „in“ oder „out“ ist?
du, ich, wir?
schreib die namen derer auf,
die heute „in“ sind,
dann schreib die namen derer auf,
die heute „out“ sind.
und dann schreib
deinen namen dazu.

1. Die Begriffe „in/aus“ und „in/out“ werden mit ihrer zweifachen Bedeutung in Zusammenhang gebracht. Erkläre.
2. Handle nach den Anweisungen vom Schluss des Gedichtes. Was stellst du fest?
3. Modeerscheinungen, Ereignisse oder Ausstattungen können das Empfinden für „in“ oder „out“ stark beeinflussen. Suche Beispiele.

## Projektvorschlag: Leitbilder und Traumbilder in Jugendzeitschriften

1. Du kennst sicher Zeitschriften für Jugendliche, in denen Sänger, Schauspieler oder Sportler, die gerade „in" sind, eine große Rolle spielen.
   Bringt solche Zeitschriften (z. B. „Mädchen", „Bravo Sport", ...) in den Unterricht mit.
2. Untersucht in kleinen Gruppen jeweils eine der Zeitschriften.
   - Schaut euch das Titelblatt an:
     - Wie ist es gestaltet? Was fällt besonders ins Auge?
     - Welche Lesergruppen sollen dadurch angesprochen werden?
   - Betrachtet nun das Inhaltsverzeichnis:
     - Welche Themen werden angeboten?
     - Nach welchen Gesichtspunkten sind sie geordnet? (Beachtet die Zwischenüberschriften.)
   - Erfüllen die Artikel im Innern des Heftes die Erwartungen, die Titelblatt und Inhaltsverzeichnis geweckt haben?
   - Fasst das Ergebnis eurer Untersuchung in einer Übersicht zusammen.
     Gestaltet dann ein Plakat, das durch Text- und Bildbeispiele die Besonderheiten der Zeitschrift zeigt.
3. Vergleicht das Ergebnis der Gruppenarbeit zu den einzelnen Zeitschriften:
   - Welche Übereinstimmungen oder Unterschiede in Gestaltung und Themenwahl stellt ihr fest?
   - Welche Themen haben den größten Anteil?
   - Gibt es Themen, die ihr vermisst oder die ihr für überflüssig haltet?
4. Macht eine Umfrage in der Klasse: Welche Themen sind für euch besonders wichtig?
   Stellt eine Rangfolge auf (gegebenenfalls getrennt nach Jungen und Mädchen).
5. Welche der Themen lassen sich dem Kapitelthema „Leitbilder – Traumbilder" zuordnen?
   - Klärt zunächst, was ihr unter einem „Leitbild" und unter einem „Traumbild" versteht. Sprecht darüber.
   - Welche Modetipps, Werbeanzeigen und andere – eventuell versteckte – Hinweise gibt es, die dich selbst in Richtung auf ein gerade aktuelles „Traumbild" beeinflussen wollen?
   - Prüft dann anhand der untersuchten Zeitschriften:
     Welchen Raum nehmen Berichte und Informationen über „Stars" ein?
     (Erkläre den Begriff. Denke auch an die englische Bedeutung des Wortes „star". – Ein Beispiel für die Darstellung eines Stars findest du auf den nächsten Seiten.)
6. Es gibt Stars, die viele Jahre lang berühmt sind, und andere, die schon nach kurzer Zeit keiner mehr kennt. Woran könnte das liegen?
   Sucht nach Beispielen (Sänger, Schauspieler, Sportler ...) und überlegt euch Gründe für den langen Erfolg oder das schnelle Vergessenwerden.
7. Welcher Star ist für dich zur Zeit interessant?
   - Sammle Informationsmaterial und gestalte daraus ein Porträt deines Stars in Text und Bild.
   - Stellt eure Starporträts in der Klasse aus.

# Britney Spears

## öffnet ihr Fotoalbum

Das große Familienfoto zeigt Britney mit Vater Jamie, Mutter Lynne, Schwester Jamie Lynn und Bruder Bryan.

Neue Facts, verblüffende Secrets – und eine Botschaft an alle Girls: In ihrem Buch „Heart to Heart“ lässt Britney tief in ihr Herz blicken und zeigt süße Fotos aus ihrer Kindheit und frühen Teenager-Jahren …

*Britney fühlte sich mit 12 Jahren wie ein hässliches Entlein. „Man darf nie vergessen, dass man, egal wie man aussieht, doch einzigartig bleibt!“*

*Dieses Bild von Britney entstand während ihrer Zeit in New York. „Diese Stadt wurde mein zweites Zuhause. Drei Sommer lang lernte ich dort an der 'Professional Childern's School' und am 'Broadway Dance Center' – ich war froh, dass Mum mich begleitete!“*

„Wenn Mädchen erwachsen werden, haben sie plötzlich Streit mit ihren Müttern – wegen Jungs, Klamotten und Ausgehen. Ich kenne das Gott sei Dank nur von meinen Freundinnen. Mich hat das eine Zeit lang sehr bedrückt, denn ich wünschte, alle Mädchen hätten so ein tolles Verhältnis zu ihrer Mum, wie ich es habe!“ Mit dieser herzlichen Liebeserklärung an die eigene Mutter beginnt Britney Spears ihr erstes selbst gestaltetes Fan-Buch „Britney Spears – Heart to Heart“. Die 135 Seiten starke Biografie wurde von Britney selbst und ihrer Mum, der Grundschullehrerin Lynne, geschrieben […]. Zusammen wählten die beiden eigenhändig aus ihren Familienalben die Fotos dazu aus. Süße Bilder aus der Kindheit und Teenagerzeit, auf denen Klein-Britney keck und niedlich posiert, aber auch Fotos aus der ersten Zeit ihrer rasanten Karriere. Eine kleine Rarität: das Familienfoto, auf dem Brits Schwester Jamie Lynn, Bruder Bryan und sogar ihr Vater Jamie zu sehen ist, der sich bislang völlig im Hintergrund gehalten hatte.

In zehn Kapiteln erzählen Britney und ihre Mutter die Geschichte des kleinen Südstaatenmädchens, das zur glamourösen Prinzessin des Pop aufgestiegen ist. Im Vordergrund stehen aber weniger die Fakten über ihre Karriere, sondern Texte, die Einblick in Britneys Herz und Gefühlswelt geben. Dazu stellt Brit die Menschen vor, die sie treu begleitet haben. Wie ein roter Leitfaden zieht sich die ungewöhnliche Mutter-Tochter-Beziehung durch das Buch. Eine Beziehung, die geprägt ist von gegenseitigem Respekt, Stolz, Vertrauen und einer tiefen Liebe. „Meine Mum ist der stärkste, mutigste und großzügigste Mensch, den ich kenne“, schwärmt Britney von ihrer Mutter, die sie als „beste Freundin“ bezeichnet. Lynne revanchiert sich mit dem rührenden Gedicht „My Little Star“, das sie kurz nach der Geburt ihrer Tochter geschrieben hat: „She's the great gift, a gift of spring. You just enjoy watching – she will dance and sing …“ – zu Deutsch: Sie ist ein großartiges Geschenk, ein Geschenk des Frühlings: Man genießt es, sie zu beobachten – sie wird tanzen und singen.

Schon damals schien Lynne zu ahnen, dass aus ihrer Tochter mal ein ganz großer Star werden würde. Im Buch bedankt sich Britney bei ihrer Mum für die jahrelange Unterstützung. „Ich bin überglücklich, denn zwischen uns besteht eine besondere Bindung. Selbst wenn wir tausende von Meilen getrennt sind, ruft sie genau dann an, wenn es mir am schlechtesten geht!"

Aber auch Menschen, die Britney gut kennen, kommen in „Heart to Heart" zu Wort, z. B. ihre Cousine und Freundin Laura Lynne, Britneys Bruder Bryan, Brits Tante Sandra oder Manager Larry Rudolph, die von Britneys Talenten schwärmen, aber auch von ihren Fehlern berichten. „Britney konnte als Teenager sehr störrisch sein!" Auffällig: Britneys große Liebe Justin Timberlake wird in dem Buch nur unterschwellig erwähnt, sein Name stets nur im Zusammenhang mit *N SYNC genannt. Auf fünf Fotos sind Justin und Britney zu sehen. Sie hält auffällig Distanz: „The *N SYNC-guys were all like my brothers!" Was sie über den Jungen ihres Herzens denkt, verrät sie nicht. Auch über Christina Aguilera verliert sie kaum ein Wort.

Dafür verrät sie einige Geheimnisse aus ihrem Leben: So gibt Britney zu, sich zu Beginn ihrer Pubertät richtig hässlich gefunden zu haben. „Ich habe meine zu dünnen Haare gehasst, meine zu große Nase verabscheut, meine Zähne waren nicht in einer Reihe und meine Füße fand ich grauenvoll!" Auch dass Familie Spears eine Zeit lang sehr arm war und Schulden hatte, war bis dato nicht bekannt. 1989 machte die Firma von Britneys Vater Pleite und Bruder Bryan war an einer schlimmen Asthmainfektion erkrankt, sodass das geringe Gehalt der Mutter für die teuren Medikamente gebraucht wurde. Die Elektrizitätswerke drohten den Strom abzudrehen, die Telefonrechnung konnten die Spears nicht begleichen, die Heizung war monatelang defekt – das knappe Geld wurde stattdessen eisern für Britneys Tanz- und Gesangskurse gespart. „Dafür bin ich meinen Eltern unendlich dankbar!"

So wurde er schließlich doch wahr, der amerikanische Traum – und aus dem kleinen Mädchen aus Lousiana ein Weltstar! Britneys Botschaft an alle Mädchen: „Jedes Mädchen ist einzigartig, egal wie es aussieht, wie es spricht, was es fühlt. Mütter und Töchter müssen zusammenhalten – lasst euch nicht unterkriegen! Geht euren eigenen Weg. Habt Vertrauen. In euch, in eure Eltern – und in Gott!"

*Britney Spears bei Auftritten in Deutschland (1999 und 2000) und bei der Entgegennahme eines Preises (2001).*

1. Dieser Artikel über die amerikanische Sängerin Britney Spears ist in einer Jugendzeitschrift erschienen, ungefähr zeitgleich mit der Veröffentlichung ihres Buches „Heart to Heart" in Deutschland im Jahr 2000.
   – Was erfährst du in dem Artikel über das Leben von Britney Spears?
   – Wie wird sie charakterisiert? Nenne Einzelheiten.
   – Was macht sie zum „Star"?
   – Könnte sie für dich ein Leitbild oder ein Traumbild sein? Diskutiert darüber.
2. Überlegt: Besitzt Britney Spears die Voraussetzungen für eine lange Karriere? Nennt Gründe dafür oder dagegen.

*Erich Kästner*

# Jeder Mensch suche sich Vorbilder

der Mucker: *ein feiger, heuchlerischer Mensch*

Mahatma Gandhi (1869–1948): *Führer der indischen Unabhängigkeitsbewegung. Gandhi war von hoher Religiosität und asketischer Lebensweise bestimmt. Er führte Indien in die Unabhängigkeit und entwickelte die Methode des waffenlosen Kampfes.*

[…] Wenn Unrecht geschieht, wenn Not herrscht, wenn Dummheit waltet, wenn Hass gesät wird, wenn Muckertum↑ sich breit macht, wenn Hilfe verweigert wird, – stets ist jeder Einzelne zur Abhilfe mit aufgerufen, nicht nur die „jeweils zuständige" Stelle. […]

Jeder Mensch suche sich Vorbilder! Das ist möglich. Denn es existieren welche. Und es ist unwichtig, ob es sich dabei um einen großen toten Dichter, um Mahatma Gandhi↑ oder um Onkel Fritz aus Braunschweig handelt, wenn es nur ein Mensch ist, der im gegebenen Augenblick ohne Wimperzucken das gesagt und getan hätte, wovor wir zögern. […]

1. Suche Beispiele für Situationen, die auf die Ansichten von Erich Kästner zutreffen.
2. Schneide Fotos aus Zeitschriften aus, die deiner Meinung nach einen Menschen in einer „vorbildlichen" Rolle zeigen. Schreibe einen kurzen Text dazu.
3. Informiere dich in einem Wörterbuch, was der Begriff „Idol" bedeutet.
4. Wie unterscheidet sich ein „Idol" von einem „Vorbild"?

5. Welche Eigenschaften hat ein „Idol", welche muss ein „Vorbild" für dich haben? Mache dir zu jedem Begriff Notizen in deinem Heft.
6. An welche Personen denkst du dabei? Nenne Beispiele.
7. Sammle zu einem „Idol" oder „Vorbild" Text- und Bildmaterial und gestalte ein Porträt. Stelle es der Klasse vor.

*Leo N. Tolstoi*

## Die drei Söhne

Drei Frauen wollten Wasser holen am Brunnen. Nicht weit davon saß ein Greis auf einer Bank und hörte zu, wie die Frauen ihre Söhne lobten.

„Mein Sohn“, sagte die erste, „ist so geschickt, dass er alle hinter sich lässt …“

„Mein Sohn“, sagte die zweite, „singt so schön wie die Nachtigall! Es gibt keinen, der eine so schöne Stimme hat wie er.“

„Und warum lobst du deinen Sohn nicht?“, fragten sie die dritte, als diese schwieg.

„Ich habe nichts, wofür ich ihn loben könnte“, entgegnete sie. „Mein Sohn ist nur ein gewöhnlicher Knabe. Er hat etwas Besonderes weder an sich noch in sich …“

Die drei Frauen füllten ihre Eimer und gingen heim. Der Greis ging langsam hinter ihnen her. Die Eimer waren schwer und die abgearbeiteten Hände schwach. Deshalb machten die Frauen eine Ruhepause, denn der Rücken tat ihnen weh …

Da kamen ihnen drei Knaben entgegen. Der erste stellte sich auf die Hände und schlug Rad um Rad – und die Frauen riefen: „Welch ein geschickter Junge!“

Der zweite sang so herrlich wie die Nachtigall und die Frauen lauschten andachtsvoll und mit Tränen in den Augen.

Der dritte Knabe lief zu seiner Mutter, hob die Eimer und trug sie heim …

Da fragten die Frauen den Greis: „Was sagst du zu unseren Söhnen?“

„Wo sind eure Söhne?“, fragte der Greis verwundert. „Ich sehe nur einen einzigen Sohn!“

1. Schreibe die Personen heraus, die in der Parabel↑ vorkommen.
2. Ergänze Stichpunkte zu ihren Äußerungen oder zu ihrem Verhalten.
3. Wie beurteilst du jeweils die Person? Vergleiche mit deinen Feststellungen, die du zuvor über Stars, Idole und Vorbilder gemacht hast.
4. Erkläre die letzte Äußerung des Greises.
5. Untersuche die Sprache und den Aufbau der Parabel. Auf welche Weise unterstützen sie die lehrhafte Aussage?

die Parabel: *eine lehrhafte Erzählung, die eine allgemeine Wahrheit an einem Beispiel veranschaulicht*

*Kurt Kusenberg*

## Schnell gelebt

Schon als Kind erregte er Verwunderung. Er wuchs wie aus der Pistole geschossen und gab das Wachsen ebenso plötzlich wieder auf. Beim Sprechen verhaspelte er sich, weil die Gedanken den Worten entliefen; er war blitzschnell in seinen Bewegungen und wurde oft gleichzeitig an verschiedenen Orten gesehen. Alljährlich übersprang er eine Schulklasse; am liebsten hätte er sämtliche Klassen übersprungen.

Aus der Schule entlassen, nahm er eine Stellung als Laufbursche an. Er war der einzige Laufbursche, der je gelaufen ist. Von seinen Botengängen kehrte er so rasch wieder zurück, daß man nicht annehmen konnte, er habe sie wirklich ausgeführt, und ihn deshalb entließ. Er warf sich auf die Kurzschrift und schrieb bald fünfhundert Silben in der Minute. Trotzdem mochte kein Büro ihn behalten, denn er datierte die Post um Wochen vor und gähnte gelangweilt, wenn seine Vorgesetzten zu langsam diktierten.

Nach kurzem Suchen, das ihn endlos dünkte, stellte man ihn als Omnibusfahrer ein. Mit Schaudern dachte er später an diese Tätigkeit zurück, die darin bestand, einen fahrenden Wagen fortwährend anzuhalten. Vor ihm winkten Straßenfluchten, die zu durcheilen genußvoll gewesen wäre. An den Haltestellen aber winkten Leute, die einsteigen wollten, und ihnen mußte er folgen.

Eines Tages aber achtete er der Winkenden nicht, sondern entführte den Omnibus in rasender Gangart weit über das Weichbild der Stadt; so fand auch diese Betätigung ein Ende. Der Fall kam in die Zeitungen und erregte die Aufmerksamkeit sportlicher Kreise. Seine Laufbahn vom Sechstagefahrer bis zum Rennfahrer war ein einziger Triumphzug. Große Firmen rissen sich um seine Gunst; die geldkräftigste obsiegte, sie machte ihn zum Teilhaber. In leitender Stellung bewährte er sich und war ein gefürchteter Verhandlungsführer, der seine Gegner verwirrte und überrannte.

Wenige Stunden nach dem Entschluß, einen Hausstand zu gründen, hielt er um die Olympiasiegerin im Hundertmeterlauf an, jagte mit ihr vom Stadion in das Standesamt und erzwang eine Notheirat. Gleiche Neigungen verbanden sich zu einzigartigen Leistungen. Die junge Frau setzte alles daran, hinter ihm nicht zurückzustehen. Sie erledigte ihre häuslichen Pflichten mit dem Zeitraffer, trug im Winter schon Sommerkleidung und gebar vor der Zeit, nämlich mit fünf Monaten, ein Fünfmonatskind, das schon in der Wiege fließend sprach und das Laufen noch vor dem Gehen erlernte. Sie erfand neue Schnellgerichte, die man im Flug einnahm und sogleich verdaute. Die

Dienstboten wechselten täglich, später stündlich; endlich geriet sie an einen Speisewagenkoch und zwei Flugzeugkellner, die das Zeitmaß begriffen und blieben. Sie war ihrem Gatten in jeder Hinsicht eine Stütze.

Der fuhr fort, sein Leben zu beschleunigen. Da er viel schneller schlief als andere Leute, benötigte er weniger Schlaf. Wenn er sich ins Bett warf, träumte er schon, und bevor ihn der Traum recht umfangen hatte, war er bereits wieder wach. Er frühstückte in der Badewanne und las beim Anziehen die Zeitung. Eine eigens erbaute Rutschbahn beförderte ihn aus der Wohnung in das Auto, das mit angelassenem Motor vor der Haustür hielt und sofort davonschoß.

Er sprach so knapp, als telegrafiere er, und wurde von langsamen Menschen selten verstanden. Er versäumte keine sportliche Veranstaltung, bei der es um Schnelligkeit ging, und setzte Preise für Höchstleistungen aus; sie kamen nie zur Verteilung, weil die Bedingungen unerfüllbar waren. Einen Teil seines schnell erworbenen Vermögens steckte er in den Raketenbau. Die erste bemannte Rakete, die abgeschossen wurde, enthielt ihn. Es war die schönste Fahrt seines Lebens.

Die Folgen eines so hastigen Daseins blieben nicht aus. Er alterte bedeutend rascher als seine Umwelt, war mit fünfundzwanzig

Jahren silbergrau und mit dreißig ein gebrechlicher Greis. Ehe die Wissenschaft sich des seltsamen Falles annehmen konnte, starb er und zerfiel, da er die Verbrennung nicht abwarten wollte, im gleichen Augenblick zu Asche. Es blieb ihm erspart, die Enttäuschung zu erleben, daß die Nachrufe einen Tag zu spät in den Zeitungen erschienen. Seitdem er gestorben ist, kriecht die Minute wieder auf sechzig Sekunden dahin. R

1. Die Geschichte erzählt auf fantastische und komische Weise vom Leben eines Menschen. Welche Aktionen findest du besonders merkwürdig? Zähle sie auf.
2. Wie reagieren die Mitmenschen auf diese ungewöhnlichen Leistungen?
3. Stelle dir vor, einen Tag im „Schnelldurchgang" zu erleben. Was würde dir daran gefallen, was nicht?
4. Schreibe eine kleine Geschichte über einen „schnell gelebten" Tag.
5. Wie wäre es, wenn du alles ganz langsam tun und erleben würdest? Schreibe deinen Text entsprechend um.
6. Wählt eine eurer Geschichten aus und nehmt sie als kleines → Hörspiel auf. (Vgl. S. 181 f.)

*Heinrich Böll*

# Anekdote zur Senkung der Arbeitsmoral

sprröde, *hier:* hart, abgehackt

athletisch: *stark, kraftvoll, muskulös*

prompt: *rasch, unmittelbar*

In einem Hafen an der westlichen Küste Europas liegt ein ärmlich gekleideter Mann in seinem Fischerboot und döst. Ein schick angezogener Tourist legt eben einen neuen Farbfilm in seinen Fotoapparat um das idyllische Bild zu fotografieren: blauer Himmel, grüne See mit friedlichen schneeweißen Wellenkämmen, schwarzes Boot, rote Fischermütze. Klick. Noch einmal: klick, und da aller guten Dinge drei sind und sicher sicher ist, ein drittes Mal: klick. Das spröde↑, fast feindselige Geräusch weckt den dösenden Fischer, der sich schläfrig aufrichtet, schläfrig nach seiner Zigarettenschachtel angelt; aber bevor er das Gesuchte gefunden, hat ihm der eifrige Tourist schon eine Schachtel vor die Nase gehalten, ihm die Zigarette nicht gerade in den Mund gesteckt, aber in die Hand gelegt, und ein viertes Klick, das des Feuerzeuges, schließt die eilfertige Höflichkeit ab. Durch jenes kaum messbare, nie nachweisbare Zuviel an flinker Höflichkeit ist eine gereizte Verlegenheit entstanden, die der Tourist – der Landessprache mächtig – durch ein Gespräch zu überbrücken versucht.

„Sie werden heute einen guten Fang machen."

Kopfschütteln des Fischers.

„Aber man hat mir gesagt, dass das Wetter günstig ist."

Kopfnicken des Fischers.

„Sie werden also nicht ausfahren?"

Kopfschütteln des Fischers, steigende Nervosität des Touristen. Gewiss liegt ihm das Wohl des ärmlich gekleideten Menschen am Herzen, nagt an ihm die Trauer über die verpasste Gelegenheit.

„Oh, Sie fühlen sich nicht wohl?"

Endlich geht der Fischer von der Zeichensprache zum wahrhaft gesprochenen Wort über. „Ich fühle mich großartig", sagt er. „Ich habe mich nie besser gefühlt." Er steht auf, reckt sich, als wollte er demonstrieren, wie athletisch↑ er gebaut ist. „Ich fühle mich fantastisch."

Der Gesichtsausdruck des Touristen wird immer unglücklicher, er kann die Frage nicht mehr unterdrücken, die ihm sozusagen das Herz zu sprengen droht: „Aber warum fahren Sie dann nicht aus?"

Die Antwort kommt prompt↑ und knapp. „Weil ich heute Morgen schon ausgefahren bin."

„War der Fang gut?"

„Er war so gut, dass ich nicht noch einmal auszufahren brauche, ich habe vier Hummer in meinen Körben gehabt, fast zwei Dutzend Makrelen gefangen..."

Der Fischer, endlich erwacht, taut jetzt auf

und klopft dem Touristen beruhigend auf die Schultern. Dessen besorgter Gesichtsausdruck erscheint ihm als ein Ausdruck zwar unangebrachter, doch rührender Kümmernis↑.

„Ich habe sogar für morgen und übermorgen genug", sagt er um des Fremden Seele zu erleichtern. „Rauchen Sie eine von meinen?"

„Ja, danke."

Zigaretten werden in Münder gesteckt, ein fünftes Klick, der Fremde setzt sich kopfschüttelnd auf den Bootsrand, legt die Kamera aus der Hand, denn er braucht jetzt beide Hände um seiner Rede Nachdruck zu verleihen.

„Ich will mich ja nicht in Ihre persönlichen Angelegenheiten mischen", sagt er, „aber stellen Sie sich mal vor, Sie führen heute ein zweites, ein drittes, vielleicht ein viertes Mal aus und Sie würden drei, vier, fünf, vielleicht gar zehn Dutzend Makrelen fangen ... stellen Sie sich das mal vor."

Der Fischer nickt.

„Sie würden", fährt der Tourist fort, „nicht nur heute, sondern morgen, übermorgen, ja, an jedem günstigen Tag zwei-, dreimal, vielleicht viermal ausfahren – wissen Sie, was geschehen würde?"

Der Fischer schüttelt den Kopf.

„Sie würden sich in spätestens einem Jahr einen Motor kaufen können, in zwei Jahren ein zweites Boot, in drei oder vier Jahren könnten Sie vielleicht einen kleinen Kutter↑ haben, mit zwei Booten oder dem Kutter würden Sie natürlich viel mehr fangen – eines Tages würden Sie zwei Kutter haben, Sie würden ...", die Begeisterung verschlägt ihm für ein paar Augenblicke die Stimme, „Sie würden ein kleines Kühlhaus bauen, vielleicht eine Räucherei, später eine Marinadenfabrik↑, mit einem eigenen Hubschrauber rundfliegen, die Fischschwärme ausmachen und Ihren Kuttern per Funk Anweisungen geben. Sie könnten die Lachsrechte erwerben, ein Fischrestaurant eröffnen, den Hummer ohne Zwischenhändler direkt nach Paris exportieren – und dann ...", wieder verschlägt die Begeisterung dem Fremden die Sprache. Kopfschüttelnd, im tiefsten Herzen betrübt, seiner Urlaubsfreude schon fast verlustig, blickt er auf die friedlich hereinrollende Flut, in der die ungefangenen Fische munter springen.

„Und dann", sagt er, aber wieder verschlägt ihm die Erregung die Sprache.

Der Fischer klopft ihm auf den Rücken, wie einem Kind, das sich verschluckt hat. „Was dann?", fragt er leise.

„Dann", sagt der Fremde mit stiller Begeisterung, „dann könnten Sie beruhigt hier im Hafen sitzen, in der Sonne dösen und auf das herrliche Meer blicken."

„Aber das tu ich ja schon jetzt", sagt der Fischer, „ich sitze beruhigt am Hafen und döse, nur Ihr Klicken hat mich dabei gestört."

Tatsächlich zog der solcherlei belehrte Tourist nachdenklich von dannen, denn früher hatte er auch einmal geglaubt, er arbeite, um eines Tages einmal nicht mehr arbeiten zu müssen, und es blieb keine Spur von Mitleid mit dem ärmlich gekleideten Fischer in ihm zurück, nur ein wenig Neid.

die Kümmernis:
*die Sorge, der Kummer*

die Marinadenfabrik:
*eine Fabrik, in der Fisch durch Einlegen in eine mit Salz und Essig gewürzte Soße (= Marinade) konserviert wird*

der Kutter:
*ein hochseetüchtiges, sehr wendiges Schiff*

1. Der Fischer erzählt seiner Frau vom Erlebnis mit dem Touristen. Was sagt die Frau dazu: Gibt sie ihrem Mann Recht oder widerspricht sie ihm?
   Diskutiert diese Frage und entwerft dann einen → Dialog zwischen dem Fischer und seiner Frau.
2. „Was wäre, wenn ...?" Wie würdest du in der Rolle des Fischers handeln?
   Spielt in der Klasse verschiedene Handlungsmöglichkeiten.

# NACHGEBEN – SICH DURCHSETZEN

*Wilhelm Busch*

## Bewaffneter Friede

Ganz unverhofft, an einem Hügel,
sind sich begegnet Fuchs und Igel.

Halt, rief der Fuchs, du Bösewicht!
Kennst du des Königs Ordre↑ nicht?
Ist nicht der Friede längst verkündigt
und weißt du nicht, dass jeder sündigt,
der immer noch gerüstet geht?
Im Namen Seiner Majestät
geh her und übergib dein Fell.
Der Igel sprach: Nur nicht so schnell.
Lass dir erst deine Zähne brechen,
dann wollen wir uns weiter sprechen!

Ordre (franz.): *Befehl, Anordnung*

Und allsogleich macht er sich rund,
schließt seinen dichten Stachelbund
und trotzt getrost der ganzen Welt,
bewaffnet, doch als Friedensheld.

1. Beschreibe die beiden Tiere des Gedichts.
2. Was meint Wilhelm Busch mit der Überschrift? Wann nutzt der Igel seine Bewaffnung?
3. Lest das → Gedicht mit verteilten Rollen.
4. Schreibe das Gedicht in eine → Fabel um. Was musst du dabei beachten?

*Wolfdietrich Schnurre*

## Krieg und Frieden

Dir hau ick n Schädel ein.
  Mach doch.
Wirst schon noch sehn.
  Sach Bescheid.
Kannste dir druff valassen.
  Wann denkst n so?
Varrickt, wat? Dette mir festlejen duhst!
  Feichling.
Hat n det mit Feichling zu duhn?
  'ne Menge.
Pass bloß uff, sar ick dir.
  Mecht ick ja. Aba duhst mir ja nischt.

*(Berlinisch)*

1. Kennst du solche Gespräche? Was denkst du darüber?
2. Schreibe ein „Wortgefecht“ in deinem Dialekt auf. Was kannst du im Dialekt gut ausdrücken?

*Peter Härtling*

## Wenn jeder eine Blume pflanzte

Wenn jeder eine Blume pflanzte,
jeder Mensch auf dieser Welt,
und, anstatt zu schießen, tanzte
und mit Lächeln zahlte statt mit Geld –
wenn jeder einen andern wärmte,
keiner mehr von seiner Stärke schwärmte,
keiner mehr den andern schlüge,
keiner sich verstrickte in der Lüge,
wenn die Alten wie die Kinder würden,
sie sich teilten in den Bürden,
wenn dies WENN sich leben ließ,
wär's noch lang kein Paradies –
bloß die Menschenzeit hätt' angefangen,
die in Streit und Krieg uns beinah ist vergangen.

1. Schreibe aus dem Gedicht von Peter Härtling heraus, was du selbst machen könntest um Streit zu vermeiden. Sicher hast du auch noch weitere Ideen. Diskutiert eure Ideen.

# Johann Peter Hebel

*Johann Peter Hebel kommt 1760 in dem Dorf Hausen bei Basel als Kind armer Leute zur Welt. Schon mit 13 Jahren ist der Junge Vollwaise. Der Pfarrer, dem der begabte Hans Peter auffällt, sorgt für eine Schulbildung, die sonst nur Kindern aus wohlhabenden Familien vorbehalten bleibt.*
*Nach dem Besuch des Gymnasiums in Karlsruhe studiert Hebel Theologie an der Universität Erlangen. Er wird zunächst Hauslehrer, später Gymnasialprofessor und Kirchenrat.*
*Außerdem arbeitet er in der Redaktion des „Badischen Landkalenders" mit, deren Leitung er 1807 übernimmt. Er gestaltet den Kalender jetzt nach seinen Vorstellungen und nennt ihn „Der Rheinländische Hausfreund".*
*Seine → Kalendergeschichten und Gedichte machen Hebel in ganz Deutschland bekannt. Auch viele berühmte Dichter, wie zum Beispiel Goethe, gehören zu seinen begeisterten Lesern.*
*1826 stirbt Hebel in Schwetzingen.*

*Johann Peter Hebel*

## Das Mittagessen im Hof

Man klagt häufig darüber, wie schwer und unmöglich es sei, mit manchen Menschen auszukommen. Das mag denn freilich auch wahr sein. Indessen sind viele von solchen Menschen nicht schlimm, sondern nur wunderlich, und wenn man sie nur immer recht kennte, inwendig und auswendig, und recht mit ihnen umzugehen wüsste, nie zu eigensinnig und nie zu nachgebend, so wäre mancher wohl und leicht zur Besinnung zu bringen. Das ist doch einem Bedienten↑ mit seinem Herrn gelungen. Dem konnte er manchmal gar nichts recht machen und musste vieles entgelten↑, woran er unschuldig war, wie es so oft geht.

der Bediente: *eine alte Bezeichnung für: Diener*

entgelten: *büßen*

verdrüsslich: *verdrießlich, schlecht gelaunt*

So kam einmal der Herr sehr verdrüsslich↑ nach Hause und setzte sich zum Mittagessen. Da war die Suppe zu heiß oder zu kalt oder keines von beiden; aber genug, der Herr war verdrüsslich. Er fasste daher die Schüssel mit dem, was darinnen war, und warf sie durch das offene Fenster in den Hof hinab. Was tat der Diener? Kurz besonnen warf er das Fleisch, welches er eben auf den Tisch stellen wollte, mir nichts, dir nichts, der Suppe nach, auch in den Hof hinab, dann das Brot, dann den Wein und endlich das Tischtuch mit allem, was noch darauf war, auch in den Hof hinab.

„Verwegener, was soll das sein?", fragte der Herr und fuhr mit drohendem Zorn von dem Sessel auf. Aber der Bediente erwiderte kalt und ruhig: „Verzeihen Sie mir, wenn ich Ihre Meinung nicht erraten habe. Ich glaubte nicht anders, als Sie wollten heute in dem Hof speisen. Die Luft ist so heiter, der Himmel so blau, und sehen Sie nur, wie lieblich der Apfelbaum blüht und wie fröhlich die Bienen ihren Mittag halten.“

Diesmal die Suppe hinabgeworfen, und nimmer! Der Herr erkannte seinen Fehler, heiterte sich im Anblick des schönen Frühlingshimmels auf, lächelte heimlich über den schnellen Einfall seines Aufwärters↑ und dankte ihm im Herzen für die gute Lehre.

der Aufwärter: *der Diener*

1. Erkläre, warum der Diener das Essen in den Hof wirft.
2. Welche Lehre hat der Diener seinem Herrn erteilt?
3. Stellt in zwei Rollenspielen dar, wie der Herr und der Diener die Geschichte vom „Mittagessen im Hof“ erzählen:
   - Der Diener erzählt den Vorfall dem übrigen Dienstpersonal.
   - Der Herr erzählt im Salon Freunden von dem Einfall seines Dieners.

*Johann Peter Hebel*

## Die Ohrfeige

Ein Büblein klagte seiner Mutter: „Der Vater hat mir eine Ohrfeige gegeben.“ Der Vater aber kam dazu und sagte: „Lügst du wieder? Willst du noch eine?“

*Bertolt Brecht*

## Der hilflose Knabe

Herr K. sprach über die Unart, erlittenes Unrecht stillschweigend in sich hineinzufressen, und erzählte folgende Geschichte: „Einen vor sich hin weinenden Jungen fragte ein Vorübergehender nach dem Grund seines Kummers. ‚Ich hatte zwei Groschen für das Kino beisammen', sagte der Knabe, ‚da kam ein Junge und riß mir einen aus der Hand', und er zeigte auf einen Jungen, der in einiger Entfernung zu sehen war. ‚Hast du denn nicht um Hilfe geschrien?' fragte der Mann. ‚Doch', sagte der Junge und schluchzte ein wenig stärker. ‚Hat dich niemand gehört?' fragte ihn der Mann weiter, ihn liebevoll streichelnd. ‚Nein', schluchzte der Junge. [...] R

1. Wie endet die Geschichte? Entscheide dich spontan für einen der drei folgenden Schlüsse:

**A** ‚Das tut mir aber Leid. Weißt du was, ich schenke dir den zweiten Groschen für das Kino.' Mit diesen Worten gab der Mann dem hilflosen Knaben das Geldstück und ging vor sich hin pfeifend weiter."

**B** ‚Dann komm, wir werden deinen Groschen zurückholen!' Mit diesen Worten packte er den Jungen bei der Hand und rannte mit ihm die Straße hinunter. Der Dieb bekam Angst, warf das Geldstück hin und suchte das Weite. So kam der Junge doch noch zu seinem Recht."

**C** ‚Kannst du denn nicht lauter schreien?' fragte der Mann. ‚Nein', sagte der Junge und blickte ihn mit neuer Hoffnung an. Denn der Mann lächelte. ‚Dann gib auch den her', sagte er, nahm ihm den letzten Groschen aus der Hand und ging unbekümmert weiter."

2. Lies die → Kalendergeschichte jetzt noch einmal aufmerksam durch und achte dabei auf Signale, die auf einen der Schlüsse hinweisen könnten.
3. Bleibst du bei deiner ersten Wahl des Schlusses oder ändert sie sich? Begründe deine Wahl.
4. L Vergleiche deine Entscheidung mit dem von Brecht gewählten Schluss.
5. Schreibt eigene Schlüsse und stellt sie euch in der Klasse gegenseitig vor.

*In der folgenden Geschichte ist der Schriftsteller Bertolt Brecht selbst die Hauptfigur. Solche kurzen, oft witzigen Geschichten über meist berühmte Personen, aber auch über gesellschaftliche Gruppen oder denkwürdige Ereignisse, nennt man* ***Anekdoten.***

*Herbert Jhering*

## Die schlechte Zensur

Brecht, der schwach im Französischen war, und ein Freund, der schlechte Zensuren im Lateinischen hatte, konnten Ostern nur schwer versetzt werden, wenn sie nicht noch eine gute Abschlussarbeit schrieben. Aber die lateinische Arbeit des einen fiel ebenso mäßig aus wie die französische des anderen. Darauf radierte der Freund mit einem Federmesser einige Fehler in der Lateinarbeit aus und meinte, der Professor habe sich wohl verzählt. Der aber hielt das Heft gegen das Licht, entdeckte die radierten Stellen, und eine Ohrfeige tat das Übrige.
Brecht, der nun wusste, so geht das nicht, nahm rote Tinte und strich sich noch einige Fehler mehr an. Dann ging er zum Professor und fragte ihn, was hier falsch sei. Der Lehrer musste bestürzt zugeben, dass diese Worte richtig seien und er zu viele Fehler angestrichen habe. „Dann“, sagte Brecht, „muss ich doch wohl eine bessere Zensur haben.“
Der Professor änderte die Zensur, und Brecht wurde versetzt.

Bertolt Brecht

1. Findest du das Verhalten des Schülers Brecht nachahmenswert? Diskutiere deine Meinung mit der Klasse.
2. In vielen Familien existieren solche Geschichten über einzelne Familienmitglieder. Frage doch einmal in deiner eigenen oder in verwandten und bekannten Familien nach. Schreibe diese so genannten Familienanekdoten auf und lies sie der Klasse vor.
3. Wählt die besten Geschichten aus und spielt sie nach.

*Gina Ruck-Pauquèt*

# Der Krebs

Als Dieter zum ersten Mal die Klasse betrat, fürchtete er sich einen Moment lang. Wie die ihn anstarrten! Lauter fremde Mädchen und Jungen. Saßen da und machten große Augen, waren erwartungsvoll.

Als ob sie glauben, dass ich gleich einen Rüssel ausfahre, dachte Dieter, Hörner kriege oder Kikiriki rufe!

Am liebsten hätte er ihnen die Zunge rausgestreckt. Seine Furcht war fort. In der Pause strichen ein paar um ihn rum, stießen sich an und kicherten. Das war wegen seiner Jacke. Das konnte er sich denken.

Dieter ging langsam auf die Gruppe zu, die sich unter der Kastanie gebildet hatte. Er wusste sofort, wer da die Hauptperson war. So was spürte er. Kurz darauf erfuhr er, dass der Junge Leo hieß. Er war klein und dünn und dunkelhaarig und er war wie eine aufgezogene Feder, in jedem Augenblick bereit loszuschnellen.

Gegen mich, dachte Dieter. Der hat was gegen mich.

„Guck mal, was der für 'ne Jacke hat!", sagte einer, ein Blonder, der Timo hieß.

Er packte Dieter bei den Schultern und drehte ihn mit dem Rücken zu Leo. „Toll, was?"

„Das ist 'n Krebs", sagte Inga, „'n weißer Krebs."

„Riesig", sagte Tobbi. „Wo hast'n die Jacke her?"

Dieter blickte Leo an, der mit zusammengekniffenen Augen zurückstarrte. Die Jeansjacke mit dem aufgenähten weißen Krebs.

„Die hat mein Vater aus dem Ausland mitgebracht", sagte Dieter zu Leo. Aber der guckte weg, nahm die Antwort nicht an. Er hatte ja auch nicht gefragt. Die anderen schwiegen, waren betreten. Nur Meike nicht.

„Gib mal", sagte sie.

Dieter schlüpfte aus der Jacke. Meike zog sie an, verschwand fast darin. Einer lachte. Leo stand mit einer harten Bewegung auf. Die anderen zögerten. Dann läutete die Glocke und nahm ihnen die Entscheidung ab.

So war das am ersten Tag. Dieter machte sich nicht allzu viel Gedanken darüber. Leo war hier der Macher, das war klar. Sollte er doch! Es gab genug andere Kinder, und Dieter war einer, der leicht Freunde fand. Meike hatte sich sowieso gleich an ihn angeschlossen. Und Tobbi und Friedel zeigten ihm das Schwimmbad und den Park.

„Der Leo mag dich nicht", sagte Meike.

Sie saßen nebeneinander auf der Bank am Omnibusbahnhof und Meike zupfte an den ausgefransten Beinen ihrer Jeans.

„Warum sagst du das so leise?", fragte Dieter.

Meike schwieg.

„Der ist zu allem fähig!", sagte Tobbi. „Der Leo ja. Ist 'n irrer Typ", setzte er hinzu. „Hast du seinen Gürtel gesehen? Hat er selbst aus Ziegenleder gemacht. Sind kleine Fotos draufgeklebt. Von 'nem Pferd, auf dem er geritten ist, und von 'nem echten Indianer, den er kennt. Er war nämlich mal in Amerika."

Friedel nickte. Er warf die Unterlippe auf und machte ein knallendes „Ppp!", das nach Anerkennung klang.

Ein paar Tage später redeten sie in der Klasse so einen Blödsinn: „Krebs – immer zwei Schritte vor und einen zurück."

„Von wem kommt das?", fragte Dieter.

Die anderen zuckten die Achseln. Das Gerede hielt sich nicht lange. Nur dass sie ihn den Krebs nannten, das blieb. Sie nannten ihn den Krebs und sie mochten ihn. Fast alle mochten ihn.

Es kam jetzt vor, dass Dieter Leo für Augenblicke allein dastehen sah – auf dem Schulhof oder sonst irgendwo. Und er begriff, dass Leos Feindseligkeit aus der Furcht entsprungen war, in Dieter einen Rivalen zu finden, der ihm die Gunst der anderen nahm.

Im frühen Herbst kam das „Parkgerücht" auf. Dass es nicht mit rechten Dingen zugehe in den Nächten im Park. Genaues wusste allerdings keiner.

„Wache halten müsste man", sagte Hanna. „Auf 'nem Baum oder so."

„Ja", sagte Timo, „wenn meine Eltern nicht die dämliche Gewohnheit hätten mich abends ins Bett zu schicken ..."

„Bist aber froh, was?", sagte Meike. „Würdest dir schön in die Hose machen vor Angst."

„Ich tu's!", sagte Leo da.

„Was?", fragte Friedel.

„Draußen bleiben", sagte Leo. „Auf dem Baum da sitz ich", sagte er und zeigte hin. „Die ganze Nacht."

Sein Blick streifte Dieter.

„Da wird dir aber kalt", sagte Dieter.

Leo sah ihn noch einmal an. Es war, als ob etwas knistere.

„Der macht das", sagte Inga später. „Echt!"

„Glaub's schon", sagte Dieter.

Und Leo war wohl wirklich draußen geblieben in der Nacht. Er sah blass und müde aus, als sie am nächsten Morgen vor Schulbeginn im Klassenzimmer auf ihn einstürmten.

„Red schon!"

„Was war?"

„Sag!"

Aber was er dann faselte von einem Mann im dunklen Umhang und von einer klagenden Stimme, das klang wenig glaubwürdig. Wahrscheinlich war gar nichts gewesen.

„Glaubst du ihm?", fragte Tobbi leise.

„Ne", sagte Dieter, „der spinnt!"

Hatte er es zu laut gesagt? Hatte Leo es gehört? Jedenfalls passierte es an dem Nachmittag. Und was passierte, sprengte den Rahmen aller Feindseligkeiten, die je zwischen den Kindern ausgetragen worden waren.

Sie hatten im Park Herbstblätter für den Zeichenunterricht gesammelt. Es war ein warmer Nachmittag und sie hatten ihre Jacken unter einen Strauch gelegt.

Als sie zurückkamen, lag Dieters Jacke oben. Dieters Jeansjacke mit dem weißen Krebs. Aber der Krebs war nicht mehr weiß. Er war überhaupt nicht mehr da, der Krebs.

Dieter hob die Jacke hoch. Wo der Krebs gewesen war, war ein Loch. Man konnte den Arm durchstecken. Meike heulte gleich los.
„Rausgebrannt“, sagte Timo. „Regelrecht rausgebrannt.“
„Das ist doch ...“, Hanna fehlten die Worte.
„Eine Sauerei ist das“, sagte Tobbi. „Die größte Sauerei, die ich erlebt hab!“
Sie blickten sich nacheinander an. Leo fehlte.
„Der ist schon weg“, sagte Friedel. „Er hat mir gesagt, dass er wegmuss.“
„Das hätte ich nicht gedacht“, sagte Inga. „Dass er so was macht, nicht.“
Dieter biss auf seiner Lippe rum. Er hielt die Jeansjacke mit zwei Händen, so, als sei sie ein verwundetes Lebewesen.
„Warte“, sagte er leise, „jetzt werd ich's dir zeigen, du!“
Timo legte ihm die Hand auf die Schulter. Dann gingen sie schweigend auseinander.
Abends pfiffen sie unter Dieters Fenster. Sie machten ihm Zeichen. Er sollte runterkommen. Sie hatten etwas für ihn.
Gewohnheitsmäßig griff Dieter nach seiner Jacke. Dann sah er es wieder. Er legte sie hin, zog den blauen Pullover über und rannte hinaus.
Sie machten auf geheimnisvoll. Hanna trug das Päckchen. Als sie bei der Bank vorm Omnibusbahnhof ankamen, blieben sie stehen und blickten sich nach allen Seiten um.
„Gib's ihm jetzt!“, sagte Timo.
Hanna gab es ihm. In dem Päckchen war Leos Gürtel aus Ziegenleder. Dieter hielt Leos Ziegenledergürtel in der Hand. Er starrte ihn an, die Nieten aus weißem Metall, das Foto von dem Indianer und das des Pferdes. Sie hatten Leo den Gürtel weggenommen!
Wahrscheinlich im Hallenbad, dachte Dieter. Bestimmt sogar.
„Na?“, sagte Timo.
„Mensch!“, sagte Dieter.
„Rache ist süß“, sagte Tobbi. „Ich schlage vor, du schneidest ihn in kleine Stücke und die legen wir ihm dann morgen hin.“
„Ne“, sagte Friedel, „ich würde ihn verbrennen.“
„Und ihm die Asche mit den Nieten in einer Urne servieren.“ Inga lachte.
Dieter wog den Gürtel in der Hand.
„Ich weiß noch nicht“, sagte er.
„Mach, wie du meinst“, sagte Timo. „Es ist deine Rache. Ich muss heim.“
„Okay“, sagte Dieter. „Bis morgen dann. Und danke auch!“
In seinem Zimmer legte er den Gürtel über seine Jacke. Das eine Ende des Gürtels hing auf den Boden hinab. Dieter setzte einen Fuß darauf. Er würde es nicht mit der Schere machen. Und auch nicht mit dem Feuer. Mit seinen Händen und Füßen würde er es machen.
„Siehst du, Leo“, sagte Dieter, „zuerst die Jacke und dann der Gürtel.“ Und dann?, dachte er weiter. Und dann? Und dann?
Dann wäre Leo wieder am Zug. Er würde etwas noch Gemeineres tun. Dann wieder er, Dieter. Er würde etwas tun, was er sich jetzt überhaupt noch nicht vorstellen konnte.
Wieder Leo, blass, mit zusammengekniffenen Augen, Dieter, Leo, Dieter. Beide allein, gegeneinander. Und der Hass und die Rache wären ein Gefängnis, dem sie beide nicht mehr entkommen würden.
Dieter schleuderte den Gürtel in die Zimmerecke. Dann ging er vor den Spiegel und sah sich an.
Am anderen Morgen waren alle früher als gewöhnlich. Sie standen herum, rückten hier und da etwas zurecht und schwiegen.
Nur Leo saß auf seinem Platz. Er saß unbeweglich, die Ellenbogen aufgestützt, die Fäuste an den Schläfen.

Dann kam Dieter.

Er schloss die Tür hinter sich und blickte gleich Leo an. Die linke Hand hielt er hinter seinem Rücken versteckt. Und während die anderen, wie von einem bösen Zauber angerührt, versteinerten, ging Dieter zu Leo hin.

Er machte einen Schritt und noch einen, stand vor Leo, brachte seine Hand in einem matten, niedrigen Bogen nach vorn und legte etwas auf Leos Schreibpult.

Es war Leos Gürtel – unversehrt. Weiße Nieten, das Foto von dem Indianer und das des Pferdes.

Sehr ruhig legte Dieter den Gürtel hin. Für eine Sekunde oder so ließ er seine Hand noch auf ihm ruhen.

Dann nahm er die Hand fort und manche sagten später, er habe Leo zugelächelt.

1. Versetze dich in Leos Rolle. Erzähle aus seiner Sicht über den Neuen in der Klasse. Das könnte zum Beispiel am Frühstückstisch im Gespräch mit seiner Mutter geschehen.
2. Unterteile den Text in Abschnitte und finde dabei den Wendepunkt heraus, also die Stelle, an der die Geschichte einen unerwarteten Verlauf bekommt.
3. Schreibe eine Fortsetzung der Geschichte, in der Leo und Dieter ihren Streit endgültig beilegen. Gib ihr Gespräch in wörtlicher Rede wieder, denke dabei an die richtige Zeichensetzung.
4. Bildet Zweiergruppen, entscheidet euch für einen eurer Dialoge und spielt ihn der Klasse vor.

*Ann Ladiges*

## Perihan

„Na, Dirk, dann such dir mal deine Frau aus.“

Dirk sah sich in der Klasse um.

„Perihan ...“, sagte er.

Perihan stand nicht gleich auf. Sie wurde rot. Sie hatte gedacht, dass Dirk Ute Schröder auffordern würde. Die beiden standen in den Pausen oft zusammen.

„Was ist, Perihan? Möchtest du nicht?“ Frau Ruoff sah sie fragend an. „Geh schon!“, sagte Anschi und stieß sie in die Seite.

Perihan ging nach vorne. Sie hatte Herzklopfen. Nicht etwa aus Angst, dass ihr nichts einfallen würde. Das war es nicht. Perihan mochte Rollenspiele gerne und sie wusste auch, welche Argumente sie gleich bringen müsste um ihrem Ehemann klarzumachen, dass sie wegen der Kinder nicht zehn Jahre aus dem Beruf herauswollte, sondern von ihm erwarte, dass er auch ein bisschen zurückstecke. Über dieses Thema hatte Frau Ruoff mit der 9c oft genug im Sozialkundeunterricht diskutiert. Nein, es war wegen Dirk. Er war nicht so wie die meisten Jungen in der Klasse. Er brüllte nicht so viel rum und gab auch nicht so an. Manchmal saß er im Unterricht da und sah aus, als träume er. Perihan musste dauernd zu ihm hinübersehen.

Jetzt stand sie vorne neben Dirk. Sie sahen sich an und beide sagten auf einmal: „Also …"

Sie lachten und Perihan legte los. Dirk gab sich schnell geschlagen, gegen Perihan und ihre Argumente kam er nicht an.

*emanzipiert: unabhängig*

„Du bist mir zu emanzipiert↑ …", sagte er.

Als Perihan zu ihrem Platz zurückging, klatschten die Mädchen. Nur Christoph und Konstantin buhten.

Danach spielten Peter und Evi das Ehepaar. Perihan hörte nicht genau zu, sie war immer noch aufgeregt. Dirk drehte sich zu ihr um und beide mussten lachen.

Nach der letzten Stunde knatterte Dirk auf seinem Mofa vor der Schule herum. Perihan kam erst nach einer Weile, sie hatte noch mit Anschi im Physikraum aufräumen müssen. Dirk drehte eine Kurve, dann fuhr er neben Perihan her.

„Du, Perihan, hast du ‚Spiel mir das Lied vom Tod' gesehen?"

„Nein."

„Der läuft im ‚Bambi' … ich geh heute hin. Kommst du mit? Der Film ist klasse, ich habe den schon zweimal gesehen. Ich wollte in die Vorstellung um 16 Uhr."

„Ja, ist gut … ich komme mit", sagte Perihan.

So ganz einfach.

„Okay, dann zehn vor am ‚Bambi' … tschüss!"

Dirk gab Gas und Perihan stellte fest, dass sie schon wieder Herzklopfen hatte. Mit einem Jungen ins Kino gehen, das würden sie ihr nicht erlauben. Da konnte sie hundertmal sagen: „Was ist denn schon dabei? Im Kino! Mit all den Leuten! Was soll denn da wohl passieren? Und außerdem … die anderen Mädchen in meiner Klasse dürfen ja auch ins Kino!"

„Du bist nicht wie die anderen Mädchen. Du bist ein türkisches Mädchen!" Perihan kannte die Antwort des Vaters. Sie wusste, es war zwecklos.

Wenn ein türkisches Mädchen ins Kino gehen möchte, ins Theater oder auch nur zum Schwimmen, dann muss es seinen Vater um Erlaubnis fragen. Bekommt es wirklich einmal die Erlaubnis, dann darf es nicht ohne Begleitung gehen. Entweder muss die Mutter mit oder einer der Brüder. Jedenfalls jemand von der Familie.

*Abbildung: Hanefi Yeter: Aussperrung (1980)*

Das ist nun mal so. Und das galt auch für Perihan, obwohl sie schon seit zwölf Jahren nicht mehr in der türkischen Stadt Konya lebte, sondern in Frankfurt-Höchst, und besser Deutsch als Türkisch sprach. Nur zu Anschi durfte sie gehen, allein und ohne groß um Erlaubnis bitten zu müssen. Gegen Anschi hatten sie nichts einzuwenden.

Anschi ... das war vielleicht eine Idee ...

Als Perihan vor einem Jahr in die Realschule kam, war sie zuerst sehr unglücklich gewesen. Außer ihr war kein türkisches Mädchen in der Klasse.

Dann hatte sie sich schnell mit Anschi angefreundet. Anschi hieß eigentlich Angela Gehrmann und lebte allein mit ihrer Mutter zusammen. Anschis Vater war Spanier, aber den kannte sie nicht. Er wohnte irgendwo bei Barcelona. Anschi hatte vor, da einfach mal hinzufahren und ihren Vater zu besuchen. Perihan war sicher, dass Anschi ihren Plan auch durchführen würde, sie machte jetzt ja schon das meiste so, wie sie es wollte. Sie rief ihre Mutter im Büro an und sagte:

„Du, Mami, ich geh heute Nachmittag mit Peter zum Schwimmen." So einfach konnte das sein.

Perihan ging gerne zu Anschi. Sie hörten Platten und machten zusammen die Hausaufgaben. Anschi half ihr auch beim Französischen. Da blickte Perihan überhaupt nicht mehr durch, seitdem die Faber neuerdings so durch die Lektionen raste. Französisch! Das war es überhaupt! Anschi musste ihr heute Nachmittag den Konditional↑ erklären ...

❄

Dirk sah bestimmt zum zehnten Mal auf seine Uhr. Dann ging er an die Kasse und sagte irgendetwas zu der Kassiererin. Die schüttelte den Kopf. Perihan konnte es genau sehen. Sie stand seit über einer halben Stunde gegenüber vom „Bambi" in einem Hauseingang. Jetzt war es zehn nach vier. Ein Mann blieb vor Perihan stehen und glotzte sie an. Perihan drehte sich um und kaute auf ihren Fingernägeln. Es hatten nur wenige Leute Karten gekauft. Das Kino musste ziemlich leer sein. Es war auch niemand reingegangen, den Perihan kannte. Aber manche Leute kommen ja noch, wenn der Hauptfilm schon angefangen hat. Als Aysche mit einem Jungen im Kino war, wurde sie auch von jemandem gesehen. Die Brüder von Aysche hatten den Jungen ein paar Tage später verprügelt. Perihan wollte nicht, dass Dirk verprügelt wurde.

Es gibt so viele Leute, die einen kennen. Sevins Vater hatte jemand gesteckt↑, dass Sevin ein paar Mal heimlich mit einem Jungen in einer Diskothek gewesen war. Sie hatten Sevin das Haar abgeschnitten. Das würde ihr Vater nie tun.

jemandem etwas stecken: *jemandem etwas verraten*

Aber Krach würde es geben, wenn herauskam, dass Perihan mit Dirk allein im Kino ... „Wenn ich dich mit einem Jungen erwische, gehst du sofort zurück nach Konya!"

Dirk sah noch einmal die Straße in beiden Richtungen entlang. Dann ging er sich den Film ansehen. Perihan bekam einen Schluckauf.

Frau Gehrmann, Anschis Mutter, machte ihr auf. Sie arbeitete mittwochs immer nur bis zwei.

„Komm rein, Perihan", sagte sie. „Was ist denn mit dir los? Du siehst ja miserabel aus. Ist etwas passiert?"

„Nee, nee, ist nichts ... ist Anschi da?"

„Ja, die ist in ihrem Zimmer. Torsten ist bei ihr. Sag mal, das ist wohl ihre neueste große Liebe, was?"

der Konditional: *eine grammatische Besonderheit des Französischen*

Perihan wusste nicht, was sie sagen sollte. Anschi hatte ihr erzählt, dass sie in den Torsten aus der 10a unheimlich verknallt sei, aber das konnte Perihan doch nicht Frau Gehrmann sagen!

Anschi hatte ihre Stereoanlage voll aufgedreht: „Child in Time, Deep Purple." Frau Gehrmann klopfte an. Das machte sie immer. Bei Perihan zu Hause klopfte nie jemand an.

Es roch nach Patschuli↑, Anschi hatte Räu-

das Patschuli: *der Duftstoff einer asiatischen Pflanze*

cherkerzen angesteckt. Sie saß mit Torsten auf dem Boden und hatte ihre Platten um sich ausgebreitet. Sie sah Perihan erstaunt an.

„Ich denke ... bist du nicht mit Dirk? Ihr wolltet doch ins Kino!“ Perihan starrte Anschi und Torsten einen Augenblick an, dann rannte sie weg. Die Wohnungstür fiel laut hinter ihr zu.

„Was ist denn mit der los?“, fragte Torsten. „Ist die übergeschnappt?“

❊

Die Kassiererin vom „Bambi“ schmierte sich im Hintergrund ihrer Kasse ein Brötchen. Sie verstand erst nicht, für welche Vorstellung Perihan eine Karte kaufen wollte.

„Na, für die, die jetzt läuft!“

„Aber der Hauptfilm hat schon vor einer Stunde angefangen!“

„Das macht nichts, ich möchte trotzdem rein.“

Die Kassiererin schüttelte den Kopf, verkaufte Perihan dann aber doch eine Karte, die sie gleich abriss, weil die Platzanweiserin zum Einkaufen gegangen war.

Perihan ging schnell auf eine Tür zu, über der „Parterre links“ stand.

Die Kassiererin sah hinter ihr her und biss von dem Brötchen ab.

Auf der Leinwand war groß das Gesicht einer Frau zu sehen, dann ritten drei Männer auf Pferden von einem Haus weg. Perihan setzte sich in die Reihe gleich neben der Tür. Es dauerte eine Weile, bis sie Dirk entdeckt hatte. Er saß zwei Reihen weiter vorne, auf der anderen Seite. Der Zuschauerraum war fast leer. Perihan versuchte einen Augenblick zu verstehen, was auf der Leinwand passierte. Dann sah sie wieder zu Dirk hinüber. Als der Film zu Ende war, stand sie auf, ehe das Licht anging. Sie verließ schnell den Zuschauerraum. Im Foyer warteten schon die Leute auf den Beginn der nächsten Vorstellung. Perihan fing an zu laufen. An der „Hauptwache“ bekam sie gleich eine 23. Die Bahn war überfüllt, aber Perihan drängte sich noch hinein. Sie fühlte sich elend.

❊

Am nächsten Morgen kam Dirk zu spät zur ersten Stunde. Er ging zu seinem Platz und fragte Perihan im Vorbeigehen leise: „Warum bist du gestern nicht gekommen? Ich habe bis 20 nach gewartet!“

Perihan flüsterte zurück: „Ich ... ich konnte nicht ...“

Die Faber fuhr dazwischen: „Dirk, nun setz dich mal und halt uns hier nicht auf! Perihan, commence à traduire↑ ...“

commence à traduire (franz.): *beginne zu übersetzen*

Perihan wusste nicht, wo sie waren. Anschi hatte auch nicht aufgepasst. Endlich nahm die Faber dann Martin Keller dran.

Während der Stunde drehte sich Dirk nicht einmal zu Perihan um, in den beiden ersten Pausen unterhielt er sich mit Ute Schröder. Nach der dritten Stunde fing es draußen zu gießen an und sie konnten nicht auf den Hof. Die meisten Schüler standen im Treppenhaus herum. Anschi saß mit Torsten auf einer Fensterbank. Wo Dirk war, konnte Perihan nicht sehen. Als es läutete, kam er auf sie zu.

„Das war blöd gestern ... mit dem Kino ...“

„Ja, finde ich auch ...“

Sie gingen zusammen in die Klasse ohne etwas zu sagen.

Als Perihan sich an ihren Platz setzte, blieb Dirk neben ihr stehen. „Gehst du heute Abend auch in den ‚Sinkkasten‘?“

„Ich? Wieso ... vielleicht.“

„Im Augenblick ist da ganz schön was los. Heute Abend spielen die ‚Tumbling Dice‘. Wie findest du die?“

„Och ... ganz gut.“

Perihan kannte die Gruppe nicht. Sie war

noch nie im „Sinkkasten“ gewesen und auch noch nie in einer Diskothek.

Dirk sprach davon, dass die halbe Klasse zu den „Tumbling Dice“ wollte.

„Das gibt unheimlich Action heute Abend. Willst du nicht auch kommen? Ich kann dich abholen …“

„Ja … nein, ich kann heute Abend nicht.“

„Du kannst aber auch nie! Was machst du eigentlich immer?!“

Perihan zuckte mit den Schultern. Sie wusste nicht, was sie sagen sollte.

❊

Sonntagnachmittag erzählte Perihan ihrer Freundin Anschi, dass sie nicht mitfahren dürfe auf die Klassenreise nach München. Anschi war fassungslos.

„Das ist ja ’n Hammer! Und wieso nicht?“

Perihan zögerte einen Moment, dann sagte sie langsam: „Weil das über Nacht ist … da haben sie Angst … weil da doch auch Jungen mitfahren.“

„Die spinnen ja! Entschuldige … das gibt’s doch gar nicht! Und wieso kommst du eigentlich erst jetzt damit raus, wo wir morgen früh fahren wollen?! Mensch, da hätte man doch etwas unternehmen müssen!“

Perihan schluckte.

„Ich weiß nicht … ich mochte das in der Klasse nicht sagen. Ich dachte … na, dass ihr lacht. Und dann hab ich die ganze Zeit über gedacht, dass mein Vater es mir vielleicht doch noch erlaubt.“

„Also so was! Du, soll ich meine Mutter mal fragen, ob sie nicht mit deinem Vater reden kann!?“

„Das hat doch keinen Sinn, Anschi. Du weißt nicht, wie das bei uns ist.“

❊

Perihan hatte es in den letzten Wochen mit Weinen versucht, mit Bitten und Argumenten. Aber der Vater ließ sich nicht umstimmen. Von der Mutter konnte sie keine Hilfe erwarten. Der Vater hatte Nein gesagt, dann war das so in Ordnung. Die Mutter verstand überhaupt nicht, dass Perihan immer wieder von diesem Thema anfing. Da gab es doch gar nichts zu diskutieren! Dass ein fünfzehnjähriges Mädchen über Nacht wegblieb, nein, das passte nicht zu ihnen. Wie steht die Familie denn da, wenn das die anderen erfahren? Es geht ja nicht nur um Perihans Ehre, es geht um die Ehre der ganzen Familie.

Und auch Mehmet stand nicht zu ihr, der Bruder benahm sich wie ein Pascha, seitdem er verheiratet war. Dabei hatte Mehmet doch wie Perihan in Frankfurt die Schule besucht und sogar eine kurze Zeit lang eine deutsche Freundin gehabt, Biggi. Als Mehmet mit Biggi übers Wochenende nach Straßburg gefahren war, da hatte niemand etwas dagegen gehabt. Aber Perihan mit der Klasse in einer Jugendherberge übernachten lassen, nein, das konnte Mehmet nicht erlauben.

„Du weißt genau, Perihan, dass wir dir das nicht verbieten, weil wir dich ärgern wollen, sondern weil es besser für dich ist. Du willst doch, dass dich mal einer heiratet, oder?“

Natürlich wollte Perihan irgendwann einmal heiraten und eine Familie haben, aber sie wollte auch mit auf die Klassenreise.

Während die anderen durch München liefen, saß Perihan zu Hause und half Fatma, Mehmets Frau. Fatma war neunzehn und schwanger. Sie hatte in einer Textilfabrik gearbeitet und war froh, dass man ihr dort Heimarbeit geben konnte: Kapuzen nähen für Kampfanzüge, die für Algerien bestimmt waren.

„Heul nicht“, sagte Fatma. „Das hilft auch nichts. Du musst dich damit abfinden.“

Nähte schließen, rundum nähen, Kordel

durchziehen. 60 Pfennig für die fertige Kapuze.

Sema, die kleine Schwester, holte die Post herauf. Es waren Drucksachen und ein Brief für Perihan.

Anschi Gehrmann stand auf dem Absender, zurzeit 80797 München, Elisabethstr. 87, Jugendherberge. Perihan riss den Umschlag auf. Sie sah sofort, dass es nicht Anschis Schrift war. Sie ging aufs Klo und las den Brief.

> Liebe Perihan,
>
> es ist schade, dass du nicht mit in München bist. Wir waren heute im Deutschen Museum. Das war einfach toll. Als Anschi uns bei der Abfahrt sagte, dass du nicht mitkommst, weil dein Vater es nicht erlaubt, wollten wir das erst nicht glauben. Martin machte den Vorschlag, dass wir mit dem Bus bei dir vorbeifahren und dich einfach kidnappen sollten. Aber das ist natürlich Quatsch.
>
> Wenn wir wieder zurück sind, will Frau Ruoff mit uns in Sozialkunde über die Probleme der türkischen Mädchen sprechen. Das finden alle richtig gut. Einige meinten, du hättest schon eher etwas davon sagen sollen, aber ich glaube, es war dir peinlich. Ich kann das verstehen. Die anderen wollen dir eine Karte aus München schreiben.
>
> Ich habe nur Anschi gesagt, dass ich dir schreibe. Es war ihre Idee mit dem Absender. Ich soll dich von ihr grüßen. Ich muss jetzt Schluss machen.
>
> Tschüss. Dein Dirk
>
> Ich mag dich.

Perihan saß noch eine ganze Weile auf dem Klo.

Dann faltete sie den Brief zu einem kleinen Päckchen zusammen, steckte es in ihre Hosentasche und ging zurück in die Küche. Fatma nähte immer noch Kapuzen, sie sah nicht auf.

Perihan sagte: „Ich hol mir noch Patronen für meinen Füller …“ Sie nahm ihre Jacke und verließ die Wohnung.

Sie lief die Treppe hinunter und stand einen Augenblick unten vor der Haustür. Dann ging sie die Straße entlang, obwohl sie nicht wusste, wohin sie wollte.

1. Perihan gehen viele Gedanken durch den Kopf. Schreibe für sie einen Tagebucheintrag.
2. Welche Bedeutung hat Anschi für Perihan? Und was verbindet sie mit Dirk?
3. Was könnte in einem Antwortbrief stehen, den Perihan an Dirk schreibt?
4. Wie reagieren eure Eltern, wenn ihr abends ins Kino wollt oder mit der Klasse eine Übernachtung in der Jugendherberge plant? Vergleicht eure Erfahrungen.

*Siegfried Lenz*

# Eine Liebesgeschichte

Joseph Waldemar Gritzan, ein großer, schweigsamer Holzfäller, wurde heimgesucht von der Liebe. Und zwar hatte er nicht bloß so ein mageres Pfeilchen im Rücken sitzen, sondern, gleichsam seiner Branche angemessen, eine ausgewachsene Rundaxt. Empfangen hatte er diese Axt in dem Augenblick, als er Katharina Knack, ein ausnehmend gesundes, rosiges Mädchen, beim Spülen der Wäsche zu Gesicht bekam. Sie hatte auf ihren ansehnlichen Knien am Flüsschen gelegen, den Körper gebeugt, ein paar Härchen im roten Gesicht, während ihre beträchtlichen Arme herrlich mit der Wäsche hantierten. In diesem Augenblick, wie gesagt, ging Joseph Gritzan vorbei, und ehe er sich's versah, hatte er auch schon die Wunde im Rücken. Demgemäß ging er nicht in den Wald, sondern fand sich, etwa um fünf Uhr morgens, beim Pfarrer von Suleyken ein, trommelte den Mann Gottes aus seinem Bett und sagte: „Mir ist es", sagte er, „Herr Pastor, in den Sinn gekommen zu heiraten. Deshalb möchte ich bitten um einen Taufschein."

Der Pastor, aus mildem Traum geschreckt, besah sich den Joseph Gritzan ziemlich ungnädig und sagte: „Mein Sohn, wenn dich die Liebe schon nicht schlafen lässt, dann nimm zumindest Rücksicht auf andere Menschen. Komm später wieder, nach dem Frühstück. Aber wenn du Zeit hast, kannst du mir ein bisschen den Garten umgraben. Der Spaten steht im Stall."

Der Holzfäller sah einmal rasch zum Stall hinüber und sprach: „Wenn der Garten umgegraben ist, darf ich dann bitten um den Taufschein?"

„Es wird alles genehmigt wie eh und je", sagte der Pfarrer und empfahl sich.

Joseph Gritzan, beglückt über solche Auskunft, begann dergestalt den Spaten zu gebrauchen, dass der Garten schon nach kurzer Zeit umgegraben war. Dann zog er, nach Rücksprache mit dem Pfarrer, den Schweinen Drahtringe durch die Nasen, melkte eine Kuh, erntete zwei Johannisbeerbüsche ab, schlachtete eine Gans und hackte einen Berg Brennholz. Als er sich gerade daranmachte den Schuppen auszubessern, rief der Pfarrer ihn zu sich, füllte den Taufschein aus und übergab ihn mit sanften Ermahnungen Joseph Waldemar Gritzan. Na, der faltete das Dokument mit umständlicher Sorgfalt zusammen, wickelte es in eine Seite des Masuren-Kalenders↑ und verwahrte es irgendwo in der weitläufigen Gegend seiner Brust. Bedankte sich natürlich, wie man erwartet hat, und machte sich auf zu der Stelle am Flüsschen, wo die liebliche Axt Amors↑ ihn getroffen hatte.

Katharina Knack, sie wusste noch nichts von seinem Zustand und ebenso wenig wusste sie, was alles er bereits in die heimlichen Wege geleitet hatte. Sie kniete singend am Flüsschen, walkte und knetete die Wäsche und erlaubte sich in kurzen Pausen ihr gesundes Gesicht zu betrachten, was im Flüsschen möglich war.

Joseph umfing die rosige Gestalt – mit den Blicken, versteht sich –, rang ziemlich nach Luft, schluckte und würgte ein Weilchen, und nachdem er sich ausgeschluckt hatte, ging er an die Klattkä, das ist ein Steg, heran. Er hatte sich heftig und lange überlegt, welche Worte er sprechen sollte, und als er jetzt neben ihr stand, sprach er so: „Rutsch zur Seite."

Das war, ohne Zweifel, ein unmissverständlicher Satz. Katharina machte ihm denn

Masuren: *eine Landschaft in Polen, früher ein Teil Ostpreußens*

Amor: *der römische Liebesgott*

auch schnell Platz auf der Klattkä und er setzte sich ohne ein weiteres Wort neben sie. Sie saßen so – wie lange mag es gewesen sein? – ein halbes Stündchen vielleicht und schwiegen sich gehörig aneinander heran. Sie betrachteten das Flüsschen, das jenseitige Waldufer, sahen zu, wie kleine Gringel↑ in den Grund stießen und kleine Schlammwolken emporrissen, und zuweilen verfolgten sie auch das Treiben der Enten. Plötzlich aber sprach Joseph Gritzan: „Bald sind die Erdbeeren so weit. Und schon gar nicht zu reden von den Blaubeeren im Wald." Das Mädchen, unvorbereitet auf seine Rede, schrak zusammen und antwortete: „Ja."

der Gringel = der Gründling: *ein kleiner Fisch, der auf dem Grunde des Wassers lebt*

So, und jetzt saßen sie stumm wie Hühner nebeneinander, äugten über die Wiese, äugten zum Wald hinüber, guckten manchmal auch in die Sonne oder kratzten sich am Fuß oder am Hals.

Dann, nach angemessener Weile, erfolgte wieder etwas Ungewöhnliches: Joseph Gritzan langte in die Tasche, zog etwas Eingewickeltes heraus und sprach zu dem Mädchen Katharina Knack: „Willst", sprach er, „Lakritz?"

Sie nickte und der Holzfäller wickelte zwei Lakritzstangen aus, gab ihr eine und sah zu, wie sie aß und lutschte. Es schien ihr gut zu schmecken. Sie wurde übermütig – wenn auch nicht so, dass sie zu reden begonnen hätte –, ließ ihre Beine ins Wasser baumeln, machte kleine Wellen und sah hin und wieder in sein Gesicht. Er zog sich nicht die Schuhe aus.

So weit nahm alles einen ordnungsgemäßen Verlauf. Aber auf einmal – wie es zu gehen pflegt in solchen Lagen – rief die alte Guschke, trat vors Häuschen und rief: „Katinka, wo bleibt die Wäsch'!"

Worauf das Mädchen verdattert aufsprang, den Eimer anfasste und mir nichts, dir nichts, als ob die Lakritzstange gar nicht gewesen wäre, verschwinden wollte. Doch, Gott sei Dank, hatte Joseph Gritzan das weitläufige Gelände seiner Brust bereits durchforscht, hatte auch schon den Taufschein zur Hand, packte ihn sorgsam aus und winkte das Mädchen noch einmal zu sich heran.

„Kannst", sprach er, „lesen?"

Sie nickte hastig.

Er reichte ihr den Taufschein und erhob sich. Er beobachtete, während sie las, ihr Gesicht und zitterte am ganzen Körper.

„Katinka!", schrie die alte Guschke, „Katinka, haben die Enten die Wäsch' gefressen?!"

„Lies zu Ende", sagte der Holzfäller drohend. Er versperrte ihr, weiß Gott, schon den Weg, dieser Mensch.

Katharina Knack vertiefte sich immer mehr in den Taufschein, vergaß Welt und Wäsche und stand da, sagen wir mal: Wie ein träumendes Kälbchen, so stand sie da.

„Die Wäsch', die Wäsch'", keifte die alte Guschke von neuem.

„Lies zu Ende", drohte Joseph Gritzan und er war so erregt, dass er sich nicht einmal wunderte über seine Geschwätzigkeit.

Plötzlich schoss die alte Guschke zwischen den Stachelbeeren hervor, ein geschwindes, üppiges Weib, schoss hervor und heran, trat ganz dicht neben Katharina Knack und rief: „Die Wäsch', Katinka!" Und mit einem tatarischen↑ Blick auf den Holzfäller: „Hier geht vor die Wäsch', Cholera!↑"

O Wunder der Liebe, insbesondere der masurischen; das Mädchen, das träumende, rosige, hob seinen Kopf, zeigte der alten Guschke den Taufschein und sprach: „Es ist", sprach es, „besiegelt und beschlossen. Was für ein schöner Taufschein. Ich werde heiraten." Die alte Guschke, sie war zuerst wie vor den Kopf getreten, aber dann lachte sie und sprach: „Nein, nein", sprach sie, „was die Wäsch' alles mit sich bringt. Beim Einweichen haben wir noch nichts gewusst. Und beim Plätten ist es schon so weit."

Währenddessen hatte Joseph Gritzan wiederum etwas aus seiner Tasche gezogen, hielt es dem Mädchen hin und sagte: „Willst noch Lakritz?"

tatarisch: *die Tataren (mongolischer Volksstamm) betreffend; hier in der Bedeutung von „wütend"*

„Hier geht vor die Wäsch', Cholera!" *Der Satz bedeutet: Die Wäsche geht vor = ist wichtiger als alles andere; das Wort „Cholera" wird zur Bekräftigung angefügt.*

1. Was denkst du über diese „Liebesgeschichte"?
2. Schreibt in Gruppen einen → Dialog zwischen Joseph und Katharina. Stellt euch dabei vor, die beiden würden heute leben.

*Selma Lagerlöf*

## Es gibt immer einen Ausweg

In Schweden haben Wölfe einmal einen Bauern überfallen, der mit einer Ladung von Kübeln und Bottichen unterwegs war. Es war Winter und die Wölfe – etwa acht oder zehn – verfolgten den Schlitten. Der Bauer hatte kein gutes Pferd und deshalb wenig Hoffnung, ihnen zu entkommen.
Er peitschte auf das Pferd ein und es lief wie noch nie. Trotzdem kamen die Wölfe immer näher. Es war eine sehr einsame Gegend. Der nächste Hof lag weit entfernt. Der Bauer glaubte, dass seine letzte Stunde gekommen sei, und er fühlte, wie ihm vor Entsetzen die Glieder erstarrten.
Während er wie gelähmt auf seinem Schlitten saß, sah er, dass sich zwischen den Tannenbüschen am Wegrand etwas bewegte. Als er erkannte, was es war, wuchs sein Schrecken ins Ungeheure: Es war die Malin, ein altes Bettelweib, eine Landstreicherin.
Dem Bauern war klar: Wenn er an ihr vorüberfuhr, wurde sie eine Beute der Wölfe, und während die Wölfe die Alte zerrissen, konnte er entkommen. Aber auch wenn er anhielt und sie auf den Schlitten steigen ließ, war nicht sicher, dass sie mit dem Leben davonkam. Vielleicht wurden sie dann alle drei – er und die Alte und das Pferd – zerrissen und aufgefressen. Da fragte sich der Bauer, ob es nicht richtiger wäre, ein Leben zu opfern, um zwei andere zu retten.
Sofort aber musste er auch daran denken, dass er Gewissensbisse bekäme, weil er der alten Frau nicht geholfen hatte. Und was würden die Leute von ihm halten, wenn sie erfuhren, dass er sie gesehen, aber im Stich gelassen hatte? Wäre ich ihr doch bloß nicht begegnet, dachte der Bauer.
In diesem Augenblick stießen die Wölfe ein lautes Geheul aus. Das Pferd schreckte zusammen, jagte wild davon und an dem Bettelweib vorüber. Sie hatte das Wolfsgeheul auch gehört, und als der Bauer an ihr vorbeisauste, erkannte er an ihrem Gesicht, dass sie wusste, was ihr bevorstand. Sie hatte den Mund zu einem Schrei geöffnet und die Arme um Hilfe ausgestreckt, aber sie hatte weder geschrien noch den Versuch gemacht, auf den Schlitten zu springen.
Ich habe wohl wie ein böser Geist ausgesehen, dachte der Bauer. Jetzt, wo er sich seines Lebens sicher sein konnte, versuchte er zufrieden zu sein, aber es gelang ihm nicht. Er hatte noch nie etwas Böses getan und nun hatte er in einem einzigen Augenblick sein ganzes Leben verdorben.
„Nein!", rief er plötzlich und hielt das Pferd an. „Was auch immer geschehen wird – ich kann sie nicht mit den Wölfen allein lassen!"
Nur mit großer Mühe gelang es ihm, das Pferd zu wenden und zu der alten Frau zurückzufahren. „Steig schnell auf!", befahl er in barschem Ton, wütend über sich selbst, weil er sie nicht ihrem Schicksal überlassen konnte. „Warum kannst du auch nicht zu Hause bleiben, alte Hexe! Deinetwegen werden wir jetzt alle umkommen."
Die Schlittenkufen knirschten auf dem Schnee, aber trotzdem glaubte der Bauer zu hören, wie die Klauen der Wölfe hinter ihm aufschlugen. Er merkte, dass die Raubtiere ihn eingeholt hatten.
„Jetzt ist es aus mit uns", sagte er. „Dass ich dich retten wollte, wird uns beiden nicht bekommen."
Die alte Frau hatte bisher geschwiegen. Nun aber sprach sie den Bauern an: „Warum wirfst du die Kübel nicht vom Schlit-

ten? Dann ist die Last nicht mehr so schwer. Du kannst ja morgen wiederkommen und sie zusammenlesen."

Der Bauer wunderte sich, dass er nicht selber daran gedacht hatte. Er gab der alten Frau die Zügel, löste den Strick, der die Kübel zusammenhielt, und begann sie schnell abzuladen.

Die Wölfe waren schon neben dem Schlitten hergejagt. Jetzt hielten sie an, um zu untersuchen, was da herunterflog, und so gewann der Bauer wieder einen kleinen Vorsprung.

„Wenn das nichts nützt, springe ich vom Schlitten", sagte die alte Frau. „Dann kannst wenigstens du entkommen."

Der Bauer war gerade dabei, einen besonders großen, schweren Kübel vom Schlitten zu stoßen, als er plötzlich innehielt. Er dachte: Ein Pferd und ein Mann, denen nichts fehlt, müssen sich doch nicht wegen einer alten Frau von den Wölfen fressen lassen! Es muss doch einen Ausweg geben! Warum kann ich ihn nicht finden?

Er wandte sich wieder dem Kübel zu und da brach er in lautes Gelächter aus. Erschreckt sah ihn die Frau an. War der Bauer verrückt geworden? Aber der Bauer lachte über sich selbst, weil er so dumm gewesen war. Was er tun musste, war das Einfachste von der Welt.

„Pass gut auf, Malin!", sagte er. „Du nimmst die Zügel, und was immer ich jetzt auch tue, du bleibst ganz ruhig auf dem Schlitten sitzen und fährst ins nächste Dorf. Dort weckst du die Leute und sagst ihnen, dass ich hier mit zehn Wölfen allein bin, und bittest sie mir zu helfen!"

Der Bauer wälzte den größten Kübel vom Schlitten, sprang nach und kroch darunter. Die Wölfe stürmten herbei und versuchten ihn umzustürzen, aber er war zu schwer für sie.

Der Bauer wusste, dass er vor den Wölfen sicher war, und lachte unter seinem Kübel. Plötzlich aber wurde er ernst. „Sollte ich wieder einmal in Not sein", sagte er, „denke ich an diesen Kübel. Es gibt immer einen Ausweg. Man muss ihn nur finden."

1. Du hast jetzt eine → Erzählung zum Thema „Notsituationen" gelesen. Verfasse zu dieser Geschichte eine Zeitungsnachricht nach dem Muster auf der nächsten Seite. Mache dir zunächst klar, was zu einer → **Nachricht** gehört.

## Vierjähriger rettet seinen Vater aus Seenot

RIETI (dpa) – Ein vierjähriger italienischer Junge, dessen Vater während einer gemeinsamen Tretbootfahrt mitten auf dem Lago di Piediluco bei Rieti ohnmächtig geworden war, hat über ein Handy Hilfe geholt. Wie italienische Zeitungen berichteten, griff Michele kurz entschlossen zum Mobiltelefon seines Vaters und wählte die italienische Notruf-Telefonnummer 113. Beide wurden am Montag unversehrt gerettet. Der 47-jährige Vater, der einen Sonnenstich erlitten hatte, konnte nach wenigen Stunden aus dem Krankenhaus entlassen werden. „Ich heiße Michele", hatte sich der aufgeweckte Junge bei der Einsatzstelle der Polizei gemeldet, „Papa geht es schlecht, helft mir, das Ufer ist weit."

2. Auch hier geht es um eine Notsituation.
   Prüfe im Einzelnen nach, ob die Merkmale einer → Nachricht auf diesen Text zutreffen.
3. Schreibe den Text in einen ausführlichen → Zeitungs**bericht** um.

*Ernest Hemingway*

## Drei Schüsse

Nick zog sich im Zelt aus. Auf der Plane sah er die Schatten, die sein Vater und Onkel George im Schein des Feuers warfen. Er fühlte sich unbehaglich und er schämte sich; er zog sich aus, so rasch er konnte, und legte seine Kleider sauber zusammen. Er schämte sich, weil ihm beim Ausziehen die vergangene Nacht einfiel. Den ganzen Tag über hatte er die Erinnerung daran verdrängt.

*

Sein Vater und der Onkel waren nach dem Abendessen über den See gefahren um mit der Laterne zu fischen. Ehe sie das Boot ins Wasser hinausschoben, hatte sein Vater gesagt, er solle das Gewehr nehmen und dreimal schießen, wenn irgendetwas los sei; dann würden sie sofort zurückkommen. Nick ging vom Seeufer durch den Wald zum Lager. Draußen im Dunkel hörte er die Ruder des Bootes. Sein Vater ruderte und sein Onkel saß mit der Schleppangel hinten im Boot; er hatte diesen Platz eingenommen, während sein Vater das Boot hinausschob. Nick lauschte, bis das Geräusch der Ruder draußen auf dem See nicht mehr zu hören war.

Während er durch den Wald zurückging, begann er sich zu fürchten. Im Wald fürchtete er sich nachts immer ein bisschen. Er öffnete die Zeltklappe, zog sich aus und lag dann, in die Decken gehüllt, ganz still in der Dunkelheit. Draußen war das Feuer zu einem Häufchen Glut heruntergebrannt. Nick lag reglos und versuchte einzuschlafen. Es war totenstill. Nick dachte, wenn er nur einen Fuchs bellen hören würde, oder den Ruf einer Eule, oder irgendetwas, dann wäre alles in Ordnung. Es war noch nichts Bestimmtes, wovor er Angst hatte. Aber die Angst wuchs. Dann hatte er plötzlich Angst vor dem Sterben. Es war ein paar Wochen her, da hatten sie daheim in der Kirche einen Choral gesungen: „Und einmal reißt der Faden ab.“ Während sie den Choral sangen, war Nick klar geworden, dass er eines Tages sterben musste. Ihm wurde ganz schlecht bei dem Gedanken. Es war das erste Mal, dass ihm das klar wurde: Irgendwann musste er selber sterben.

An jenem Abend hatte er sich in die Diele gesetzt und versucht, im Schein der Nachtlampe Robinson Crusoe zu lesen um seine Gedanken von der Tatsache abzulenken, dass der Faden einmal abreißen musste. Das Kindermädchen hatte ihn dabei erwischt und gedroht, sie werde es seinem Vater sagen, wenn er nicht sofort zu Bett ginge. Er war zu Bett gegangen und hatte sich, sobald das Kindermädchen in ihrem Zimmer war, wieder unter die Lampe in der Diele gesetzt und bis zum Morgen gelesen.

*

Gestern Abend hatte ihn im Zelt die gleiche Furcht überfallen. Tagsüber geschah das nie: immer nur nachts. Zuerst war es mehr Begreifen gewesen als Fürchten, aber doch dicht an der Grenze der Furcht, und es war rasch zur Furcht geworden, nachdem es einmal angefangen hatte. Und als er sich dann richtig fürchtete, nahm er das Gewehr, schob den Lauf vorn zum Zelt hinaus und schoss dreimal. Der Rückstoß war sehr stark. Er hörte, wie die Kugeln durch das Gezweig fetzten. Kaum dass er die Schüsse abgefeuert hatte, war alles gut.

Er legte sich hin, um die Rückkehr seines Vaters abzuwarten, und war eingeschlafen, noch ehe der Vater und der Onkel drüben am anderen Ufer ihre Laterne ausgemacht hatten.

„Verdammter Bengel“, sagte Onkel George, während sie zurückruderten. „Warum hast du ihm gesagt, er soll uns rufen? Der sieht doch sicher bloß Gespenster.“

Onkel George war ein begeisterter Angler und Vaters jüngerer Bruder.

„Ach, lass doch“, sagte der Vater. „Er ist doch noch klein.“

„Eben. Wir hätten ihn gar nicht mitnehmen sollen in den Wald.“

„Ich weiß, er ist ein schrecklicher Feigling“, sagte sein Vater, „aber in dem Alter haben wir doch alle Schiss.“

„Ich finde ihn unausstehlich", sagte George. „Außerdem lügt er wie gedruckt."
„Komm, lass gut sein. Du wirst noch reichlich zum Angeln kommen."
Sie kamen ins Zelt, und Onkel George richtete den Lichtkegel seiner Taschenlampe Nick direkt ins Gesicht.
„Was war denn, Nickie?", fragte sein Vater.
Nick setzte sich im Bett auf.
„Es hat geklungen wie eine Kreuzung zwischen Fuchs und Wolf", sagte er. „Es hat am Zelt rumgemacht. Es war ein bisschen wie ein Fuchs, aber mehr wie ein Wolf." Den Ausdruck „eine Kreuzung zwischen ..." hatte er am selben Tag von seinem Onkel aufgeschnappt.
„Ein Käuzchen wird er gehört haben", meinte Onkel George.
Am anderen Morgen entdeckte sein Vater zwei große Linden, deren Stämme quer aneinander lehnten, sodass sie sich im Wind rieben. „Kann es das gewesen sein, Nick?" fragte sein Vater.
„Vielleicht", sagte Nick. Er wollte nicht daran denken."
„Im Wald brauchst du dich nicht zu fürchten, Nick. Da gibt's nichts, was dir etwas tun kann."
„Nicht mal der Blitz?"
„Nein, nicht mal der Blitz. Wenn's ein Gewitter gibt, geh raus ins Freie. Oder stell dich unter eine Buche. Der Blitz schlägt nie in Buchen ein."
„Nie?", fragte Nick.

„Ich hab nie gehört, dass er in eine Buche eingeschlagen hätte", sagte sein Vater.
„Mann, ich bin froh, dass ich das weiß, das mit den Buchen."
Und jetzt war er wieder im Zelt und zog sich aus. Er schaute nicht hin, aber er wusste, dass die beiden Schatten auf die Plane fielen.
Dann hörte er, wie ein Boot auf den Strand gezogen wurde, und die Schatten waren verschwunden. Er hörte seinen Vater mit jemand sprechen.
Dann rief sein Vater: „Zieh dich an, Nick!"
Er zog sich an, so schnell er konnte. Sein Vater kam ins Zelt und stöberte in den Seesäcken herum.
„Zieh deine Jacke über, Nick", sagte sein Vater.

1. Am Anfang der → Kurzgeschichte wird erzählt, dass Nick sich schämt. Fasse mit deinen Worten zusammen, warum er sich so unbehaglich fühlt.
2. Vater und Onkel reagieren unterschiedlich auf Nicks Schüsse. Beschreibe.
3. Nick hatte Angst. Was war der wirkliche Grund?
4. Warum schlief Nick so gut, nachdem er die drei Schüsse abgefeuert hatte?
5. Es gibt Leute, die behaupten, sie hätten vor nichts Angst. Ob man ihnen glauben soll? Wie steht es mit dir: Welche Situationen jagen dir Angst ein? Berichte von deinen Erlebnissen.

*Günther Weisenborn*

# Zwei Männer

Als der Wolkenbruch, den sich der argentinische Himmel damals im Februar leistete, ein Ende gefunden hatte, stand das ganze Land unter Wasser. Und unter Wasser standen die Hoffnungen des Pflanzers von Santa Sabina. Wo ein saftgrünes Vermögen in Gestalt von endlosen Teefeldern mit mannshohen Yerbabüschen↑ gestanden hatte, dehnte sich morgens ein endloses Meer.

Der Farmer war vernichtet, das wusste er. Er saß auf einer Maiskiste neben seinem Haus und zählte die fetten Blasen, die an seine Schuhe trieben und dort zerplatzten. Das Maisfeld glich einem See. Der Rancho↑ des Peons↑ war darin verschwunden. Sein Schilfdach trieb im Strom davon, eine nickende Straußenleiche vor sich herschiebend. Der Peon hatte sich zu seinem Herrn geflüchtet und lag neben ihm. Es war ein Indio, der mit breitem, eisernem Gesicht ins Leere starrte. Seine Frau war ertrunken, als sie sich losließ, um ihre Hände zur Madonna zu erheben. Der Peon hatte drei Blasen gezählt. Ihre Hand hatte die letzte Blase zerschlagen.

Der Farmer hatte seine Frau in der Stadt. Sie würde vergeblich auf seinen Schritt vor der Tür warten. Denn der Farmer gab sich noch eine Nacht.

Es ist unter Männern Brauch, dass man sich in gewissen Lagen die letzte Zigarette teilt. Der Farmer, im Begriff nach Mannes Art zu handeln, wurde von seinem Peon unterbrochen. „Herr!", rief der Indio, „der Paraná! Der Strom kommt ...!" Er hatte Recht. Man hörte in der Ferne ein furchtbares Donnern. Der Paraná, angeschwollen von Wasser und Wind, brach in die Teeprovinzen ein. Paraná, das heißt der größte Strom Argentiniens. Dieses Donnern war das Todesurteil für die Männer von Santa Sabina. Sie verstanden sich auf diese Sprache, die Männer. Sie hatten tausendmal dem Tod ins Auge gesehen. Sie hatten das Weiße im Auge des Pumas gesehen und der Korallenschlange ins kalt strahlende Gesicht. Sie hatten dem Jaguar gegenübergestanden und der großen Kobra, die sich blähte. Sie hatten alle diese Begegnungen für sich entschieden, denn ihr Auge war kalt und gelassen ihre Hand.

Jetzt aber halfen keine Patronen und kein scharfes Auge. Dieser Feind hier, das Wasser, war bösartig wie hundert Schlangen, die heranzischten, und todesdurstig wie der größte Puma auf dem Ast. Man konnte das Wasser schlagen, es wuchs. Man konnte hineinschießen, es griff an. Es biss nicht, es stach nicht, das Wasser, es suchte sich nur mit kalten Fingern eine Stelle am Mann, seinen Mund, um ihn auszufüllen, bis Blasen aus der Lunge quollen. Das Wasser war gelb und lautlos. Und man sah vor Regen den Himmel nicht. Auf einer kleinen Insel, halb unsichtbar in der triefenden Finsternis, saß der Farmer mit seinem Peon vor seinem Haus.

Dann kam der große Paraná. Er kam nicht mit Pauken und Posaunen. Nein, man merkte ihn gar nicht. Aber plötzlich stand der Schuh des Farmers im Wasser. Er zog ihn zurück. Aber nach einer Weile stand der Schuh wieder im Wasser, weiß der Teufel ... Und wenn man die Maiskiste zurücksetzte, so musste man sie bald noch ein wenig zurücksetzen, denn kein Mann sitzt gern im Wasser. Das war alles, aber das war der Paraná.

Gegen Abend fiel das Hühnerhaus um. Man hörte das halb erstickte Kreischen der

Yerba: *Matepflanze*

Rancho: *Hütte*

Peon: *Landarbeiter*

Vögel, dann war es wieder still. Später zischte es plötzlich im Wohnhaus auf, denn das Wasser war in den Herd gedrungen.

Als es dunkel wurde, standen der Farmer und sein Peon bereits bis zum Bauch im Wasser. Sie kletterten auf das Schilfdach. Dort auf dem Gipfel saßen sie schweigend, dunkle Schatten in der dunkelsten aller Nächte, indes Töpfe und Kästen aus den Häusern hinausschwammen. Ein Stuhl stieß unten das Glasfenster in Scherben. Das Wasser rauschte. Die Blasen platzten. Ein totes Huhn schwamm im Kreise vor der Haustür.

Als das Wasser das Dach erreicht hatte, stieß es die Hausmauern nachlässig um. Das Dach stürzte von den gebrochenen Pfosten, schaukelte und krachte, dann drehte es sich um sich selbst und trieb in die rauschende Finsternis hinaus.

Das Dach ging einen langen Weg. Es fuhr kreisend zu Tal. Es trieb am Rande der großen Urwälder vorbei. Es segelte durch eine Herde von Rindern, die mit himmelwärts gestreckten Beinen totenstill auf dem wirbelnden Wasser trieben. Glotzäugige Fische schossen vor dem Schatten des Daches davon. Schwarze Aasgeier trieben, traubenweise an ein Pferd gekrallt, den Strom hinab. Sie blickten mordlustigen Auges herüber ... Blüten, Möbel und Leichen vereinigten sich zu einem Zug des Todes, der talwärts fuhr, einem undurchsichtigen Ende entgegen.

Gegen Morgen richtete sich der Farmer auf und befahl seinem Peon, nicht einzuschlafen. Der Indio verwunderte sich über die harte Stimme seines Herrn.

Er wäre bedenkenlos dem Farmer um die Erde gefolgt. Er war Indio und wusste, was ein Mann ist. Aber er wusste auch, dass ein Mann ein schweres Gewicht hat. Wenn nur ein Mann auf dem Dach sitzt, so hält es

natürlich länger, nicht wahr, als wenn es unter dem schweren Gewicht zweier Männer auseinander bricht und versinkt. Und dann gute Nacht ...

Er glaubte nicht, dass der Farmer gutwillig das Dach verlassen würde, aber man konnte ihn herunterkippen, denn es ging hier um Leben und Tod. Das dachte der Indio und er rückte näher. Sein Gesicht war steinern, es troff vor Regen.

Das Dach würde auf keinen Fall mehr bis zum Morgen schwimmen. Jetzt schon brachen einzelne Bündel ab und schwammen nebenher. Die Männer mitten auf dem furchtbaren Strom wussten nicht, wo sie waren. Dichter Nebel fuhr mit ihnen. Ringsum das Wasser schien stillzustehen. Fuhren sie im Kreis? Sie wussten es nicht. Sie sahen sich an.

Da folgte der Farmer dem Brauch aller Männer, zog seine letzte Zigarette, brach sie in zwei Teile und bot dem Indio eines an. Sie rissen das Papier ab und kauten den Tabak, da sie kein Feuer hatten.

Er ist ein guter Kamerad, dachte der Peon. Es hat keinen Zweck. Es soll alles seinen Weg gehen. Als er den würzigen Geschmack des Tabaks fühlte, wurde aus der Feindschaft langsam ein Gefühl der Treue.

Was willst du? Der Peon hatte seine Frau verloren und sein Kind. Sie hatte die letzte Blase ihres Atems mit ihrer Hand zerschlagen. Er hatte nichts mehr, was ihn zu leben verlockte. Das Schilfdach sank immer tiefer. Wenn er selbst ins Wasser sprang, hielt das Dach vielleicht noch und trug seinen Herrn bis zum Morgen.

Der Dienst ist aus, adios Señor! Der Peon kletterte über den Giebel bis an den Rand des Daches, als er plötzlich im dunklen Wasser Kaimane↑ rauschen sah, Jaquares, die ihn aufmerksam anstarrten. Zum ersten Mal verzog der Indio sein Gesicht, dann hielt er den Atem an und sprang.

Aber er wurde im selben Moment von seinem Herrn gehalten, der ihn wieder aus dem Wasser zog und seinen Peon zornglühend anschrie.

Kreideweiß, mit rot geränderten Augen und triefenden Haaren, beugte sich der Farmer über ihn, nannte ihn den Vater allen Unsinns und rüttelte ihn. Dann befahl er ihm seinen Platz einzunehmen und den Mut nicht zu verlieren, verdammt noch-mal …!

Gegen Morgen trieben sie an Land, sprangen über Baumäste und wateten stundenlang, bis sie ins Trockene kamen. Sie klopften den Boden mit Stöcken nach Schlangen ab, und ehe sie sich zum Schlafen in das Maisfeld legten, sagte der Farmer:

„Morgen gehen wir zurück und fangen wieder an."

„Bueno↑", sagte der Indio. Der Regen hörte auf.

Kaiman: *Krokodil in Südamerika*

bueno: *gut*

1. Über die in der → Kurzgeschichte erzählten Ereignisse könnte es in einer Zeitung verschiedene → Berichte geben. Überlege dir drei mögliche Überschriften.
2. Wähle eine Überschrift aus und schreibe dazu einen Zeitungsbericht.
3. Lies im Verzeichnis der Fachbegriffe nach, was für eine **Kurzgeschichte** charakteristisch ist, und prüfe, ob die dort genannten Merkmale auf die Texte von Hemingway und Weisenborn zutreffen.
4. Im Textartenverzeichnis (S. 221 ff.) sind noch weitere Kurzgeschichten aufgeführt. Wähle eine aus und untersuche sie ebenfalls nach den genannten Gesichtspunkten.

# Eine Welt – verschiedene Welten

*Sarvepalli Radhakrishnan*

## Die Blinden und der Elefant

Es war einmal, so erzählte Buddha, ein König von Benares, der rief zu seiner Zerstreuung etliche Bettler zusammen, die von Geburt an blind waren, und setzte einen Preis aus für denjenigen, der ihm die beste Beschreibung eines Elefanten geben würde. Zufällig geriet der erste Bettler, der den Elefanten untersuchte, an dessen Bein. Er betastete es von oben nach unten, überlegte lange und stellte dann fest: „Wie ein Baumstamm, groß und fest.“ Der zweite, der den Rüssel erfasste, meinte: „Der Elefant ist wie eine große Wasserpfeife, aber warm und weich.“ Der dritte, welcher ein Ohr ergriff, beteuerte, dass der Elefant einem Palmenblatt gleiche. Der vierte, der die Hand auf den Rücken des Elefanten gelegt hatte, war überzeugt: „Er ist wie ein Thron, hoch und erhaben über dem Boden.“ Da nun jeder der vier ganz sicher war begriffen zu haben, was der Elefant sei, begannen sie untereinander zu streiten. Der König aber war überaus belustigt.

1. Wie beschreiben die Blinden das, was sie ertasten?
2. Keine ihrer Aussagen ist falsch. Warum treffen die Beschreibungen dennoch nicht das Wesen des Elefanten? Erkläre.
3. Wie könnte der Streit zwischen den Blinden beigelegt werden? Sammelt eure Vorschläge.

*Die Menschen haben immer wieder versucht, sich ihre Herkunft und ihre Geschichte zu erklären. Götter und Sagen spielten dabei eine große Rolle. Die folgende → Sage wird bis heute in vielen Variationen in Süd- und Mittelamerika erzählt.*

## Sage von der Gründung des Inka-Reiches↑

das Inka-Reich: *Das Reich der Inkas erstreckte sich im 15. Jahrhundert praktisch von Kolumbien bis Chile.*

Der Sonnengott Inti schickte seine beiden Kinder, das Geschwisterpaar Manco Cápac und Mama Occlo, zur Erde hinab, damit sie die Welt verbessern sollten. Auf der Sonneninsel im Titicacasee erreichten sie die Erde und von hier aus traten sie die Reise zu den Menschen an. Der Sonnengott gab ihnen einen goldenen Stab mit auf den Weg und überall, wo sie sich zum Schlafen oder Essen niederließen, sollten sie versuchen den Stab in die Erde zu stoßen. An der Stelle, wo sich der Stab mit einem einzigen Faustschlag ganz in den Erdboden hineintreiben lasse, da sollten sie nach dem Willen des Vaters, des Sonnengottes, bleiben und ihren Wohnsitz aufschlagen. Lange Zeit wanderten sie umher und jeden Abend versuchten sie den Stab in die Erde zu versenken. Endlich gelang es ihnen, den goldenen Stab so tief in den Boden zu stoßen, dass er versank. Da sagte Manco Cápac zu seiner Schwester und Gemahlin: „Unser Vater, der Sonnengott, will, dass wir in diesem Tal bleiben und unseren Wohnsitz aufschlagen."

1. Sieh dir die Region, auf die sich die Sage von der Gründung des Inka-Reiches bezieht, in einem Atlas an.
2. Kennst du eine → Sage, in der es um deine Heimat geht? Erzähle.
3. Stellt eure gesammelten Heimatsagen in einem eigenen Buch mit Illustrationen zusammen.

Altmexikanisches Ornament

## Aus dem Bordbuch des Christoph Columbus

Genua: eine Hafenstadt in Italien

*Der im Jahre 1451 in Genua↑ geborene Christoph Columbus hatte sich als Seefahrer 1479 in Portugal niedergelassen. Weil er davon ausging, dass die Erde eine Kugel sei, entwickelte er den Plan, Indien auf einer Fahrt nach Westen zu erreichen. In Spanien konnte er das Herrscherpaar von seinen Plänen überzeugen. Drei Schiffe (Santa Maria, Pinta, Ninã) wurden für ihn ausgerüstet. Am 3. August 1492 verließen sie den Hafen Palos, erst am 12. Oktober wurde Land gesichtet: die Insel Guanahani↑, die Columbus San Salvador („Heiliger Erlöser") nannte. Bis zu seinem Tod 1506 hielt Columbus unerschütterlich an der Meinung fest, den Seeweg nach Indien entdeckt zu haben.*

Guanahani: eine Bahama-Insel

*Donnerstag, den 11. Oktober 1492*

Alles deutet darauf hin, dass wir auf Land zusteuern. Wieder haben wir frische Pflanzen gesichtet, dann grüne Fische, wie sie nur in der Nähe von Klippen leben, und einen Dornenzweig, der Beeren trug und ohne Zweifel erst vor kurzem vom Stamm abgerissen worden war. Vielleicht haben mir die Aufrührer deshalb das Leben geschenkt, weil sie selber daran glauben, dass wir dem Ziel nahe sind. Als ich Chachu fragte, bekam ich zur Antwort, dass aber auch manche dies alles für Blendwerk des Teufels ansähen, der uns damit nur weiter von der Heimat fortlocken wolle.

Zwei Tage noch! Werden sie es wagen, mich in Ketten zu legen? Harana hat seine Kajüte in eine Festung verwandelt. Ich will lieber beten.

Landung des Columbus auf der Insel Guanahani

*Nacht vom Donnerstag, dem 11. Oktober, zum Freitag, dem 12. Oktober 1492*

Ich muss noch niederschreiben, was mich bewegt. Kann sein, dass dies meine letzte Eintragung ist, dass sie das Bordbuch ins Wasser werfen. Vielleicht aber vergessen sie es und die Königin wird eines Tages wissen, dass ich kein Fantast, kein weltfremder Träumer war. Ich habe ein Licht gesehen. Es war, als bewegte jemand eine Fackel.

Ich rief sofort Pedro Gutierrez an Deck. Auch er sah das Licht. Ihm schien es, als befände es sich in einem Boot, das sich mit den Wellen hob und senkte. Als sich Rodrigo Sanchez de Segovia zu uns gesellte, war das Licht verschwunden. Es kam nicht wieder und de Segovia meinte, wir wären Opfer einer Sinnestäuschung geworden, wir hätten das Licht gesehen, weil wir ein Licht sehen wollten.

Ich werde wieder an Deck gehen und auf das Licht warten. Vielleicht kommt es wieder, dieses Licht, das mir das Leben schenken würde …

*Freitag, den 12. Oktober, 3 Uhr früh, 1492*

Um zwei Uhr ertönte auf der „Pinta" ein Kanonenschuss. Ein Matrose, Rodrigo de Triana, sah das Land als Erster. Es liegt ganz nahe vor uns, höchstens zwei Seemeilen entfernt. Ich habe den Befehl gegeben, die Segel einzuziehen und die Schiffe langsam treiben zu lassen. Was werden wir zu sehen bekommen? Marmorbrücken? Tempel mit goldenen Dächern? Gewürzhaine? Menschen, die uns gleichen, oder irgendein fremdartiges Geschlecht von Riesen? Haben wir eine Insel oder Cipango↑ erreicht?

Cipango, eigentlich Zipangu: *aus dem Chinesischen: „Reich der aufgehenden Sonne"; das zuerst von Marco Polo erwähnte große Inselreich im östlichen Ozean, das heutige Japan*

1. Informiere dich in Geschichtsbüchern oder in Lexika über die Eroberung Südamerikas durch die Europäer. Stelle die wichtigsten Daten in einer Zeittafel zusammen.
2. Sieh dir die Abbildung an und schreibe einen Tagebucheintrag zu dem dargestellten Ereignis.

*Georg Heym*

## Columbus

(12. Oktober 1492)

Nicht mehr die Salzluft, nicht die öden Meere,
Drauf Winde stürmen hin mit schwarzem Schall,
Nicht mehr der großen Horizonte Leere,
Draus langsam kroch des runden Mondes Ball.

Schon fliegen große Vögel auf den Wassern,
Mit wunderbarem Fittich↑ blau beschwingt.
Und weiße Riesenschwäne mit dem blassern
Gefieder sanft, das süß wie Harfen klingt.

der Fittich: *der Flügel, die Schwinge*

Schon tauchen andre Sterne auf in Chören,
Die stumm wie Fische an dem Himmel ziehn.
Die müden Schiffer schlafen, die betören↑
Die Winde, schwer von brennendem Jasmin.

betören: *bezaubern*

Am Bugspriet↑ vorne träumt der Genueser↑
In Nacht hinaus, wo ihm zu Füßen blähn
Im grünen Wasser Blumen, dünn wie Gläser,
Und tief im Grund die weißen Orchideen.

der Bugspriet (am Segelschiff): *ein schräg über den Bug hinausragender Mastbaum*

Genueser: *Gemeint ist Columbus; er stammt aus Genua.*

Im Nachtgewölke spiegeln große Städte,
Fern, weit, in goldnen Himmeln wolkenlos,
Und wie ein Traum versunkener Abendröte
Die goldnen Tempeldächer Mexikos.

Das Wolkenspiel versinkt im Meer. Doch ferne
Zittert ein Licht im Wasser weiß empor.
Ein kleines Feuer, zart gleich einem Sterne.
Dort schlummert noch in Frieden Salvador↑.

Salvador: *spanische Bezeichnung für die Insel Guanahani*

1. Vergleiche das Gedicht von Georg Heym mit den Eintragungen von Columbus.
2. Welchen Augenblick gestaltet Georg Heym?
3. Welche zukünftige Entwicklung deutet der Autor an?

*Georg Forster*

# Begegnung mit „Wilden" – Bericht von Kapitän Cooks Reise um die Welt

Kapitän James Cook

*Auf Forschungsexpeditionen zur Erkundung fremder Länder wurde vom Leiter oder dessen Sekretär genau Buch geführt über das, was sich ereignete und was man erlebte. Den Weltumsegler Cook zum Beispiel begleiteten der Naturforscher Forster und dessen Sohn Georg.*
*James Cook (geb. 1728), Kartograf und Kapitän der englischen Marine, umsegelte auf insgesamt drei Reisen die Welt. Er entdeckte Neuseeland, vermaß die Ostküste Australiens und Inseln der Südsee. Auf seiner dritten Reise wurde er 1779 auf Hawaii von Eingeborenen erschlagen.*
*Georg Forster (geb. 1754) war auf Cooks zweiter Reise gerade siebzehn Jahre alt. Er übernahm an Stelle seines Vaters die literarische Verarbeitung dieser Entdeckungsfahrt. Nach der Rückkehr und dem Tode des Vaters veröffentlichte Georg sein Buch „Reise um die Welt", das ihn zu einem bekannten Schriftsteller machte. Er wurde Professor für Naturgeschichte. 1794 starb er einsam und verarmt in Paris.*
*Auf ihrer Weltumseglung sind Cook und seine Leute von Tahiti aus in See gestochen. Wasser und Nahrung gehen zur Neige. Kapitän Cook beschließt, dass man auf einer Insel landet, um das Nötige zu beschaffen.*

Am nächsten Tag brachten wir das Schiff in eine noch bequemere Lage, näher ans Ufer. Sobald es Tag wurde, kamen die Einwohner aus ihren Wäldern hervor an den Strand und schienen sich miteinander zu beratschlagen... Hin und wieder stießen die Indianer ihre Kanus einzeln vom Ufer und brachten einige Kokosnüsse und Pisangs↑. Sie tauschten sie gegen Stoffe, die wir aus Tahiti mitgebracht hatten, und kehrten, sobald sie ihre Waren angebracht hatten, zum Ufer zurück, um weitere zu holen.

Pisang: *malaiischer Ausdruck für Banane*

Einer bot dem Kapitän (Cook) auch seine Keule zum Verkauf; dieser zeigte ihm dafür ein Stück Stoff und so wurden sie handelseinig. Als man dem Indianer das Stück Stoff an einem Strick ins Kanu herabließ, knüpfte er es unverzüglich los, machte aber keinerlei Anstalten, seine Keule dafür abzuliefern. Der Kapitän versuchte daher, ihn durch Zeichen an sein gegebenes Wort zu erinnern. Er schien dies auch wohl zu verstehen, achtete aber nicht im mindesten darauf. Der Kapitän schoss ihm also eine Ladung Schrot ins Gesicht, worauf der Indianer mit den beiden anderen, die in seinem Kanu waren, eiligst fortruderte. Nun wurde vom Verdeck aus mit einer Muskete ein paarmal hinter ihnen dreingefeuert, bis sie, vor großem Schreck über einc Kugel, die dicht neben ihrem Kanu einschlug und etliche Male vom Wasser abprallte, in die See sprangen und schwimmend das Ufer erreichten. Am Strand entstand alsbald ein großer Zusammenlauf von Menschen, die vermutlich wissen wollten, was ihren Leuten passiert wäre. Ein paar Minuten nachher kam ein kleiner alter Mann mit einem Kanu voll Zuckerrohr, Kokosnüssen und Yamswurzeln ganz allein an das Schiff. Schon gestern Nachmittag hatte er sich Mühe gegeben, zwischen uns und den Seinigen Frieden zu erhalten. Und seine freundliche, treuherzige Miene ließ uns hoffen, dass er auch jetzt wieder in einer guten Absicht käme. Deshalb schenkte Kapitän Cook ihm einen Anzug vom besten roten tahitischen Stoff, worüber sich der Alte sehr zu freuen schien. Wie seine Landsleute, die niemals unbewaffnet gehen, hatte auch er zwei große Keulen bei sich.

Cook, der sich mit in einem unserer Boote befand, ergriff diese Keulen, warf sie in die See und gab dem Alten zu verstchen, dass alle Insulaner ihre Waffen ablegen sollten. Der ehrliche Alte kehrte ans Ufer zurück, ohne sich über den Verlust der Keulen zu beklagen, und stolzierte dort eine Zeit lang in seinem roten Gewand umher. Jetzt kamen aus allen Gegenden der Insel, vor allem von den Bergen im Westen des Hafens, eine unzählige Menge von Menschen an den Strand herab, sodass es überall von Menschen wimmelte. Alle waren bewaffnet. Mittlerweile hatten wir das Schiff der Quere nach gegen das Ufer gedreht, damit die Kanonen das Land bestreichen könnten, und nach dieser Vorsichtsmaßnahme bereiteten wir eine Landung mit zwei Booten vor, die mit allen See-Soldaten und einer Gruppe wohl bewaffneter Matrosen besetzt waren. Sobald die Wilden uns kommen sahen, eilten sie alle aus den Wäldern ins Freie an den Strand. Sie stellten sich in zwei Haufen zu beiden Seiten des Landeplatzes auf. Der westliche Haufe war der größere, er betrug wenigstens siebenhundert Mann, die nur das Signal zum Angriff zu erwarten schienen. Der Haufe im Osten war nur zweihundert Mann stark und schien auch nicht so feindselig zu sein. Mitten zwischen ihnen hatte sich der kleine Alte mit zwei anderen unbewaffnet hingestellt und eine Menge Pisangs und Yamswurzeln vor sich aufgehäuft. Als wir noch etwa zwanzig Schritt vom Ufer entfernt waren, rief der Kapitän den Einwohnern zu und gab ihnen durch Zeichen zu verstehen, sie sollten ihre Waffen niederlegen und sich vom Strand zurückziehen. Sie taten es aber nicht. Vielleicht kam ihnen die Forderung unangemessen und lächerlich vor, dass eine Hand voll Fremder ihnen vorschreiben wollte, was sie in ihrem eigenen Lande tun durften oder nicht.

Es wäre nun unvorsichtig gewesen, zwischen den beiden Gruppen zu landen. Wir hätten uns einem Angriff ausgesetzt, bei dem viele dieser unschuldigen Leute, aber auch mancher von uns sein Leben gelassen hätte. Um sie also, wo möglich im Voraus, abzuschrecken, ließ Kapitän Cook über ihre Köpfe hinwegfeuern. Der unvermutete Knall brachte wirklich den ganzen Haufen in Bewegung. Sobald aber das erste Erstaunen vorüber war, blieben sie fast alle wieder stehen. Einer, der dicht ans Ufer kam, hatte sogar die Verwegenheit, uns den Hintern zu zeigen und mit der Hand darauf zu klatschen. Das ist bei allen Völkern der Südsee das gewöhnliche Zeichen der Herausforderung. Da ließ Cook noch einmal in die Luft feuern. Auf dem Schiff hielten sie das für ein Signal und feuerten mit einem Mal alle

Geschütze ab, fünf vierpfündige Kanonen und vier Musketen. Die Kugeln pfiffen über die Indianer weg und kappten einige Palmbäume. Dadurch erreichten wir unseren Zweck, nämlich dass in wenigen Augenblicken nicht ein Mann mehr auf dem Strande zu sehen war. Nur allein der alte Friedensstifter und seine beiden Freunde waren unerschrocken stehen geblieben. Sobald wir an Land traten, schenkte der Alte dem Kapitän diese Lebensmittel und bat ihn zugleich, nicht länger zu schießen.

1. Sprich mit deinem Partner/deiner Partnerin über folgende Fragen und belege mit Textstellen:
   - Wie beurteilst du das Verhalten des Kapitäns Cook?
   - Kannst du der Beschreibung entnehmen, was der junge Georg Forster darüber denkt?
   - Welche Einstellung hat Forster zu den Indianern?
2. Am Schluss heißt es, der Alte habe dem Kapitän die Lebensmittel geschenkt und gebeten, nicht mehr zu schießen. Stelle eigene Vermutungen an, warum der Alte seine Ware hergibt.
3. Erzähle die Begegnung zwischen Europäern und Indianern aus der Perspektive eines Indianers.
4. Trage alles zusammen, was du über das frühe Vordringen der Europäer in überseeische Gebiete in Erfahrung bringen kannst, und berichte der Klasse.

*Egon Erwin Kisch*

## Kapitän Cook betritt Schwarz-Australien

*Die Entdecker und Forschungsreisenden sahen die fremden Welten, in die sie eindrangen, mit ihren Augen. Oft waren sie davon überzeugt, dass die „Wilden", denen sie begegneten, „glücklichere und bessere" oder aber „schlechtere und heimtückische" Menschen seien. Dass diese vor allem die Welt anders wahrnahmen und bewerteten als die Europäer, erkannten spätere Reisende klarer.*
*Egon Erwin Kisch (1885–1948), der selbst viele Zeitungsreportagen von Reisen in alle Welt verfasst hat (was ihm den Beinamen der „rasende Reporter" eintrug), geht dabei auch auf den Bericht über Cooks Weltreise ein.*

*Gemeint sind die Bücher von Karl May (1842–1912), z. B. „Winnetou" und „Old Shurehand".*

Du bist begierig, mein Junge, etwas Wildes zu hören von den Wilden in Australien, ob sie's den Indianern in deinen Büchern↑ gleichtun, ob sie fleißig auf den Kriegspfad gehen, kühn den Tomahawk schwingen, einen Winnetou haben oder einen Häuptling Falkenauge.
Du bist begierig, mein Junge, etwas darüber zu hören, ob es in Australien weiße Trapper gibt wie Old Surehand oder Old Shatterhand oder andere Olds, die gegen schurkische Skalpjäger abenteuerlustig zu Felde ziehen und bei den edlen Stämmen den Rang eines Weißen Bruders erwerben.
Du wirst enttäuscht sein, mein Junge, zu hören, wie es wirklich war und wie es wirklich ist.
Schon das erste Zusammentreffen zwischen Bleichgesicht und Schwarzhaut verlief gar nicht heroisch. Lies, was im Logbuch von Old Cook steht, eingetragen unter dem 28. April 1770:

„Nicht weit von uns sahen wir innerhalb der Bucht vier kleine Kanus; jedes enthielt einen nackten Eingeborenen mit einem Speer, den er zum Fischestechen verwendete. Sei es, dass sie zu beschäftigt waren, sei es wegen des Wellenlärms – die Schwarzen nahmen keine Notiz von der ‚Endeavour'↑, die auf kaum eine Viertelmeile an ihnen vorbeikam."

Das europäische Schiff warf Anker in der Bucht, einem Eingeborenendorf gegenüber.

„Kurz nach ein Uhr dreißig trat eine alte, gleichfalls nackte Negerin mit drei Kindern, Brennholz tragend, aus dem Buschwald. Drei andere kleine Kinder liefen ihnen aus den Hütten entgegen. Während die Frau ein Feuer anmachte, schaute sie manchmal zur ‚Endeavour' herüber, ohne aber irgendeine Überraschung oder Befangenheit auszudrücken. Die vier Männer, die in der Bay gefischt hatten, landeten, zogen ihre Kanus auf das Ufer und nahmen gemeinsam mit der Alten und den Kindern die Mahlzeit ein, allem Anschein nach vollständig unbewegt von der Anwesenheit der ‚Endeavour', deren Segel so nahe knatterten."

Du siehst, mein Junge, die Wilden hielten die Begegnung nicht für wichtig. Aber der Schreiber des Schiffstagebuches ahnte die Dinge wohl, die sich später aus dieser Begegnung ergeben sollten. Hätte er sich sonst mit derartiger Ausführlichkeit über die Ruhe und Interesselosigkeit der Eingeborenen verbreitet? So wie er es tut, wird seit eh und je ein ahnungsloses Opfer vor der Tat geschildert. [...]

Im Logbuch ist nichts vermerkt, worauf sich der Verdacht gründete, dass die Schwarzen Speere schleudern wollten. Ja, nicht einmal nach dem Schuss hoben sie ihre Speere. Nur einen Stein sollen sie in die Richtung der Boote geworfen haben (wenn's wahr ist), weshalb Cook von neuem zielte und einen Eingeborenen ins Bein traf. Naiv, unerfahren in europäischen Errungenschaften, liefen die schwarzen Männer in ihre Hütten und kamen, lach nicht, mein Junge, jeder mit einem Schild aus Binsen zurück.

Endeavour: *das Schiff von Kapitän Cook*

„Aus Befürchtung, die Speere könnten vergiftet sein" – verstehst du die Ausrede, mein Junge? –, wurde abermals gegen die Eingeborenen gefeuert, die rannten davon und ließen sich nicht mehr sehen. Europa betrat Australien. Den verlassenen Hütten entnahmen Cooks Leute etwa fünfzig Lanzen mit je vier Zacken aus zugespitztem Fischbein, nur zum Fischestechen geeignet, keinesfalls aber zum Angriff auf Menschen.

*Die Besiedelung Australiens durch Weiße begann 18 Jahre nach der ersten Begegnung von Europäern und Ureinwohnern. Kisch fasste die weitere Entwicklung mit den Worten zusammen:*

Was *dann* geschah, würde ein Buch füllen, und dieses Buch wäre kein Buch nach deinem Geschmack, mein Junge, kein Buch von heroischen Kämpfen ebenbürtiger Gegner, es wäre nur ein Buch für Erwachsene, die ein Bericht über Massenmorde nicht mehr aufregt.

1. Im Text ist von einem Gegensatz die Rede: Die Erwartungen eines jugendlichen Lesers stehen gegen das, „wie es wirklich war und wie es wirklich ist". Erläutere diesen Gegensatz.
2. Wie unterscheidet sich der → Bericht des jungen Georg Forster (S. 76 ff.) von dem, was Egon Erwin Kisch anhand des Schiffstagebuchs von Kapitän Cook berichtet? Nenne Beispiele. Beachte dabei vor allem das Verhalten der Eingeborenen.

## Rose Ausländer

*Die Autorin wurde 1901 als Rosalie Scherzer in Czernowitz (damals Österreich-Ungarn, heute Ukraine) geboren. Rose Ausländer studierte Literaturwissenschaft und Philosophie. Während der nationalsozialistischen Herrschaft (1933–1945) wurde sie als Jüdin verfolgt. Die Jahre 1941–1944 überlebte Rose Ausländer im Ghetto von Czernowitz. 1946 wanderte sie in die USA aus, 1964 kehrte sie nach Europa zurück und zog 1965 nach Düsseldorf, wo sie 1988 starb. Sie veröffentlichte mehr als dreißig Gedichtbände und erhielt zahlreiche literarische Auszeichnungen.*

*Rose Ausländer*

### Gemeinsam

Vergesset nicht
Freunde
wir reisen gemeinsam

besteigen Berge
pflücken Himbeeren
lassen uns tragen
von den vier Winden

Vergesset nicht
es ist unsre
gemeinsame Welt
die ungeteilte
ach die geteilte

die uns aufblühen lässt
die uns vernichtet
diese zerrissene
ungeteilte Erde
auf der wir
gemeinsam reisen

1. Wer wird hier mit „Freunde“ angesprochen?
2. „Wir reisen gemeinsam“: Was mag wohl damit gemeint sein?
3. Schreibe deine Gedanken zum Wort „Gemeinsam“ als kurzes → Gedicht auf und illustriere es.

*Emil Nolde:*
Fremde Menschen
(1946)

*Gabriel Laub*

## Fremde sind Leute

Fremde sind Leute,
die später gekommen sind als wir:
in unser Haus, in unseren Betrieb,
in unsere Straße,
unsere Stadt, unser Land.
Die Fremden sind frech:
Die einen wollen so leben wie wir,
die anderen wollen nicht so leben wie wir.
Beides ist natürlich widerlich.
Alle erheben dabei Ansprüche
auf Arbeit,
auf Wohnungen und so weiter,
als wären sie normale Einheimische.
Manche wollen unsere Töchter
heiraten
und manche wollen sie sogar
nicht heiraten,
was noch schlimmer ist.

Fremdsein ist ein Verbrechen,
das man nie wieder gutmachen kann.

1. Beziehe das Gedicht auf unsere Gegenwart. Wie verstehst du es?
2. Nenne Beispiele für „Fremde" unserer Zeit.
3. Wie kann man „Fremdsein" überwinden?

## Regina Rusch

*Regina Rusch wurde 1945 geboren. Sie studierte Literaturwissenschaft, Philosophie und Geschichte. Sie arbeitete als Journalistin und Herausgeberin. Seit 1986 schreibt Regina Rusch auch Kinder- und Jugendbücher. Die Autorin veranstaltete bundesweite Schreibwettbewerbe für Kinder und richtete einen Literaturpreis ein, bei dem ausschließlich Kinder die Jury bilden: die „Kalbacher Klapperschlange". Regina Rusch lebt in Frankfurt am Main.*
*Der folgende Text ist ein Ausschnitt aus ihrem Buch „Johanna, wir sind stark". Johanna fühlt sich ziemlich allein, ihre Eltern haben wenig Zeit für sie. Deshalb freut sie sich sehr, als eine Mitschülerin sie zum Kino einladen möchte. Doch alles geht schief: Sie kennt das Kino nicht, kommt zu spät und verpasst den Film. Was sie auf dem Weg nach Hause in der U-Bahn erlebt, kannst du nun selbst lesen.*

*Regina Rusch*

## Johanna, wir sind stark

Johanna kann den ganzen Wagen überblicken. Einige Fahrgäste sind voll bepackt mit Einkaufstüten, andere sehen aus, als ob sie von der Arbeit kommen. Johanna gegenüber sitzt ein Mann. Er ist eingenickt und schläft mit offenem Mund. Weiter hinten unterhalten sich drei Frauen in einer fremden Sprache. Noch zwei Bankreihen weiter sitzen ein Mann und eine Frau, die aber nichts miteinander zu tun haben. Auf der Sitzbank schräg hinter Johanna zupft eine Mutter ihrem kleinen Kind die Mütze zurecht und hebt es auf ihren Schoß. Das Kind nuckelt verträumt am Bein eines kleines Stofftiers. Ob es ein Hund oder eine Katze ist, kann Johanna nicht genau erkennen, denn sie sieht das, was schräg hinter ihr ist, nur in der Fensterscheibe wie in einem Spiegel. Sie muss nur den Kopf etwas zur Seite drehen.

Die Frau trägt ein großes weißes Kopftuch, das unter ihrem Kinn zusammengesteckt ist. Genau so ein Tuch trägt auch Fouads Mutter. Fouad hat in der Klasse erzählt, dass in Marokko viele Frauen solche Tücher um den Kopf haben, und er hat ein Foto seiner Großmutter und vieler Tanten und Kusinen gezeigt. Sevim hat gesagt, dass ihre große Schwester, die in die Türkei zurückgekehrt ist, auch ein Kopftuch umbinden musste, obwohl sie es nicht wollte.
Frau Haderer hat vorgeschlagen, dass Eltern und Schüler zum Schulabschluss vielleicht ein gemeinsames Fest veranstalten könnten. Alle Nationalitäten, die in der Klasse vertreten sind, sollen etwas dazu beitragen. Speisen zubereiten, Landestrachten zeigen, Tänze vorführen oder einfach nur typische Gegenstände mitbringen.

Johanna blickt in die Spiegelscheibe, in der sie die marokkanische Mutter und ihr Kind sieht, und überlegt, welchen typischen Gegenstand sie zeigen könnte. Vielleicht kann Mama ihr sagen, welcher Gegenstand typisch deutsch ist? Und welches Essen? Johanna isst am liebsten italienisch. Oder chinesisch, jedenfalls ab und zu einmal. Sie kann es sogar mit Stäbchen. Vielleicht verkleidet sie sich zu dem Fest als Chinesin. Oder lieber als Japanerin mit Mamas schönem Kimono↑?

Der Mann, der gegenüber von Johanna eingeschlafen war, ist aufgewacht. Er wischt sich mit der Hand übers Gesicht, dann stellt er sich an die Tür. Als die Bahn hält, steigt er aus, die drei Frauen auch und noch einige Fahrgäste, und einige steigen auch ein.

Als der Zug in die Dunkelheit des Tunnels weiterfährt, kann Johanna wieder die Frau mit dem weißen Kopftuch in der Fensterscheibe sehen. Auf dem Platz neben ihr sitzt jetzt ein jüngerer Mann. Seine Haare sind so kurz geschnitten, dass sein Kopf wie eine Glatze mit winzigen Borsten aussieht. In der Hand hält er eine Bierdose, aus der er ab und zu einen Schluck nimmt.

Der Mann stiert die Frau mit dem Kopftuch an, sagt aber nichts. Er tut auch nichts, außer trinken. Und doch hat Johanna plötzlich das Gefühl, dass er eine Bedrohung ist. Der Mann rülpst und lässt die Frau nicht aus den Augen. Das Kind nuckelt immer noch am Bein seines Kuscheltieres. Hinter der spiegelnden Fensterscheibe rasen irgendwelche Betonpfeiler vorbei. Sie rasen auch durch das Spiegelbild der Bankreihe schräg hinter Johanna.

Jetzt kann sie die Frau, das Kind und den Mann mit der Bierdose nicht mehr erkennen. Die U-Bahn hält am hell erleuchteten Bahnsteig der nächsten Station. Nur zwei junge Mädchen steigen ein. Weiter geht die Fahrt. Johanna wagt nicht, sich umzudrehen und zu schauen, ob der Mann noch immer neben der Frau sitzt. Sie kann aber jetzt in der Scheibe wieder alles beobachten. Plötzlich stößt der Mann die Frau mit dem Ellenbogen an. „Mach endlich Platz", sagt er grob und wedelt mit der Hand.

Platz machen, denkt Johanna, wieso Platz machen, es sind doch jede Menge Plätze frei.

„Nun mach schon!" Der Mann stößt die Frau wieder mit seinem Ellenbogen in die Seite. Johanna hält den Atem an. An ihren Beinen kribbelt eine Gänsehaut. Was will der Mann von der Frau? „Los, los", sagt er jetzt in schärferem Ton, „du siehst doch, dass mein Kumpel steht."

Kumpel? Johanna dreht sich schnell um. Fast direkt hinter ihr steht noch ein Mann.

der Kimono: *ein langes japanisches Gewand mit weiten Ärmeln*

In der Scheibe hat sie ihn nicht sehen können. Der Mann hat überhaupt keine Haare auf dem Kopf. Er ist etwa im gleichen Alter wie der Bierdosen-Mann, aber er hat keine Bierdose in der Hand, sondern eine Kette mit einem Flaschenöffner am Ende. Jetzt lässt er die Kette herausfordernd kreisen, mal kürzer, mal länger.

Wie Martin, denkt Johanna entsetzt, der macht es wie Martin. Und sie wendet rasch den Kopf wieder zurück. Die Männer sollen nicht merken, dass Johanna zuguckt. Sie rutscht tief in den Sitz, presst sich eng an die Rückenlehne. Aber das Wegsehen nützt nichts, denn in der Fensterscheibe läuft der Film weiter. Der Mann mit der Bierdose ist aufgestanden. Drohend groß steht er vor der Frau und ihrem Kind.

„Dies ist ein deutscher Zug“, sagt der Mann, „wo kommen wir denn hin, wenn deutsche Menschen stehen müssen und ihr Ausländer euch auf unseren Plätzen breit macht.“ Die Frau drückt ihr Kind an sich. Sie schweigt, was sollte sie auch sagen?

Johannas Mund ist ganz trocken. Alles an ihr ist angespannt. Es ist, als ob sie auf etwas wartet. Irgendetwas wird passieren. Etwas, vor dem Johanna Angst hat. Es soll aufhören, das Angespanntsein, und das Warten soll aufhören. Und die Männer hinter ihr sollen aufhören.

Johanna hört die Räder auf den Schienen rollen. Sie hört, wie einer der Männer die Nase hochzieht. Eklig klingt es. Jetzt spuckt er aus, der Frau direkt vor die Füße. „Verstehst du kein Deutsch?“, fragt er.

Johanna zieht den Kopf zwischen die Schultern und lässt den Blick nicht von der Spiegelscheibe. Der Mann hat den Flaschenöffner auspendeln lassen. Jetzt steckt er ihn in die Tasche seiner schwarzen Lederjacke. Er beugt sich über die Frau und das Kind. „Was haben wir denn da?“, sagt er schmierig. „Ei, ei, ei.“ Er greift nach dem Kind, nein, nach dem Stofftier. Es ist eine Katze, eine kleine abgenuckelte Stoffkatze. Johanna versucht die Trockenheit in ihrem Mund wegzuschlucken. Der Mann reißt dem Kind das Stofftier aus der Hand.

Johanna friert und schwitzt zugleich. Hilfe, denkt sie, Hilfe. Hilft denn niemand? Da hinten sitzen doch Leute. Aber sie sitzen mit dem Rücken hierher, sie sehen nicht, was passiert. Der Mann fasst das Stofftier am Schwanz und lässt es in der Luft kreisen. Das Kind weint, ganz leise weint es. Johanna wünschte, das Kind würde schreien, ganz laut, sodass alle im U-Bahn-Wagen es mitbekommen würden. Johanna wünschte, sie selbst würde schreien. Warum schreit sie nicht? Warum tut sie nichts?

Der Mann beginnt widerlich zu lachen. Mit einem Ruck reißt er der Stoffkatze den Schwanz ab und wirft ihn auf den Boden. Das Kind schluchzt auf. Die Mutter starrt die Männer mit schreckgeweiteten Augen an. Sie presst die Arme noch fester um ihr Kind. Jetzt lacht auch der andere Mann, ein raues, abgehacktes Lachen, das gar nicht als Lachen gemeint ist. Die schwanzlose Stoffkatze baumelt vor dem Gesicht des Kindes. Als es danach greift, packt der Mann den Körper der Katze mit der einen und den Kopf mit der anderen Hand. Er zieht, ganz langsam, aber mit sehr viel Kraft.

Johanna hört auf zu atmen, ganz starr wird sie, nichts bewegt sich an ihr, nicht mal die Augenlider. Ihre Augen sind auf das Bild in der Scheibe gerichtet, aber sie nehmen nichts wahr. In ihren Ohren hört sie ihr eigenes Blut rauschen. Nur von fern dringt ein anderes Geräusch hinzu, ein leises Krachen, wie wenn Stoff reißt. Johanna klammert sich an die Vorderkante des Sitzes.

Die Beleuchtung in der Bahn flackert, dann erlischt sie. Trotzdem wird es nicht dunkel, sondern heller, taghell. Die U-Bahn verlässt den Tunnel und fährt ab jetzt oberirdisch wie eine Straßenbahn. Das Bild in der Fensterscheibe verschwindet wie ein Spuk. War es nur ein Spuk?

Johanna dreht sich nach hinten. Da ertönt schon wieder das hässliche Lachen. Nimmt das denn nie ein Ende? Suchend blickt Johanna in die Richtung der anderen Fahrgäste. Viele sind es nicht, vier oder fünf. Eine Frau ist gerade aufgestanden, um an die Tür zu treten. Ihr Blick fällt auf die beiden Glatzenmänner, auf die Frau und das Kind. Sie braucht einen Moment, um die Situation zu erfassen. Dann schaut sie schnell weg und wendet sich zur Tür.

Gleich wird die Bahn halten und die Frau wird aussteigen. Merkt sie denn nichts, denkt Johanna, sie muss doch was merken. Abrupt dreht die Frau sich jetzt wieder um. Sie wirft einen raschen, prüfenden Blick auf die übrigen Fahrgäste. Da sind die beiden jungen Mädchen, die vorhin zugestiegen sind, eine Frau, die in einer Zeitschrift blättert, und ein dunkelhaariger Mann mit einem dicken Schal um den Hals. Jetzt kommt die Frau durch den Gang genau auf Johanna zu. Neben ihrem Sitz bleibt sie stehen, in einigem Abstand zu den Männern.

„Was soll das werden, wenn's fertig ist?", fragt sie nur scheinbar freundlich. Ihre Stimme klingt energisch, aber die Finger ihrer linken Hand reiben nervös aneinander, spreizen und schließen sich. Die Stimme kommt Johanna irgendwie bekannt vor. Auch die kleine, rundliche Frau kommt ihr bekannt vor. Der Mann mit der Bierdose rülpst. „Misch dich nicht ein", herrscht er die Frau an. Unter ihrer Strickmütze quellen dichte rote Locken hervor. Die Postbotin! Es ist die Postbotin von heute Morgen.

Johanna weiß nicht, ob sie eher erleichtert sein soll oder noch mehr Angst haben muss. Das Gesicht des einen Glatzenmannes sieht alles andere als friedlich aus. „Halt dich raus", sagt er drohend, „oder haste was gegen Deutsche, die sich auf ihre eigenen Plätze setzen wollen?" Er schleudert das, was von der Stoffkatze übrig geblieben ist, in die Ecke der Sitzbank und wirft den abgerissenen Kopf hinterher.

Auf der Stirn der Postbotin bildet sich eine tiefe Falte, von der Nase bis hoch zu den roten Locken. Sie beugt sich vor. Es sieht aus, als wollte sie sich auf den Mann stürzen. Aber sie hält sich zurück. Wie sollte das auch gehen, der Mann überragt sie fast um zwei Köpfe.

„Deutsche“, sagt die Postbotin verächtlich, „schöne Deutsche, die sich an Frauen und kleinen Kindern vergreifen.“ Der Mann, der die Stoffkatze zerrissen hat, macht einen Schritt auf die kleine Postbotin zu. „Schnauze“, pöbelt er und hebt aufreizend langsam die rechte Faust. Johannas Herz klopft so stark, dass es sich anfühlt, als würde es ihr die Brust zerreißen. Plötzlich stehen die beiden jungen Mädchen hinter der Postbotin. Johanna hatte gar nicht bemerkt, dass sie aufgestanden waren. Auch die Frau, die gelesen hatte, und der Mann mit dem Schal haben nun mitbekommen, dass etwas Unerhörtes im U-Bahn-Wagen vor sich geht.

„Starke Typen, was?“, sagt das eine junge Mädchen zu ihrer Freundin. „Sind irgendwie zu kurz gekommen“, erwidert die Freundin. „Jedenfalls auf dem Kopf“, sagt das erste Mädchen. „Nee, im Kopf“, verbessert ihre Freundin. Beide tun ganz lässig, aber als die Bahn hält, werfen sie doch einen raschen Blick zur Tür, die sich jetzt öffnet und durch die eine Flucht möglich wäre.

Der Mann mit der Glatze lässt seinen Arm sinken. Auch er blickt zur Tür. Er scheint ein wenig irritiert zu sein. Drei stämmige Männer, die aussehen wie Bauarbeiter, steigen ein, bleiben aber mitten im Gang stehen. Der Mann mit der Bierdose nimmt einen Schluck, doch die Dose scheint leer zu sein. „Mann, stopf den Weibern doch das Maul“, fordert er seinen Kumpel auf.

„Schämen sollten Sie sich“, ruft jetzt von hinten die Frau, die ihre Zeitschrift zusammengerollt hat und langsam herankommt. Johanna hört, wie in den anderen U-Bahn-Wagen die automatischen Türen zuschnappen. Wenn alle Türen geschlossen sind, fährt die Bahn weiter. Dann sind alle wieder zusammengesperrt bis zur nächsten Station.

„Hören Sie endlich auf, die Frau zu belästigen!“, sagt die Frau mit der Zeitschrift und stellt sich zu der Postbotin und den jungen Mädchen. Wieso fährt die Bahn nicht weiter? Sie müsste längst wieder in Bewegung sein.

Aber die Bahn kann nicht weiterfahren, solange noch irgendwo eine Tür offen ist. Und die Tür am anderen Ende des Wagens ist noch offen. Der dunkelhaarige Mann mit dem Schal hat sich vor die Lichtschranke gestellt und so das Schließen der Tür verhindert. „Muss frische Luft rein“, sagt er mit ausländischem Akzent, „hier stinkt’s.“ Der Mann ist sicher schon sechzig Jahre oder älter. Besonders stark sieht er auch nicht gerade aus. Er rührt sich nicht von der Stelle. Die Tür bleibt offen, die Bahn bleibt stehen.

„Mensch, Opa“, brüllt der Glatzköpfige, „mach kein’ Scheiß!“ Jetzt werden auch die Bauarbeiter aufmerksam. Einer von ihnen fragt: „Gibt’s Ärger?“ Niemand antwortet. Die Situation ist auch ohne Worte klar. Schließlich sagt die Postbotin mit Nachdruck: „Die Herren wollen aussteigen." Die beiden Mädchen treten beiseite, um Platz zu machen. Die drei Bauarbeiter grinsen.

Der Glatzenmann mit der Bierdose gibt als Erster klein bei. Er lässt die leere Dose auf den Boden fallen und geht langsam zur offenen Tür. Dabei schwankt er ein wenig. Der andere Mann zieht wieder seine Nase so eklig hoch wie vorhin. „Scheißpublikum hier", schnaubt er abfällig. Er zögert einen Moment, aber dann geht er doch seinem Kumpel nach. Seine schweren Stiefel treten auf den abgerissenen Schwanz der Stoffkatze.

„Zermalmen sollte man die", murmelt er. Als er an dem Ausländer vorbeigeht, der immer noch die Lichtschranke blockiert, zischt er: „Alle!", und hebt die Hand, aber er traut sich nicht zuzuschlagen. Sobald die beiden draußen sind, tritt der alte Mann von der Lichtschranke zurück, die Tür schließt sich, die Bahn fährt ab.

Johanna sitzt noch immer ganz verkrampft auf dem Sitz. Wie durch einen Schleier nimmt sie alles um sich herum wahr, so, als wäre sie nicht wirklich dabei. Die Frau mit der Zeitschrift hebt den Katzenschwanz auf, die Postbotin sammelt den Kopf und den Körper der Katze ein. „Man kann es vielleicht wieder nähen", sagt sie ein wenig hilflos. Die marokkanische Frau greift nach ihrem Arm. Tränen laufen über ihr Gesicht. „Sükran", sagt sie und jeder versteht, dass es danke heißt.

1. Stell dir vor, dass Johanna am Abend über ihr U-Bahn-Erlebnis etwas in ihr Tagebuch schreibt. Wie könnte ihr Eintrag aussehen?
2. Da sich die Situation in der U-Bahn mehrmals verändert, kann diese Geschichte in mehrere Abschnitte unterteilt werden. Suche dafür passende Überschriften.
3. Welche Personen haben sich richtig verhalten? Welche Möglichkeiten siehst du, mit solch einer Bedrohung fertig zu werden?
4. Du bist ein Reporter, der auch in der U-Bahn war. Nachträglich → interviewst du die beteiligten Personen mit einem Kassettenrekorder. Notiere dir zu jeder Person, welche Fragen du stellen willst.

**Lesehinweis** Wenn du die Geschichte von Johanna weiterlesen möchtest, besorge dir das Buch von *Regina Rusch:* Johanna, wir sind stark. Nähere Angaben zu dem Buch findest du im Verfasser- und Textquellenverzeichnis.

# Spannend erzählt

*Carl Spitzweg:* Italienische Balladensänger

*Die **Ballade,** ein dramatisches → Gedicht, hat ihren Ursprung in Südfrankreich. Sie wurde zu einem Ketten- oder Reihentanz gesungen, besaß kurze Strophen und einen Kehrreim. Mit der Ausbreitung der ritterlichen Kultur gelangte sie von Frankreich nach Deutschland. Hier wurden Balladen ganz anders gestaltet, erzählten Geschichten von Helden und abenteuerlichen Ereignissen, Zauberei und von außergewöhnlichen Begebenheiten. Balladen sind gut zum Vorlesen und Vorspielen geeignet. Als „Volksballaden" wurden sie ihren Zuhörern vorgesungen. Die beiden bekanntesten deutschen Dichter, Johann Wolfgang Goethe und Friedrich Schiller, schrieben Balladen, die zu den berühmtesten der deutschen Literatur zählen. Besonders viele ihrer Balladen entstanden 1797, dem „Balladenjahr".*
*Auch in unserer Zeit schreiben Dichter und Sänger Balladen, die sich kritisch mit aktuellen gesellschaftlichen Verhältnissen auseinander setzen (z. B. Bertolt Brecht, Wolf Biermann, Günter Grass).*

## Zwei Königskinder

1. Es waren zwei Königskinder, die hatten einander so lieb;
   sie konnten zusammen nicht kommen, das Wasser war viel zu tief.
2. „Ach Liebster, könntest du schwimmen, so schwimm doch herüber zu mir!
   Drei Kerzen will ich anzünden, und die sollen leuchten zu dir."
3. Das hört eine falsche Nonne, die tat, als wenn sie schlief,
   sie tät die Kerzen auslöschen: Der Jüngling ertrank so tief.
4. „Ach Fischer, liebster Fischer, willst du verdienen groß Lohn?
   So wirf dein Netz in das Wasser und fisch mir den Königssohn."
5. Er warf das Netz ins Wasser, es ging bis auf den Grund.
   Er fischte und fischte so lange, der Königssohn wurde sein Fund.
6. Sie schloss ihn in ihre Arme und küsst seinen bleichen Mund:
   „Ach Mündlein, könntest du sprechen, so wär mein jung Herze gesund."
7. Da nahm die Königstochter vom Haupt ihre goldene Kron:
   „Sieh da, wohledeler Fischer, das ist dein verdienter Lohn!"
8. Sie schwang um sich ihren Mantel und sprang wohl in die See:
   „Gut Nacht, mein Vater und Mutter, ihr sehet mich nimmermeh."
9. Da hört man Glöcklein läuten, da hört man Jammer und Not:
   Da liegen zwei Königskinder, die sind alle beide tot.

*Die Volksballade von den zwei Königskindern entstand schon im 15. Jahrhundert. Die hier abgedruckte spätere und verkürzte Fassung ist zum Volkslied geworden.*

1. Erzähle die Handlung nach.
2. Welche Merkmale der → Ballade erkennst du?
3. Übt die Melodie ein und tragt das → Lied mit verteilten Rollen vor.

*Johann Wolfgang Goethe*

## Der Zauberlehrling

Hat der alte Hexenmeister
Sich doch einmal wegbegeben!
Und nun sollen seine Geister
Auch nach meinem Willen leben.
Seine Wort' und Werke
Merkt' ich und den Brauch,
Und mit Geistesstärke
Tu ich Wunder auch.
  Walle! walle
  Manche Strecke,
  Dass zum Zwecke
  Wasser fließe
  Und mit reichem, vollem Schwalle
  Zu dem Bade sich ergieße!

Und nun komm, du alter Besen!
Nimm die schlechten Lumpenhüllen!
Bist schon lange Knecht gewesen;
Nun erfülle meinen Willen!
Auf zwei Beinen stehe,
Oben sei ein Kopf,
Eile nun und gehe
Mit dem Wassertopf!
  Walle! walle
  Manche Strecke,
  Dass zum Zwecke
  Wasser fließe
  Und mit reichem, vollem Schwalle
  Zu dem Bade sich ergieße!

Seht, er läuft zum Ufer nieder;
Wahrlich! ist schon an dem Flusse
Und mit Blitzesschnelle wieder
Ist er hier mit raschem Gusse.
Schon zum zweiten Male!
Wie das Becken schwillt!
Wie sich jede Schale
Voll mit Wasser füllt!
  Stehe! stehe!
  Denn wir haben
  Deiner Gaben
  Voll gemessen! –
  Ach, ich merk es! Wehe! wehe!
  Hab ich doch das Wort vergessen!

Ach, das Wort, worauf am Ende
Er das wird, was er gewesen.
Ach, er läuft und bringt behände!
Wärst du doch der alte Besen!
Immer neue Güsse
Bringt er schnell herein,
Ach! und hundert Flüsse
Stürzen auf mich ein.
  Nein, nicht länger
  Kann ich's lassen;
  Will ihn fassen.
  Das ist Tücke!
  Ach! nun wird mir immer bänger!
  Welche Miene! welche Blicke!

O, du Ausgeburt der Hölle!
Soll das ganze Haus ersaufen?
Seh ich über jede Schwelle
Doch schon Wasserströme laufen.
Ein verruchter Besen,
Der nicht hören will!
Stock, der du gewesen,
Steh doch wieder still!
  Willst's am Ende
  Gar nicht lassen?
  Will dich fassen,
  Will dich halten
  Und das alte Holz behände
  Mit dem scharfen Beile spalten.

Seht, da kommt er schleppend wieder!
Wie ich mich nur auf dich werfe,
Gleich, o Kobold, liegst du nieder;
Krachend trifft die glatte Schärfe!
Wahrlich, brav getroffen!

Seht, er ist entzwei!
Und nun kann ich hoffen,
Und ich atme frei!
Wehe! wehe!
Beide Teile
Stehn in Eile
Schon als Knechte
Völlig fertig in die Höhe!
Helft mir, ach! ihr hohen Mächte!

Und sie laufen! Nass und nässer
Wird's im Saal und auf den Stufen.
Welch entsetzliches Gewässer!
Herr und Meister! hör mich rufen! –
Ach, da kommt der Meister!
Herr, die Not ist groß!
Die ich rief, die Geister,
Werd ich nun nicht los.
„In die Ecke,
Besen! Besen!
Seid's gewesen!
Denn als Geister
Ruft euch nur zu seinem Zwecke
Erst hervor der alte Meister."

1. Teile die → Ballade in sinnvolle Abschnitte ein und trage sie lebendig und ausdrucksvoll vor. Achte dabei auf die richtige Betonung, um die Gefühle des Zauberlehrlings auszudrücken, auf lautes oder leiseres Lesen und das Sprechtempo.
2. „Die ich rief, die Geister, werd ich nun nicht los", ruft der Zauberlehrling verzweifelt aus. Denke an dich selbst: Hast du eine solche Situation nicht auch schon erlebt? Kam dir ein „Zaubermeister" zu Hilfe? Erzähle.
3. Der Mensch versuchte und versucht sich oft als „Zauberlehrling" – oft ohne die Folgen seiner Taten genau zu kennen und zu beachten. Fallen dir dazu aktuelle Beispiele aus unseren Tagen ein?

Cartoon:
*Marie Marcks*

4. Betrachte die Karikatur und verfasse einen → Zeitungsbericht für die Sensationspresse, z. B. unter der Überschrift:

**Katastrophe in Zauberwerkstatt**
*Azubi nur knapp dem Tod entronnen!*

*Friedrich Schiller*

## Der Handschuh

Vor seinem Löwengarten,
Das Kampfspiel zu erwarten,
Saß König Franz,
Und um ihn die Großen der Krone,
Und rings auf hohem Balkone
Die Damen in schönem Kranz.↑

in schönem Kranz: *in schöner Runde*

Und wie er winkt mit dem Finger,
Auf tut sich der weite Zwinger,
Und hinein mit bedächtigem Schritt
Ein Löwe tritt
Und sieht sich stumm
Rings um,
Mit langem Gähnen,
Und schüttelt die Mähnen,
Und streckt die Glieder
Und legt sich nieder.

der Reif: *ein poetischer Ausdruck für Reifen, Ring; hier: Kreis*

der Leu: *ein altes Wort für Löwe*

Und der König winkt wieder,
Da öffnet sich behänd
Ein zweites Tor,
Daraus rennt
Mit wildem Sprunge
Ein Tiger hervor.
Wie der den Löwen erschaut,
Brüllt er laut,
Schlägt mit dem Schweif
Einen furchtbaren Reif↑
Und recket die Zunge,
Und im Kreise scheu
Umgeht er den Leu↑
Grimmig schnurrend;
Drauf streckt er sich murrend
Zur Seite nieder.

Und der König winkt wieder,
Da speit das doppelt geöffnete Haus
Zwei Leoparden auf einmal aus.
Die stürzen mit mutiger Kampfbegier
Auf das Tigertier;
Das packt sie mit seinen grimmigen Tatzen,
Und der Leu mit Gebrüll
Richtet sich auf – da wird's still,
Und herum im Kreis,
Von Mordsucht heiß,
Lagern sich die gräulichen Katzen.

Da fällt von des Altans↑ Rand
Ein Handschuh von schöner Hand
Zwischen den Tiger und den Leu'n
Mitten hinein.

der Altan: *ein Balkon*

Und zu Ritter Delorges spottender Weis'
Wendet sich Fräulein Kunigund:
„Herr Ritter, ist Eure Lieb so heiß,
Wie Ihr mir's schwört zu jeder Stund,
Ei so hebt mir den Handschuh auf."

Und der Ritter, in schnellem Lauf,
Steigt hinab in den furchtbaren Zwinger
Mit festem Schritte,
Und aus der Ungeheuer Mitte
Nimmt er den Handschuh mit keckem↑ Finger.

keck: *mutig, unerschrocken*

Und mit Erstaunen und mit Grauen
Sehen's die Ritter und Edelfrauen,
Und gelassen bringt er den Handschuh zurück.
Da schallt ihm sein Lob aus jedem Munde,
Aber mit zärtlichem Liebesblick –
Er verheißt ihm sein nahes Glück –
Empfängt ihn Fräulein Kunigunde.
Und der Ritter, sich tief verbeugend, spricht:
„Den Dank, Dame, begehr ich nicht",
Und verlässt sie zur selben Stunde.

*Schiller hat in seiner Ballade ein Ritterspiel des → Mittelalters in seine eigene → Epoche übertragen. Vermutlich meinte er mit dem darin genannten „König Franz" den französischen König Franz I., der von 1515 bis 1547 regierte. Es heißt, Franz I. habe in Paris Löwen gehalten, die für Kampfspiele gebraucht wurden. Eines Tages, so erzählt man sich, habe sich folgende Geschichte ereignet:*

Als Franz I. eines Tags zu seinem Vergnügen einem Löwenkampfe zusah, ließ eine Dame ihren Handschuh fallen und sprach zu Delorges: „Soll ich glauben, dass Ihr mich so liebt, wie Ihr mir alle Tage schwört, so hebt mir den Handschuh auf!" Delorges steigt hinab, nimmt den Handschuh aus der Mitte dieser furchtbaren Tiere, steigt hinauf, wirft ihn der Dame ins Gesicht und wollte sie nachher nie wiedersehen, ungeachtet aller Anträge und Neckereien von ihrer Seite.

*Schiller fand diese Geschichte in einem Band mit historischen Erzählungen. Im Sommer 1797 erzählte er sie neu und ein Jahr später wird die Ballade „Der Handschuh" erstmals gedruckt.*

1. Achte beim Vortrag der → Ballade auf den Spannungsbogen. Überlege dir, wo du Pausen machen und wo du langsamer oder schneller lesen musst.
2. Vergleiche die Ballade mit einer Erlebniszerzählung. Finde die Erzählschritte, beschreibe den Spannungsbogen und suche den Höhepunkt der Geschichte.
3. Das Ende der Ballade zeigt eine unerwartete Wendung des Geschehens. Erkläre die Haltung des mutigen Ritters.
4. Ursprünglich hatte Schiller den drittletzten → Vers so formuliert: „Und er wirft ihr den Handschuh ins Gesicht", änderte ihn aber dann in die Fassung um, die hier im Lesebuch abgedruckt ist. Vergleiche und bewerte die beiden Fassungen.

## Heinrich Heine

*Heinrich Heine wurde 1797 in Düsseldorf geboren. Er erlernte den Beruf eines Kaufmanns im Bankhaus seines Onkels und studierte Jura in Bonn, Göttingen und Berlin. Heine besuchte Goethe in Weimar. 1826 traf er seinen künftigen Verleger Julius Campe und veröffentlichte bald darauf seine „Reisebilder“ und das „Buch der Lieder“. Die Ballade vom Tod des Königs Belsazar ist diesem berühmten Werk entnommen.*
*Ab 1831 arbeitete Heine in Paris als Journalist. Dort setzte er sich kritisch mit den politischen Verhältnissen in Deutschland auseinander, seine Schriften wurden in Deutschland verboten. Nun blieb Frankreich ab 1835 seine Wahlheimat. 1856 starb er in Paris.*
*Da Heine Jude war, wurde sein Werk während der Diktatur der Nationalsozialisten (1933–1945) erneut verboten.*

*Heinrich Heine*
## Belsazar

Die Mitternacht zog näher schon;
In stiller Ruh lag Babylon.

Nur oben in des Königs Schloss,
Da flackert's, da lärmt des Königs Tross↑.

Dort oben in dem Königssaal
Belsazar hielt sein Königsmahl.

Die Knechte saßen in schimmernden Reihn
Und leerten die Becher mit funkelndem Wein.

Es klirrten die Becher, es jauchzten die Knecht;
So klang es dem störrigen Könige recht.

Des Königs Wangen leuchten Glut;
Im Wein erwuchs ihm kecker Mut.

Und blindlings reißt der Mut ihn fort;
Und er lästert die Gottheit mit sündigem Wort.

Und er brüstet sich frech und lästert wild;
Die Knechtenschar ihm Beifall brüllt.

Der König rief mit stolzem Blick;
Der Diener eilt und kehrt zurück.

Er trug viel gülden Gerät auf dem Haupt;
Das war aus dem Tempel Jehovas↑ geraubt.

Und der König ergriff mit frevler↑ Hand
Einen heiligen Becher, gefüllt bis am Rand.

Und er leert ihn hastig bis auf den Grund
Und rufet laut mit schäumendem Mund:

„Jehova! dir künd ich auf ewig Hohn –
Ich bin der König von Babylon!“

Doch kaum das grause Wort verklang,
Dem König ward's heimlich im Busen bang.

der Tross: *das Gefolge*

Jehova: *hebräischer Name für Gott*

frevel: *(veraltet) verbrecherisch*

Das gellende Lachen verstummte zumal;
Es wurde leichenstill im Saal.

Und sieh! und sieh! an weißer Wand,
Da kam's hervor wie Menschenhand;

Und schrieb, und schrieb an weißer Wand
Buchstaben von Feuer, und schrieb und
schwand.

Der König stieren Blicks da saß,
Mit schlotternden Knien und totenblass.

Die Knechtenschar saß kalt durchgraut,
Und saß gar still, gab keinen Laut.

Die Magier kamen, doch keiner verstand
Zu deuten die Flammenschrift an der Wand.

Belsazar ward aber in selbiger Nacht
Von seinen Knechten umgebracht.

*Rembrandt van Rijn:* Das Gastmahl des Belsazar (um 1639)

1. Diese → Ballade kannst du klanggestaltend vortragen. Schreibe die Ballade in dein Heft und bearbeite den Text so, dass du weißt, wie du ihn sprechen musst.

   Mache dir Zeichen im Text:
   Pause = senkrechter Strich |
   Betonung = Unterstreichen des Wortes, z. B. näher
   Tempo = gerader Pfeil, z. B. Nur oben in →
   Weiterlesen bei Zeilensprung = gebogener Pfeil

   Die Mitternacht zog näher schon; |
   In stummer Ruh lag Babylon.

   Nur oben in des Königs Schloss,
   Da flackert's, da lärmt des Königs Tross.

   Dort oben in dem Königssaal
   Belsazar hielt sein Königsmahl.

2. Untermalt eure Gedichtvorträge mit Geräuschen (Glockenschlag, lautes Lachen, Schlüsselklappern ...) und nehmt sie auf Kassette auf.
3. Belsazar feiert übermütig. Nach welcher → Strophe tritt der Wendepunkt der Ballade ein?
4. In der Bibel wird im Alten Testament, im 5. Kapitel des Buches Daniel, von einem Gastmahl Belsazars berichtet. Lies die Geschichte nach.
5. Vergleiche das Gedicht mit dem Sprichwort: „Hochmut kommt vor dem Fall".

**Lesehinweis** *Dagmar Matten-Gohdes:* Heine ist gut. Ein Heine-Lesebuch

## Eduard Mörike

*Eduard Mörike wurde 1804 in Ludwigsburg geboren. 1818 begann er seine Ausbildung zum Geistlichen, wurde Vikar und übernahm die Pfarrei in Cleversulzbach. Doch schon bald musste er sich aus gesundheitlichen Gründen zurückziehen und lebte an verschiedenen Wohnorten als freier Schriftsteller. Er starb 1875 in Stuttgart.*
*1824 erschien die Erstfassung der hier abgedruckten Ballade als „Romanze vom wahnsinnigen Feuerreiter“. Mörike nahm diese „Romanze“ in den ersten Teil seines Romans „Maler Nolten“ auf. Hier ist dem Gedicht eine erklärende Einleitung vorangestellt: Ein junger Mann lebt zurückgezogen und alleine in einem kleinen Haus. Er besitzt eine unerklärliche magische Beziehung zur Naturgewalt des Feuers.*

*Eduard Mörike*

## Der Feuerreiter

Sehet ihr am Fensterlein
Dort die rote Mütze wieder?
Nicht geheuer muss es sein,
Denn er geht schon auf und nieder.
Und auf einmal welch Gewühle
Bei der Brücke, nach dem Feld!
Horch! das Feuerglöcklein gellt:
Hinterm Berg,
Hinterm Berg
Brennt es in der Mühle!

Schaut! da sprengt er wütend schier
Durch das Tor, der Feuerreiter,
Auf dem rippendürren Tier,
Als auf einer Feuerleiter!
Querfeldein! Durch Qualm und Schwüle
Rennt er schon und ist am Ort!
Drüben schallt es fort und fort:
Hinterm Berg,
Hinterm Berg
Brennt es in der Mühle!

Der so oft den roten Hahn
Meilenweit von fern gerochen,
Mit des heilgen Kreuzes Span↑
Freventlich die Glut besprochen –
Weh! dir grinst vom Dachgestühle
Dort der Feind im Höllenschein.
Gnade Gott der Seele dein!
Hinterm Berg,
Hinterm Berg
Rast er in der Mühle!

Keine Stunde hielt es an,
Bis die Mühle borst in Trümmer;
Doch den kecken Reitersmann
Sah man von der Stunde nimmer.
Volk und Wagen im Gewühle
Kehren heim von all dem Graus;
Auch das Glöcklein klinget aus:
Hinterm Berg,
Hinterm Berg
Brennt's! –

des Kreuzes Span: *gemeint ist ein Holzspan aus dem Kreuz, an das Christus genagelt wurde = eine Reliquie, d. h. Überrest eines Heiligen oder eines heiligen Gegenstandes*

Nach der Zeit ein Müller fand
Ein Gerippe samt der Mützen
Aufrecht an der Kellerwand
Auf der beinern↑ Mähre sitzen:
Feuerreiter, wie so kühle
Reitest du in deinem Grab!
Husch! da fällts in Asche ab.
Ruhe wohl,
Ruhe wohl
Drunten in der Mühle!

beinern: *aus Knochen bestehend, knochig: „Bein" hatte in früherer Zeit die Bedeutung „Knochen"*

1. Erzähle die → Ballade vom „Feuerreiter" mit deinen Worten nach: Was geschieht?
2. Zeichne für das Gedicht einen Spannungsbogen. Kennzeichne dabei jeweils den höchsten Punkt, den die einzelnen → Strophen erreichen, und beschrifte ihn.
3. Lies die Ballade sinngestaltend, in unterschiedlicher Lautstärke und Schnelligkeit. Beachte dabei deinen gezeichneten Spannungsbogen.
4. Jede Strophe ist dreigeteilt und endet mit einem Kehrreim↑, den „Glockenzeilen". Lies diese Kehrreime betont, achte dabei auf die Aussagekraft des Glöckleins.
5. In der Ballade werden viele klang- und bilderreiche und ausdrucksstarke Wörter verwendet, z. B. „welch Gewühle" oder „das Feuerglöcklein gellt". Finde weitere Beispiele.
6. Tragt die Ballade vor, indem ihr sie mit Instrumenten begleitet.

der Kehrreim: *Wörter oder Sätze, die am Schluss jeder Strophe regelmäßig wiederkehren*

*Volkssage*

## Der Feuerreiter

Die Gründung von Feuerwehren auch in ganz kleinen Dörfern hat der Erscheinung des Feuerreiters ein Ende gemacht. Doch früher spielte dieser eine wichtige Rolle: Noch vor fünfzig Jahren gab es im Braunschweigischen Leute, die das Feuer besprechen↑ konnten. Wer diese Kunst lernen wollte, musste sich aber dem Teufel verschreiben. War ein Feuer ausgebrochen, so bestieg der Feuerreiter ein Pferd, nahm einen Teller voll Salz in die Hand und ritt dreimal um das Feuer herum, indem er es mit den Worten besprach:

„Feuer, du heiße Flamm;
Dir gebeut↑ Jesus Christ, der wahre Mann,
Dass du sollst stille stehn
Und nicht weiter gehn.
Im Namen des Vaters, des Sohnes und des Heiligen Geistes."

Bei dem letzten Male warf er den Teller mit Salz in das Feuer und gab dann schnell seinem Pferd die Sporen, denn das Feuer schlug meterweit hinter ihm her. Es waren aber stets Leute aufgestellt, die sofort hinter dem Reiter Wasser hergossen, wenn er den Teller mit Salz hineingeworfen hatte, damit ihn die Flamme nicht erreichen konnte.

gebeut: *(veraltet) gebietet*

besprechen: *hier: durch Zauberworte vertreiben oder unschädlich machen*

1. Vergleiche den Feuerreiter der → Sage mit dem Feuerreiter der → Ballade.
2. Beschreibe, wie wir heute mit Bränden umgehen.
Erkundige dich dazu bei der Feuerwehr deines Schulortes, wie das Alarmierungssystem abläuft und wie die Feuerwehrleute einen Brand bekämpfen. Auch in der Schule hast du sicher wichtige Zusatzinformationen über Brandschutz erhalten.

*Hans Scheibner*

## Der Maulwurf muss weg!

**1** Herr Kremer sah zum Fenster raus
aus seinem eignen Eigenhaus.
Und wohlgefällig ruht sein Blick
auf seines Rasens Musterstück:
So frisch gemäht, so ordentlich,
so grün, ach, man beschreibt es nicht!
Da plötzlich! Nein, das darf nicht sein!
„He! Klara!“ Klara stürzt herein.
„Nun sieh doch mal! O Gott, o Schreck!“

*Der Maulwurf muss weg!*

**2** Herr Kremer auf den Rasen lief
zum Maulwurfshügel. Und er rief:
„Du Kreatur! Du frecher Hund!
Du Wühler in dem Untergrund!
Du wagst es, diesen Rasen hier,
das Meisterwerk, die Gartenzier
zu schänden! Hiermit sag ich dir
zum letzten Mal: Verschwinde hier!
Komm raus! Komm raus aus dem Versteck!“

*Der Maulwurf muss weg!*

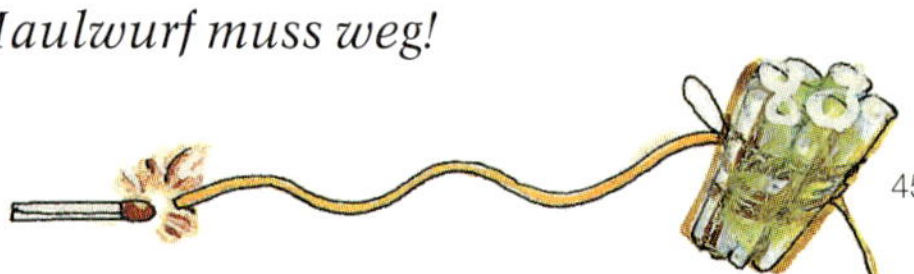

**3** Die ganze Nacht Herr Kremer stand
mit seinem Spaten in der Hand.
Wo sich was rührt im Mondenschein,
da rief er: „Ha!“, und stieß hinein!
„Verflucht! Wer meine Ordnung stört,
ist diese heile Welt nicht wert!“
Doch morgens weh! Was ist geschehn?
Zwei neue Hügel muss er sehn!
„Mein Heiligtum! Mein Lebenszweck!“

*Der Maulwurf muss weg!*

**4** Herr Kremer schwor und lief herum:
„Ich bring dich um! Ich bring dich um!“
Ließ Wasser aus dem Gartenschlauch
ins Erdreich ein. Kroch auf dem Bauch.
Pumpt Auspuffgase in den Bau.
Im Töten ist Herr Kremer schlau.
Doch da! Im Morgensonnenschein:
drei neue Hügel! „Nein! Nein! Nein!
Du Teufel du! Verreck! Verreck!“

*Der Maulwurf muss weg!*

**5** „Dass einer Recht und Sauberkeit
frech zu missachten sich nicht scheut!“
Herr Kremer rief: „Ich kriege ihn!“
Goss auf den Rasen das Benzin.
Die Flammen schlugen hoch hinauf,
sogar bis zu dem Dachstuhl rauf.
Das ganze Haus ist abgebrannt.
Herr Kremer in der Asche stand.
Herr Kremer tanzte froh und keck:

*Der Maulwurf ist weg!*

1. Arbeitet in Gruppen zusammen und teilt die → Ballade in sinnvolle Abschnitte ein. Gestaltet dann zu jedem Abschnitt eine Bildtafel.
2. Tragt die Ballade vor und zeigt dazu eure Bildtafeln.
3. Wisst ihr, was eine Moritat oder was ein Bänkelsänger ist? Informiert euch.

## Projektvorschlag:

# Balladen von heute

Wie du auf den vorangegangenen Seiten gelesen hast, haben einige Dichter spannende Erlebnisse in Form von Balladen erzählt.
Du kannst deine eigene moderne Ballade↑ schreiben.

*Eine moderne Ballade nennt man auch → Erzählgedicht.*

### Hier einige Tipps:

- Blättere in der Zeitung und suche eine interessante Meldung aus.
- Erzähle darüber in spannender Form.
- Finde ein Detail, das besondere Bedeutung hat.
- Schreibe einen Text nieder, in dem das Detail in den Vordergrund rückt.
- Gib dem Text eine Strophenform.
- Gestalte den Text als Vortrag, vielleicht mit Hintergrundmusik, und entwirf dazu ein Plakat.

# Vortragsstunde

Sucht nach weiteren Balladen oder auch Moritaten, Bänkelliedern, Songs und tragt diese bei einem Elternabend vor.

- Denkt an die verschiedenen Möglichkeiten des Vortrags …
- mit Musik, mit Bildern, als Schattenspiel …

**Viel Spaß!**

# Epochen der Literatur: Mittelalter und Barock

*Dichtungen sind jeweils in einer bestimmten Zeit entstanden und von ihr geprägt worden. Man spricht auch davon, dass sie bestimmten → **Epochen** angehören.*

1. Lies im Verzeichnis der Fachbegriffe nach, was man unter einer Epoche versteht.
2. Gib die Definition (d. h. die Erklärung des Begriffs) mit deinen eigenen Worten wieder.
3. Hast du schon eine Vermutung, zu welcher der beiden genannten Epochen die Abbildungen jeweils gehören könnten?

## Mittelalter

*Als Mittelalter bezeichnet man die Zeit vom 8. bis etwa zum 13. Jahrhundert. In den ersten Jahrhunderten des Mittelalters entstand vor allem eine geistliche, für den kirchlichen Gebrauch bestimmte Literatur in lateinischer, vereinzelt auch in althochdeutscher Sprache. Im 12. Jahrhundert gewannen dann weltliche Dichtungen in der Volkssprache dieser Zeit, dem Mittelhochdeutschen, zunehmend an Bedeutung. Die Dichter waren Angehörige des (niederen) Adels, die ihre Texte als fahrende Sänger der Gesellschaft an den Fürstenhöfen und auf den Burgen vortrugen. Die wichtigsten Gattungen dieser ritterlich-höfischen Literatur waren das → **höfische Epos** und der → **Minnesang.** Beide Dichtungsarten hatten nicht nur die Unterhaltung der Zuhörer zum Ziel, sondern auch die Vermittlung der ritterlichen Tugenden und die Darstellung des Rittertums als ideale Lebensform.*

## Aus dem Nibelungenlied: Siegfried in Worms

*nacherzählt von Gretel und Wolfgang Hecht*

*Das Nibelungenlied gehört zu den großen Dichtungen des Mittelalters. Ein noch unbekannter Dichter fasste um das Jahr 1200 verschiedene ältere → Sagen zu einer großen Verserzählung (→ Epos) zusammen. Dabei versuchte er die älteren Sagen zu einem ritterlich-höfischen Heldenepos umzugestalten.*
*Siegfried, der Königssohn aus Xanten am Niederrhein, hat als Drachentöter, Besitzer der Tarnkappe und des unermesslichen Nibelungenschatzes Ruhm erlangt. Er trifft jetzt mit seinen Gefährten am Hof von Worms ein, wo der Burgundenkönig Gunther mit seinen Brüdern Gernot und Giselher und seiner Schwester Kriemhild lebt. Die Nachricht von der schönen Königstochter Kriemhild war bis nach Xanten gedrungen, und Siegfried hat beschlossen um sie zu werben.*

Nach sieben Tagen ritt Siegfried mit seiner Schar in Worms ein und sie lenkten ihre Pferde zur Königsburg. Staunend lief das Volk zusammen, denn so stolze Helden hatte man dort noch nie gesehen. Unterdessen war Gunther die Ankunft der Recken↑ gemeldet worden. Gern hätte er Namen und Herkunft der Fremden gewusst, aber niemand konnte sie ihm sagen.
„Sendet nach Hagen von Tronje, meinem Oheim↑", sprach Ortwin von Metz zum König, „er ist in vielen Ländern gewesen. Gewiss wird er auch die Namen dieser fremden Recken kennen."
Rasch wurde Hagen herbeigerufen, und als er hörte, was der König von ihm begehrte, trat er ans Fenster und musterte Siegfried und seine Mannen unten im Burghof. Dann drehte er sich um und sagte zu Gunther:
„Noch nie begegnete ich diesen Recken,

der Oheim: *der Onkel*

der Recke: *ein Held (in der germanischen Sage)*

doch müssen sie entweder selbst Fürsten sein oder doch wenigstens Fürstenboten, so kostbar sind ihre Kleider, so schön ihre Pferde. Zwar habe ich Siegfried von Niederland nie gesehen, doch wenn ich jenen Helden dort anschaue, der so stolz inmitten der anderen steht, so möchte ich wohl glauben, dass er Siegfried ist. Und wenn Ihr meinen Rat hören wollt, so empfangt ihn mit allen Ehren, denn viele Heldentaten hat er schon vollbracht, den Lindwurm↑ getötet und den Nibelungenhort↑ erobert. Und es ist immer gut, einen so starken Helden zum Freund zu haben.“

*der Lindwurm: in der Sage der Drache*

*der Nibelungenhort: ein großer Goldschatz, den Siegfried vom Zwerg Alberich im Kampf erbeutet hat*

„Das ist wahr“, entgegnete Gunther, „lasst uns deshalb Siegfried bis in den Hof entgegengehen.“

„Einen so ehrenvollen Empfang dürft Ihr ihm wohl gewähren“, sprach Hagen. „Siegfried ist ein Königssohn aus edelstem Geschlecht. Und gewiss ist es nichts Geringes, was ihn ins Burgundenland führt.“

Also ging König Gunther, begleitet von seinen Brüdern und allen seinen Getreuen, hinab in den Hof um den Gast willkommen zu heißen.

Nachdem Siegfried für den ehrenvollen Empfang gedankt hatte, begann König Gunther: „Gern hätte ich erfahren, was Euch nach Worms geführt hat.“

Das will ich Euch sagen“, sprach Siegfried. „Daheim hörte ich immer wieder erzählen, dass in Eurem Lande die stärksten Recken zu finden wären und dass Ihr selbst kühner seid als alle Könige. Ob das wahr ist, will ich jetzt erproben. Auch auf mich wartet eine Königskrone. Aber ich will mir mein Königreich lieber mit dem Schwert erobern. Ich bin entschlossen mit Euch zu kämpfen, König Gunther, um mir das Burgundenland untertan zu machen.“ Sprachlos standen Gunthers Recken, als sie diese freche Herausforderung hörten, und Zorn blitzte in ihren Augen. Noch aber fragte der König ruhig: „Wie käme ich dazu, das Land aufs Spiel zu setzen, das schon mein Vater besaß?“

„Wenn Ihr stark genug seid mich zu besiegen, dann soll mir Euer Land gehören. Siegt Ihr aber, so will ich Euch mein Erbe überlassen.“ Und er wiederholte noch einmal: „Der Sieger soll König werden über Xanten und Burgund.“

Doch Gernot widersetzte sich solcher Rede: „Wir haben nicht die Absicht unser Land zu vergrößern, wenn deshalb ein Held sterben müsste.“

Ortwin von Metz aber gefiel diese friedliche Antwort wenig. „Siegfried hat Euch ohne Grund zum Kampf herausgefordert! Was gibt es da noch zu reden! Glaubt mir, ich würde mich ihm ganz allein entgegenwerfen und ihm seine Überheblichkeit heimzahlen, selbst wenn er mit einem ganzen Heer gezogen käme.“

„Wage es nicht, die Hand gegen mich zu erheben“, versetzte Siegfried scharf. „Du vergisst, dass ich ein König bin, du aber nur ein Lehensmann↑. Zwölf Männer deinesgleichen können im Kampf gegen mich nicht bestehen.“

*der Lehensmann: jemand, der (im Mittelalter) von einem Herrscher Land oder Amt erhielt und dafür diesem Herrscher gegenüber zu Dienst verpflichtet war*

Diese Worte reizten Ortwin noch mehr, und voller Wut rief er nach seinem Schwert, doch Gernot fiel ihm in den Arm und sprach beschwichtigend auf ihn ein.

„Siegfried hat nichts getan, was wir nicht in Ehren schlichten könnten. Es wäre besser, wir gewännen ihn zum Freund.“

Dann verbot er allen Recken Siegfried weiterhin zu reizen, und an Siegfried gewandt fuhr er fort: „Was nützt uns ein Streit? Sicher fänden viele Helden den Tod, aber das brächte uns wenig Ehre und Euch wenig Gewinn. Deshalb heiße ich Euch und Eure Mannen nochmals willkommen in unserem Land.“

Auch Siegfried besann sich und der Gedanke an Kriemhild, um derentwillen er nach Worms gekommen war, verscheuchte seinen Zorn. So wurde der Frieden wiederhergestellt.
Bald war Siegfried am Hofe König Gunthers ein gern gesehener Gast, und wenn die Könige und die Recken im Kampfspiel ihre Kräfte maßen, übertraf er sie alle, ob sie nun den Stein

warfen oder den Speer schossen. Doch so gastfreundlich man ihm auch begegnete, nie bekam er Kriemhild zu Gesicht. Sie jedoch hatte Siegfried längst gesehen, denn seit er sich mit den anderen im Burghof im Waffenspiel übte, saß sie oft stundenlang am Fenster und schaute zu. Keine andere Kurzweil konnte sie seit dieser Zeit mehr verlocken.

Abbildung aus der Manessischen Handschrift (14. Jh.; vgl. S. 107)

1. Das Begrüßungsgespräch zwischen Siegfried und den Burgunden hätte beinahe im Kampf geendet.
   Versucht dieses Gespräch mit verteilten Rollen so vorzulesen oder zu spielen, dass deutlich wird, wieso es beinahe zum Kampf kommt.
   Wodurch nimmt das Gespräch dann doch noch ein versöhnliches Ende?
   Macht euch zu den einzelnen Personen Notizen: Wie verhalten sie sich im Gespräch? Tragen sie zur Verschärfung oder zur Beilegung des Konflikts bei? Welche Absichten verfolgen sie beim Reden? Wie sprechen sie wohl (Lautstärke, Redetempo usw.)?
2. „Siegfried in Worms“ ist nur ein Ereignis aus den 39 Kapiteln (Aventiuren) des Nibelungenliedes. Welche anderen Abenteuer daraus kennt ihr? Wer kann sie erzählen oder vorlesen?
3. Die mittelhochdeutsche Sprache, in der das Nibelungenlied aufgeschrieben wurde, können wir heute nicht mehr ohne weiteres verstehen. Mit diesen Versen fängt das Nibelungenlied an:

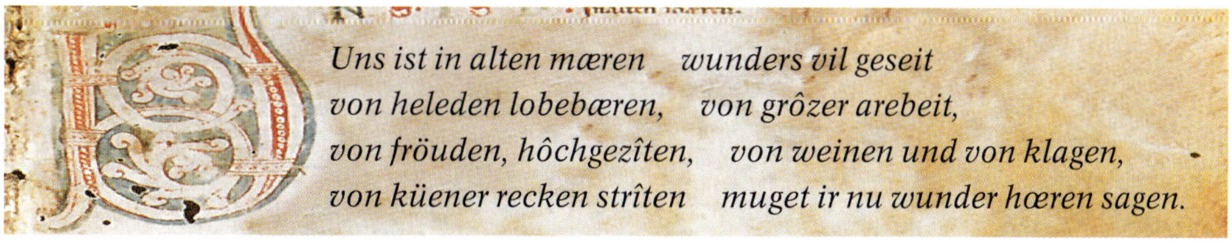


Viele Wörter sehen zwar wie unsere Wörter aus, sie meinen aber nicht immer dasselbe und sie werden auch anders ausgesprochen. Das Zeichen ˆ bedeutet, dass man den Laut lang sprechen muss. Alle einfachen Vokale ohne dieses Zeichen werden ganz kurz gesprochen.

*mære:* Bericht, Geschichte (gesprochen: märe)
*geseit:* gesagt, berichtet (gesprochen: gesäit)
*lobebæren:* ruhmwürdig (gesprochen: lobbebären)
*arebeit:* Mühsal, Kampf (gesprochen: arrebäit)
*hôchgezît:* Fest
*recke:* Held
*mugen:* können (gesprochen: muggen)
*vil:* viel (gesprochen: vill)
*sagen:* sagen (gesprochen: saggen)

Versucht die Verse laut zu lesen.

*Wolfram von Eschenbach*

## **aus: Parzival,** *nacherzählt von Auguste Lechner*

*Das mittelhochdeutsche → höfische Epos „Parzival" des Wolfram von Eschenbach, der ungefähr von 1170 bis 1220 lebte, gehört zu den Dichtungen um den sagenumwobenen keltischen König Artus. Die Aufnahme in die Tafelrunde dieses Königs bedeutete für einen Ritter die höchste Ehre und Auszeichnung. So muss auch der junge Parzival viele Abenteuer und Prüfungen bestehen, bis er dieses Ziel erreicht.*
*Auf seinem Weg zum Artushof kommt Parzival zur Burg des ehrwürdigen Ritters Gurnemanz, der ihm wichtige Lehren erteilt.*

Zur Abbildung: Der Ritterschlag war die wichtigste Zeremonie bei der Erhebung in den Ritterstand.

[…] Herr Gurnemanz hörte ihn schweigend an, bis er zu Ende war.
Dann schüttelte er langsam den Kopf. „Ein eisernes Gewand macht noch keinen Ritter: Willst du wirklich einer sein, so wirst du vieles lernen müssen. Bleibe hier bei mir, ich will gerne dein Lehrmeister sein, und wenn du eines Tages wieder fortreitest, wird kein König mehr einen Tadel an dir finden. Das verspreche ich dir."
So kam Parzival zu Herrn Gurnemanz.
Er blieb drei Jahre auf Burg Graharz und der Burgherr unterwies ihn mit den anderen Knappen in höfischen Sitten, in ritterlichen Spielen und im ernsten Kampfe. Er lehrte ihn aber auch die Pflichten seines Standes und viel Weisheit für das Leben.
„Nur der ist würdig ein Ritter zu heißen", sagte er, „der in allen Dingen das rechte Maß zu halten weiß. Sei kühn, doch sei kein Wagehals: denn das ist die Art unreifer Knaben. Greife nie einen Schwächeren an und gewähre dem Besiegten Gnade ohne ihn zu demütigen. Geiz würde dir zur Schande gereichen, aber du sollst auch kein Verschwender sein, wenn du zu Reichtum gelangst. Begegnest du geringeren Leuten, so sei freundlich und nicht hochmütig gegen sie, dann werden sie dich ehren. Mit liederlichem Volk aber sollst du dich nicht gemein machen; denn du würdest dem Ansehen der Ritterschaft schaden und deinem eigenen. Zeige niemals Neugier, wenn du etwas siehst, was du nicht begreifst, und stelle keine Fragen, sonst wird man dich für unhöfisch halten. Stehe den Unterdrückten und Verfolgten stets bei: Das wird deinen Ruhm mehren. Diene den Frauen, die deines Dienstes wert sind, doch werde nie ihr Knecht."
Diese und viele andere Lehren gab ihm der alte Ritter. Und als die drei Jahre um waren, zog Parzival abermals fort in die Welt. Er trug den Kopf sehr hoch, als er zum Tore von Graharz hinausritt, und meinte, ja, nun sei er wohl gerüstet gegen alles, was ihm auch begegnen möge.
Aber Herr Gurnemanz, der Ritter ohne Tadel, hatte bei all seinen weisen Lehren eines vergessen und darum bestand Parzival das große Abenteuer nicht, dem er entgegenritt; denn solange die Menschen nicht wissen, dass sie einander lieben müssen, helfen ihnen weder Weisheit noch Kraft oder feine Sitten.
Parzival wusste es nicht, und es musste vieles geschehen, ehe er es lernte. –

1. Worin wird Parzival auf Burg Graharz unterwiesen?
2. Eine wichtige ritterliche Tugend ist die „mâze"↑. Was bedeutet dieser Begriff? Finde die entsprechende Textstelle und zitiere sie.
3. Zähle die Ratschläge auf, die Parzival von Ritter Gurnemanz erhält. Welche dieser Ratschläge hältst du auch heute noch für sinnvoll? Begründe.
4. Der Textausschnitt endet mit dem Hinweis, dass Ritter Gurnemanz in seinem Bemühen, Parzival zu einem vorbildlichen Ritter zu erziehen, eine wichtige Lehre vergessen hat. Formuliere diese Lehre mit deinen Worten.

mâze: *z wird wie ß gesprochen*

**Lesehinweis** Wenn dich diese Andeutung neugierig gemacht hat, dann leihe dir das Buch von Auguste Lechner (oder eine andere Nacherzählung) aus und lies nach, was Parzival auf der Gralsburg erlebt und wie er über sein ursprüngliches Ziel, in die Artusrunde aufgenommen zu werden, hinausgelangt und schließlich sogar zum Gralskönig wird. Noch ein Tipp: Es gibt aus unserer Zeit viele Bücher (sogar Kriminalromane!) und auch Filme, die im Mittelalter spielen. Informiert euch in der Bibliothek oder über das Internet und besorgt euch eines der Bücher oder einen Videofilm. (Vielleicht eignet sich eine Szene zum Nachspielen!)

*Der **Minnesang**↑ ist eine Form der → Lyrik, die an den Höfen des Adels vorgetragen wurde. (Die Melodien der → Lieder sind nicht überliefert, nur die Texte.) Die Minnesänger sprachen in ihren Liedern eine hoch gestellte Dame („frouwe"↑) an, in deren Dienst sie sich stellten, die ihnen aber unerreichbar blieb. Diese so genannte „hohe Minne" stellte ein Minne-Ideal für die höfische Gesellschaft dar. Das Streben nach diesem Ideal sollte erzieherisch wirken, indem es zum Beispiel zu einer Verfeinerung der Sitten beitrug. Das eigene Erleben der Dichter spielte in den Liedern im Allgemeinen eine untergeordnete Rolle.*

die Minne: *im Mittelhochdeutschen die Bezeichnung für Liebe, Zuneigung*

die frouwe *(ou wird au gesprochen): die Herrin, die Gebieterin*

1. Die beiden Texte sind Original und Übersetzung eines frühen Minneliedes. Schau dir den mittelhochdeutschen Text an. Welche Wörter erkennst du wieder?
2. Du kannst den Text auf ein großes Blatt schreiben, etwas dazu malen und es jemandem schenken, den du magst. Du könntest den Text aber auch in ein Poesiealbum schreiben.

*Über das Leben der mittelalterlichen Dichter ist nur wenig überliefert.*
*Der Kürenberger ist der älteste mit Namen bekannte deutsche Minnesänger; er dichtete um 1170. Dietmar von Aist stammte aus einem österreichischen Rittergeschlecht und dichtete um 1140 bis 1150. Walther von der Vogelweide lebte etwa von 1170 bis 1230. Er war wahrscheinlich von niederem Adel und führte lange Jahre das Leben eines fahrenden Sängers, immer angewiesen auf die Gunst seiner Auftraggeber und Zuhörer.*

## Der von Kürenberg

‚Ich zôch mir einen valken  mêre danne ein jâr.
dô ich in gezamete  als ich in wolte hân
und ich im sîn gevidere  mit golde wol bewant↑
er huop sich ûf vil hôhe  und floug in anderiu lant.

Sît sach ich den valken  schône fliegen:
er fuorte an sînem fuoze  sîdîne riemen↑,
und was im sîn gevidere  alrôt guldîn.
got sende si zesamene  die gerne geliep wellen sîn!‘

bewinden: *umwinden; hier: mit Goldfäden durchflechten*

rieme: *Riemen, Band*

‚Ich zog mir einen Falken länger als ein Jahr.
Als ich ihn gezähmt, wie ich ihn haben wollte,
und sein Gefieder mit Gold geschmückt hatte,
hob er sich hoch auf und flog davon.

Seither sah ich den Falken schön fliegen:
Er führte an seinem Fuß seidene Fesseln
und sein Gefieder war ganz rotgolden.
Gott sende sie zusammen, die einander gerne lieb haben wollen.‘

(übertragen von *Max Wehrli*)

1. Vergleiche den Originaltext mit der Übersetzung. – Stelle die mittelhochdeutschen und die entsprechenden neuhochdeutschen Wörter, die zwar ähnlich aussehen, sich aber in einigen Punkten deutlich unterscheiden, in einer Tabelle einander gegenüber.
2. Was fällt dir an der Gestaltung der → Verse und der → Strophen in der Originalfassung auf? Vergleiche mit dem Beispiel aus dem Nibelungenlied (S. 103).
3. Wer spricht in diesem Minnelied, ein Mann oder eine Frau?
4. Was bedeutet der Falke? Wofür steht er?

*Die Abbildungen der Minnesänger sind der Manessischen oder Großen Heidelberger Liederhandschrift entnommen, der größten Sammelhandschrift der mittelhochdeutschen Minnedichtung. Sie enthält außer den Liedern 137 ganzseitige Bilder. Benannt ist sie nach dem Züricher Ratsherrn und Liedersammler Rüdiger Manesse und seinem Sohn Johannes. Die Handschrift ist etwa zwischen 1300 und 1340 in Zürich entstanden und befindet sich seit 1888 in der Heidelberger Universitätsbibliothek.*
*(Zur Buchherstellung im Mittelalter vgl. S. 206 f.)*

## Dietmar von Aist

‚Slâfest du, friedel↑ ziere↑?
man weckt uns leider schiere↑:
ein vogellîn sô wol getân
daz ist der linden an daz zwî gegân.‘

‚Ich was vil sanfte entslâfen:
nu rüefestu kint wâfen↑.
liep âne leit mac niht gesîn.
swaz du gebiutst, daz leiste ich,
friundîn mîn.‘

Diu frouwe begunde weinen.
‚du rîtst und lâst mich eine.
wenne wilt du wider her zuo mir?
owê du füerst mîn frölde sament↑ dir!‘

‚Schläfst du, mein schoner Liebster?
Bald wird man uns leider wecken.
Ein Vögelchen, ein wohlgestaltes,
ist auf der Linde Zweig gekommen.‘

‚Ich war sanft eingeschlafen:
nun rufst du, Kind, mich auf!
Lieb ohne Leid, das kann nicht sein.
Was immer du befiehlst, das tu ich,
meine Freundin.‘

Die Frau begann zu weinen.
‚Du reitest und lässt mich allein.
Wann willst du wieder her zu mir?
O weh, du nimmst mein Glück zugleich mit dir!‘

(übertragen von *Max Wehrli*)

friedel: *Geliebte/r*
ziere: *schön, prächtig*
schiere: *bald*
wâfen: *wehe! (als Ausruf)*
sament: *mit, zusammen mit*

1. Vergleiche auch hier den Originaltext mit der Übersetzung. Ergänze deine Tabelle.
2. Du wirst bemerkt haben, dass sich die Vokale am stärksten verändert haben.
   Wichtige Änderungen vom Mittelhochdeutschen zum Neuhochdeutschen sind:
   - Die langen Volkale î, iu (gesprochen: langes ü), û werden zu den Doppellauten ei, eu, au;
     Beispiel: mîn niuwez hûs – mein neues Haus.
   - Die Doppellaute ie (gesprochen: i+e), üe, uo werden zu den einfachen langen Vokalen ie, ü, u;
     Beispiel: lieber müeder bruoder – lieber müder Bruder.

   Überprüfe diese Regeln an den beiden Liedern und an deiner Worttabelle.
   Welche Beispiele findest du?
3. Wer spricht in dem Lied von Dietmar? Ordne die Aussagen dem jeweiligen Sprecher zu.
4. Versucht die mittelhochdeutsche Fassung des Liedes mit verteilten Rollen vorzulesen.
5. Bildbetrachtung: Suche dir eines der beiden Bilder aus und beschreibe, was du darauf siehst.

## Walther von der Vogelweide

Herzeliebez frouwelîn,
got gebe dir hiute und iemer guot!
Kund ich baz↑ gedenken dîn,
des hete ich willeclîchen muot.
Waz mac ich dir sagen mê,
wan daz dir nieman holder ist? owê, dâ von ist mir vil wê.

Sie verwîzent mir daz ich
ze nidere wende mînen sanc.
Daz si niht versinnent sich
waz liebe sî, des haben undanc↑!
Sie getraf diu liebe nie,
die nâch dem guote↑ und nâch der schœne↑ minnent, wê wie minnent die?

Bî der schœne ist dicke↑ haz↑;
zer schœne niemen sî ze gâch↑.
Liebe tuot dem herzen baz:
der liebe gêt diu schœne nâch.
Liebe machet schœne wîp:
des mac diu schœne niht getuon, si machet niemer lieben lîp.

Ich vertrage als ich vertruoc
und als ich iemer wil vertragen.
Dû bist schœne und hâst genuoc:
waz mugen si mir dâ von sagen?
Swaz si sagen, ich bin dir holt,
und nim dîn glesîn vingerlîn für einer küneginne golt.

Hâst dû triuwe und stætekeit,
sô bin ich des ân angest gar
Daz mir iemer herzeleit
mit dînem willen widervar.
Hâst aber dû der zweier niht,
so müezest dû mîn niemer werden. owê danne, ob daz geschiht!

baz: *besser*

haben undanc: *mögen sie Undank haben! (eine Verwünschung)*

guot: *Besitz*

schœne: *Schönheit*

dicke: *oft*

haz: *Hass*

gâch sîn: *mit Ungestüm streben*

1. Wen spricht Walther in diesem Lied an? Wie wirkt diese Anrede?
2. Wer sind „sie“ (Zeile 7), d. h. diejenigen, die ihm Vorwürfe machen? – Welche Vorwürfe sind das?
3. Was verstehen „sie“ unter Schönheit und Reichtum, was versteht Walther darunter? Untersuche, wie er argumentiert.
4. Welche Eigenschaften sind für Walther wichtig? Nenne sie.

Meine geliebte kleine Herrin,
Gott behüte dich heute und immer!
Könnte ich schöner meine Wünsche ausdrücken –
ich tät es wahrlich gern.
Was aber kann ich dir mehr sagen
als dass dich niemand lieber haben kann? Ach das macht mir manchen Kummer.

Sie werfen mir vor, dass ich
an niedrig Geborne richte meinen Sang.
Dass sie nicht begreifen
was wirkliche Liebe ist – dafür sollen sie verwünscht sein!
Nie hat wahre Liebe sie getroffen,
die nach dem Grad von Reichtum und Schönheit entflammt werden, – ach was für eine Liebe ist das?

Hinter äußerer Schönheit verbirgt sich oft ein böses Herz.
Solcher Schönheit laufe niemand eilig nach.
Ein liebes Herz steht so viel höher,
und hinter ihm geht die Schönheit.
Ein liebes und liebendes Herz macht die Frau schön;
dergleichen kann die Schönheit nicht vollbringen: Sie macht das Herz nicht gut.

Ich trage ihren Vorwurf wie ich ihn immer getragen habe
und ihn immer tragen werde.
Du bist schön, und du bist reich –
aber was können sie mir davon schon sagen?
Was immer sie sagen mögen – ich hab dich lieb,
und dein Ring mit dem Glasstein ist mir mehr als der Goldring der Königin.

Wenn du Beständigkeit und Treue hast,
so hab ich keine Sorge davor,
dass meinem Herzen je ein Leid
von deinem Herzen widerfahre.
Hast aber du sie nicht,
dann könntest du mir nie gehören. Ach, wenn es je so kommt …

(übertragen von *Peter Wapnewski*)

5. Wie unterscheidet sich Walthers Minneauffassung in diesem Lied von dem Ideal der „hohen Minne"?
6. Beurteile Walthers Vorstellung von Liebe aus heutiger Sicht. Was gehört für dich zur Liebe? Diskutiert darüber.
7. Moderne Minnesänger: Es gibt Sänger und Musikgruppen, die den Stil und die Vortragsweise der mittelalterlichen Minnesänger nachzugestalten versuchen. Besorgt euch solche Ton- oder Videoaufnahmen und stellt sie in der Klasse vor.

## Barock

*Die Kunst des Barock nahm ihren Anfang in Italien schon im 16. Jahrhundert – in einer Zeit, als bei uns noch Formen der späten Gotik und der Renaissance verbreitet waren. In Deutschland konnte sich der neue Stil erst nach den Leiden des Dreißigjährigen Krieges, der von 1618 bis 1648 dauerte, durchsetzen.*
*Der Begriff „Barock“ ist wahrscheinlich aus dem Portugiesischen abgeleitet: „barroco“ bedeutet dort „unregelmäßig geformte Perle“. So verstanden auch die Künstler und Architekten dieser Zeit ihre neuen Ideen: Alles Bisherige sollte überdacht und verändert, das Gerade geschwungen, das Einfache verziert, das Strenge aufgeheitert werden. So kommt es, dass wir beim Hören des Begriffs „Barock“ stets zuerst an das Schwungvolle, Verschnörkelte, vielleicht sogar Übertriebene denken.*
*Was für Maler, Bildhauer und Architekten gelten mag, ist nicht ohne weiteres auf die Schriftsteller und Dichter jener Zeit zu übertragen. Hier kann man zwei ganz unterschiedliche Strömungen feststellen, wie die folgenden Text- und Bildbeispiele zeigen.*

*Andreas Gryphius*

### Vanitas↑! Vanitatum Vanitas!

Vanitas: *(lat.) Nichtigkeit, leerer Schein, Eitelkeit, Vergeblichkeit*

Die Herrlichkeit der Erden
Muss Rauch und Aschen werden,
Kein Fels, kein Erz kann stehn.
Dies, was uns kann ergötzen,
Was wir für ewig schätzen,
Wird als ein leichter Traum vergehn.

Was sind doch alle Sachen,
Die uns ein Herze machen,
Als schlechte Nichtigkeit?
Was ist des Menschen Leben,
Der immer um muss schweben,
Als eine Fantasie der Zeit?

Der Ruhm, nach dem wir trachten,
Den wir unsterblich achten,
Ist nur ein falscher Wahn.
Sobald der Geist gewichen
Und dieser Mund erblichen,
Fragt keiner, was man hier getan.

[...]

Verlache Welt und Ehre
Furcht, Hoffen, Gunst und Lehre,
Und fleuch den HERREN an,
Der immer König bleibet,
Den keine Zeit vertreibet,
Der einig ewig machen kann.

[...] *(1643)*

*Hans Ulrich Franck:* Krieg (1643/56)

*Martin Opitz*

## Lied

Ach Liebste, lass uns eilen,    Wir haben Zeit↑:
Es schadet das Verweilen    Uns beiderseit.

Der schönen Schönheit Gaben    Fliehn Fuß für Fuß
Dass alles, was wir haben,    Verschwinden muss.

Der Wangen Zier verbleichet,    Das Haar wird greis,
Der Äuglein Feuer weichet,    Die Flamm wird Eis.

Das Mündlein von Korallen    Wird ungestalt.
Die Händ als Schnee verfallen,    Und du wirst alt.

Drum lass uns jetzt genießen    Der Jugend Frucht,
Eh dann wir folgen müssen    Der Jahre Flucht.

Wo du dich selber liebest,    So liebe mich,
Gib mir, dass wann du gibest,    Verlier auch ich.

*(1624)*

Wir haben Zeit *bedeutet hier: es ist der geeignete Zeitpunkt; es ist (höchste) Zeit*

*Bernardo Bellotto:* Das kaiserliche Lustschloss Schönbrunn (Gemälde von 1759)

*Das Zeitalter des Barock war geprägt durch die Herrschaftsform des Absolutismus. Nach dem Ende des 30-jährigen Krieges versuchten mehr und mehr auch die Herrscher in deutschen Landen so zu leben wie Ludwig XIV. (1643–1715) und seine Nachfolger in Frankreich.*
*Der Wunsch, das Leben zu genießen und das auch nach außen hin zu zeigen, führte dazu, dass viele weltliche und auch geistliche Herrscher Kunst und Architektur förderten und dass auf diese Weise zahlreiche Kunst- und Bauwerke entstanden.*
*Auch der einfache Alltagsmensch suchte diese Lebensfreude, schließlich war man froh und dankbar, den Schrecken des langjährigen Krieges entronnen zu sein. Allerdings war in den Gedanken der Menschen die Not dieser furchtbaren Zeit nicht vergessen.*
*In der Dichtkunst spiegeln sich diese verschiedenen und widersprüchlichen Gedankenwelten wider. In den Gedichten von Andreas Gryphius und Martin Opitz (S. 110/111) ist dieser Gegensatz von Lebensgenuss und Todesgewissheit erkennbar.*

1. Lies in den beiden → Gedichten nach: Welches Gedankengut haben sie gemeinsam?
2. Die beiden Dichter ziehen in ihren Versen aber sehr unterschiedliche Schlussfolgerungen. Beschreibe und begründe sie.

*Friedrich von Logau*

## Des Krieges Buchstaben

**K**ummer, der das Mark verzehret,
**R**aub, der Hab und Gut verheeret,
**J**ammer, der den Sinn verkehret,
**E**lend, das den Leib beschweret,
**G**rausamkeit, die Unrecht lehret –
sind die Frucht, die Krieg gewähret. *(1654)*

1. Friedrich von Logau hat in seinem Leben die Schrecken des 30-jährigen Krieges 1618–1648 selbst miterlebt.
   Überlegt und diskutiert, ob die Aussage dieses Gedichtes auch in unserer Zeit noch gilt.
2. Wie gestaltet der Autor seinen Text?
   Beachte dazu auch die Überschrift und bestimmte Signalwörter. Welche Wirkung erzielt er dadurch?
3. Gestalte den Text neu, zum Beispiel als Plakat oder Aufruf gegen den Krieg.
   Setze Farben, Schriftart und Schriftgröße als Gestaltungsmittel ein. (Dazu kannst du den Computer verwenden.)
4. Schreibe ein vom Aufbau her ähnliches Gedicht. Stichwörter könnten sein:
   FRIEDEN, HARMONIE, VERNUNFT, …

## Andreas Gryphius

*Andreas Gryphius (1616–1664) war der bedeutendste und vielseitigste Dichter des Barock. Der Dreißigjährige Krieg beeinflusste sein Leben und sein Werk. So kommt in vielen seiner Gedichte die durch die Kriegsereignisse geprägte Erfahrung der Nichtigkeit und Vergänglichkeit alles Irdischen zum Ausdruck (vgl. auch S. 110).*

*Andreas Gryphius*

### Tränen des Vaterlandes, anno 1636

Wir sind doch nunmehr ganz, ja mehr denn ganz verheeret!
Der frechen Völker Schar, die rasende Posaun,
Das vom Blut fette Schwert, die donnernde Kartaun↑
Hat aller Schweiß und Fleiß und Vorrat aufgezehret.

Die Türme stehn in Glut, die Kirch ist umgekehret,
Das Rathaus liegt im Graus↑, die Starken sind zerhaun,
Die Jungfraun sind geschänd't, und wo wir hin nur schaun,
Ist Feuer, Pest und Tod, der Herz und Geist durchfähret.

Hier durch die Schanz↑ und Stadt rinnt allzeit frisches Blut.
Dreimal sind schon sechs Jahr, als unser Ströme Flut
Von Leichen fast verstopft, sich langsam fort gedrungen.

Doch schweig ich noch von dem, was ärger als der Tod,
Was grimmer denn die Pest und Glut und Hungersnot,
Dass auch der Seelen Schatz↑ so vielen abgezwungen. *(1637/1663)*

die Kartaune: *schweres Geschütz*

Graus: *hier in der Bedeutung von Staub, Schutt; vgl. Grus*

die Schanze: *eine Verteidigungsanlage*

der Schatz der Seele: *gemeint ist der christliche Glaube*

1. Wie beschreibt Gryphius den Krieg? Nenne Einzelheiten.
2. Untersuche, wie die Sätze in den Versen 1–8 gebaut sind. Welche Wirkung ergibt sich dadurch?
3. Erkläre, wieso sich die letzte Strophe von den vorhergehenden unterscheidet. Beachte das einleitende Wort „doch".
4. Lies bei den Fachbegriffen nach, was man unter einem → Sonett versteht.
   Prüfe, ob die dort genannten Merkmale auf dieses Gedicht zutreffen.
5. Auf der nächsten Seite ist ein Gedicht in der zur Zeit des Barocks üblichen Frakturschrift abgedruckt.
   Decke die „übersetzte" Fassung ab und versuche das Gedicht in der alten Schrift zu lesen.
6. Vergleiche die beiden Fassungen des Gedichtes. Wie hat sich die Schreibweise verändert?
   Schreibe besonders auffällige Beispiele heraus.

*Andreas Gryphius*

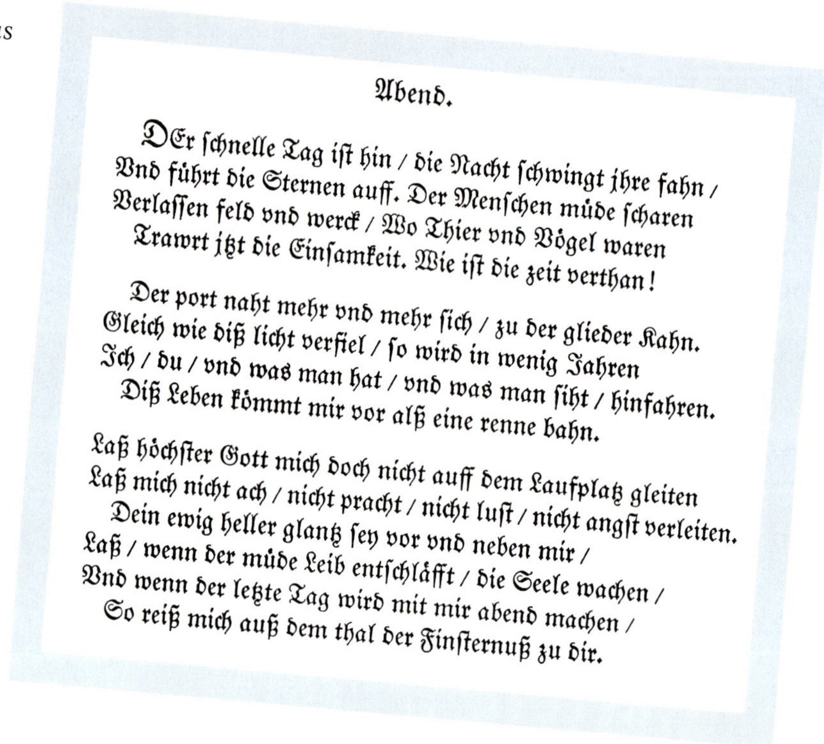

Abend.

DEr schnelle Tag ist hin / die Nacht schwingt jhre fahn /
Vnd führt die Sternen auff. Der Menschen müde scharen
Verlassen feld vnd werck / Wo Thier vnd Vögel waren
Trawrt jtzt die Einsamkeit. Wie ist die zeit verthan!

Der port naht mehr vnd mehr sich / zu der glieder Kahn.
Gleich wie diß licht verfiel / so wird in wenig Jahren
Ich / du / vnd was man hat / vnd was man siht / hinfahren.
Diß Leben kömmt mir vor alß eine renne bahn.

Laß höchster Gott mich doch nicht auff dem Laufplatz gleiten
Laß mich nicht ach / nicht pracht / nicht lust / nicht angst verleiten.
Dein ewig heller glantz sey vor vnd neben mir /
Laß / wenn der müde Leib entschläfft / die Seele wachen /
Vnd wenn der letzte Tag wird mit mir abend machen /
So reiß mich auß dem thal der Finsternuß zu dir.

## Abend

Der schnelle Tag ist hin, die Nacht schwingt ihre Fahn
Und führt die Sternen auf. Der Menschen müde Scharen
Verlassen Feld und Werk; wo Tier und Vögel waren
Traurt itzt↑ die Einsamkeit. Wie ist die Zeit vertan!

itzt: *jetzt*

Der Port↑ naht mehr und mehr sich zu der Glieder Kahn.
Gleich wie dies Licht verfiel, so wird in wenig Jahren
Ich, du, und was man hat und was man sieht, hinfahren.
Dies Leben kommt mir vor als eine Rennebahn.

der Port: *der Hafen*

Lass, höchster Gott, mich doch nicht auf dem Laufplatz gleiten!
Lass mich nicht Ach, nicht Pracht, nicht Lust, nicht Angst verleiten!
Dein ewig heller Glanz sei vor und neben mir!
Lass, wenn der müde Leib entschläft, die Seele wachen,
Und wenn der letzte Tag wird mit mir Abend machen,
So reiß mich aus dem Tal der Finsternis zu dir! *(1650/1663)*

7. Was wird in den ersten beiden Strophen des Gedichtes geschildert?
8. Wie ändert sich die Stimmung in der letzten Strophe? Beachte auch die Verbformen. Als was kann man diese Strophe bezeichnen?
9. Vergleiche die beiden Sonette von Gryphius. Worin unterscheiden sie sich inhaltlich?

*Georg Greflinger*

## An seine Gesellschaft

Lasset uns scherzen,
Blühende Herzen,
Lasset uns lieben
Ohne Verschieben!
Lauten und Geigen
Sollen nicht schweigen,
Kommet zum Tanze,
Pflücket vom Kranze!

Drücket die Hände,
Retschet↑ zum Ende,
Gebet euch Küsse,
Tretet die Füße!
Machet euch fröhlich,
Machet euch ehlich↑,
Lasset die Narren
Länger verharren!

Ehlich zu werden
Dienet der Erden,
Ledige Leute
Mangeln der Freude.
Jeder muss sterben,
Machet euch Erben
Euerem Gute,
Namen und Blute.

Lasset der Grauen
Murren und Schauen!
Raten und Wissen
Wenig ersprießen.
Eben sie selber
Waren auch Kälber.
Blühende Herzen,
Lasset uns scherzen! *(1651)*

retschen: *schwätzen, plaudern*

sich eh(e)lich machen: *heiraten*

1. Das Gedicht von Georg Greflinger (er lebte um 1620–1677) war wahrscheinlich ein Tanzlied. Suche im Text die Stelle, die darauf hinweist.
2. Belege mit Textstellen, dass aber auch in diesem fröhlich klingenden → Lied das barocke Lebensgefühl, nämlich das Nebeneinander von Lebensfreude und Todesgewissheit, zum Ausdruck kommt.
3. Untersuche die äußere Form des Liedes:
   Welche → Reimart erkennst du? Wie sind die Sätze und die → Strophen gebaut?
   Wie unterstützen das → Metrum und der → Rhythmus den Charakter des Tanzliedes?
4. Bei welcher Gelegenheit könnte dieses Tanzlied gesungen worden sein?

**Projektvorschlag: Spuren des Barock in unserer Zeit**

Ihr habt jetzt einige Dichter und Texte aus der Barockzeit kennen gelernt. Vielleicht interessiert es euch, mehr über diese → Epoche zu erfahren. Mögliche Informationsquellen: Lexika, Literaturgeschichten, Geschichtsbücher, Bildbände, das Internet.

- Welche Barockdichter sind heute noch bekannt (z. B. als Verfasser von Kirchenliedern)?
- Zum 30-jährigen Krieg könnt ihr den Abschnitt „Geschichte suchen“ (S. 153) hier einbeziehen.
- Gibt es in eurer Gegend ein barockes Bauwerk (z. B. eine Kirche, ein Schloss) oder einen Barockgarten? – Fertigt davon eine Foto- oder Diaserie an.
- Kennt ihr Komponisten und Musik aus der Barockzeit?
  Nehmt Musikbeispiele auf oder besorgt euch Kassetten oder CDs.

Erarbeitet aus eurem Material eine Dokumentation zur Barockzeit und stellt sie auf einem Elternabend oder Schulfest vor.

# Kunstvolle Natur

*Georg Heym*

## April

Das erste Grün der Saat, von Regen feucht,
zieht weit sich hin an niedrer Hügel Flucht.
Zwei große Krähen flattern aufgescheucht
zu braunem Dorngebüsch in grüner Schlucht.

Wie auf der stillen See ein Wölkchen steht,
so ruhn die Berge hinten in dem Blau,
auf die ein feiner Regen niedergeht,
wie Silberschleier, dünn und zitternd grau.

1. Sicher weißt du von den Gesprächen über das Wetter, dass man oft vom „launischen April" spricht. Was verstehst du darunter?
2. Der April zählt zur Jahreszeit des Frühlings. Er ist ein Übergang von der grauen, eher farblosen Zeit des Winters in das bunte Blühen der Natur. Auch hierzu gibt der Dichter behutsame Hinweise – lies dazu den ersten Vers besonders aufmerksam!
3. Um die Stimmung und das Erscheinungsbild der Natur zu beschreiben, verwendet der Dichter zahlreiche Adjektive. Schreibe das → Gedicht in schöner Schrift oder mit dem Computer ab und kennzeichne diese Wörter mit passenden Farben. Male ein Stimmungsbild dazu.
4. Sammelt Bilder, Fotografien, … zum Frühjahr und stellt sie in einer Collage zusammen.

*Ludwig Uhland*

## Lob des Frühlings

Saatengrün, Veilchenduft,
Lerchenwirbel, Amselschlag,
Sonnenregen, linde Luft!
Wenn ich solche Worte singe,
braucht es dann noch große Dinge
dich zu preisen, Frühlingstag?

*Lu Yu*

## Mücken, Wasserjungfer, Spinne

Die Mücken, zarteste Wesen,
Kennen die Zeit,
Weissagen den Frühlingswind,
Der den Regen zerreißt.

Libellen, die Luft erfüllend,
Wissen es nicht,
Einmal ausgeflogen
Haben sie keine Stunde der Rückkehr.

Fröhliche Wasserjungfer,
Auf und nieder schwebend,
Noch sind Mücken genug dir zur Beute,
Der Hunger kümmert dich nicht.

Die Spinne am Dachrand vorn,
Sie wartet deiner.
Fäden speiend webt sie ihr Netz,
Ihr Bauch gleicht der Pauke.

*(aus China)*

*Georg Britting*

## Fröhlicher Regen

Wie der Regen tropft, Regen tropft,
an die Scheiben klopft!
Jeder Strauch ist nass bezopft.

Wie der Regen springt!
In den Blättern singt
eine Silberuhr.
Durch das Gras hin läuft,
wie eine Schneckenspur,
ein Streifen weiß beträuft.

Das stürmische Wasser schießt
in die Regentonne,
dass die überfließt,
und in breitem Schwall
auf den Weg bekiest
stürzt Fall um Fall.

Und der Regenriese,
der Blauhimmelhasser,
Silbertropfenprasser,
niesend fasst er in der Bäume Mähnen,
lustvoll schnaubend in dem herrlich vielen Wasser.

Und er lacht mit fröhlich weißen Zähnen
und mit kugelrunden, nassen Freudentränen.

1. Hast du Regen schon einmal als angenehm empfunden?
   Gibt es Menschen, die sich nach Regen sehnen und sich freuen, wenn es regnet?
2. Der Regen tritt wie eine Person auf. Gib ihm in jeder Strophe einen eigenen Namen und zeichne ein Bild dazu.
3. Georg Britting hat in seinem Gedicht neue Wörter erfunden: „Regenriese", „Blauhimmelhasser", „Silbertropfenprasser". Erkläre sie.
4. Denke dir auch für andere Wetterelemente ähnliche Begriffe aus, z. B.:
   Schnee: „Watteweißmacher", „Rieselschneestreuer" usw.
   Gewitter: ??? – deine Fantasie ist gefragt.

*Karl Krolow*

## Kurzes Unwetter

Die Wolkenpferde
ins Licht sich stürzen.
Es qualmt die Erde
von starken Würzen.

Die schweren Leiber
den Himmel fegen.
Sturm ist ihr Treiber,
schlägt Staub und Regen

aufs schwarze Wasser.
Die Gräser sausen.
Die Beerenprasser
befällt ein Grausen.

Ahorne biegen
sich in den Lüften.
Wildblumen fliegen
mit fremden Düften.

Es fahren Flammen
verzückt im Strauche.
Weg stürzt zusammen.
Mit gelbem Bauche

drehn sich die Blätter
wie angesogen. –
Schon ist das Wetter
vorbeigezogen.

1. Um die Gewalt des Unwetters zu verdeutlichen verwendet der Dichter kräftige, sehr farbige Sprachbilder. Suche diese Sprachbilder heraus und versuche sie zu erklären.
2. Welche Bilder fallen dir ein, wenn du an ein „kurzes Unwetter“ denkst? Zeichne sie.
3. Vergleiche dieses Gedicht mit dem von Georg Britting (S. 118). Stelle Ähnlichkeiten und Unterschiede fest.
4. Schreibe ein eigenes Gedicht zu Regen und Unwetter und gestalte es als Schmuckblatt.

*Carl Orff*

# Am gestrign Tag

Am gestrign Tag,
am gestrign Mittag,
z'Mittag
bin i drobn glegn
im Gartn,
im Baumgartn drobn,
warm,
grad warm is's scho gwen.
Der Auswärts↑ tut kommen,
der lasst si nimmer derhaltn;
der Aperwind↑ geht,
und 'n Schnee,
den hat er mitgnommen;
der letzt,
aus den Schrundn und Ritzn
is allsamm
im Erdreich vergluckert.

der Auswärts: *der kommende Frühling*

aper: *offen, unbefleckt; der Wind, der den Schnee wegschmilzt*

Ganz staad↑ werd der Wasn↑
grün.
Leberblümerl am Hang
äugeln raus
unter den Laubern,
den altn, vergangnen,
frei und fürwitzi
zwischn Windröserln.
Der Zeidelbast,
drunt in der Senkn
is scho ganz glanzig –
Eh' si die andern lang bsinnen,
draußt an der Heckn,
der Nussheckn,
unter den nackerten Staudn
werdn d'Veigerln wach.

staad: *still, unauffällig*

der Wasn = der Wasen: *der Rasen*

Da weiß ma's scho gwiss,
dass 's aus is mitm Wintern,
dass d'Kältn und Zugwind,
Schaudern und Schnee
abgwirtschaft habn.

Und d'Sonnen kommt höcher
und kriegt die recht Kraft;
na langt s' am End nunter,
tief nunter in'n Bodn;
und druntn die Wurzn,
die dickn, altn,
packt's an,
die werdn munter
und schickn an Saft
und 's neu Lebn
nauf in die Gipfln,
dass s' gar nimmer wissn,
wo aus und wo ein,
und 's Grünzeug treibt's raus.

D'Finkn und Meisn habn's wichti,
der Specht schlagt'n Takt
bis der Kuckuck schreit.
Dös is an Aufwachn
ringsum im Land,
ringsumadum,
a fröhliche Urständ,
ein Auferstehn,
ein Auferstehn
aus wintriger Nacht,
von Trübsal und Dunkl
von Schlaf und von Tod.

*(Oberbayerisch)*

1. Lies dir das Gedicht in Ruhe durch. Erzähle, wovon es handelt.
2. Schreibe den Inhalt des Gedichts in einer Sprache auf, die dir vertraut ist.
3. „Übersetze" das Gedicht in deine Mundart und trage es vor.

*Rudolf Hagelstange*

## Sommerliches Gebet

Lass das Korn am Halm sich häufen
und die Frucht im Feld,
lass das Heu der Wiesen reifen,
Herr der Welt!

Baum und Staude sind zur Stelle.
Dass der Früchte Fleisch
deiner Süße überquelle,
sende dein Geheischt.

Nimm das Vieh auf deinen Weiden
unter deine Hut
und die Hirten, die da leiden
in der Mittagsglut.

Lass die Winde leiser wehen
vor der Sonne Bild,
lass den Regen niedergehen,
der die Brunnen füllt.

Führe uns auf jeder Straße
– Wiesenland und Stein –,
aber lass nach deinem Maße
uns zum Heil es sein.

Ohne dessen Plan vom Dache
nicht ein Sperling fällt,
schütze uns vor Ungemache,
Herr der Welt!

Geheisch:
*Der Dichter hat offenbar wegen des Reimes auf „Fleisch" die Wörter „Geheiß" (= Weisung, Befehl) und „heischen" (= fordern, verlangen) kombiniert.*

*Günter Eich*

## Vorsicht

Die Kastanien blühn.
Ich nehme es zur Kenntnis,
äußere mich aber nicht dazu.

1. Rudolf Hagelstange lässt sein Gedicht zum Gebet werden. Doch unterscheiden sich die beiden letzten Strophen inhaltlich von den vorausgehenden Versen. Erkläre den Unterschied.
2. Das Gedicht enthält Bitten, Anrufungen und Feststellungen. Schreibe sie in Form einer Liste heraus.
3. Schreibe selbst Bitten auf. Formuliere deine Hoffnungen und Wünsche für deinen Tag in der Schule, in der Freizeit, in der Familie.
4. Was denkst du über das Gedicht von Günter Eich?
5. Wie unterscheiden sich die Gedichte von Günter Eich und Rudolf Hagelstange? Was fällt dir besonders auf?

*Ostia antica ist eine römische Ruinenstadt an der Mündung des Flusses Tiber. Sie wurde in der zweiten Hälfte des 4. Jahrhunderts v. Chr. als Hafenstadt Roms gegründet. Die Häuser und ihre Raumaufteilung, die Theater, Tempel, Straßen, Plätze und öffentlichen Gebäude sind heute noch gut erkennbar. Tagtäglich begleiten Reiseführer tausende von Besuchern aus aller Welt durch die Ruinenstadt und erklären ihnen römisches Alltagsleben aus der Zeit um Christi Geburt.*

*Marie Luise Kaschnitz*

## Ostia antica

Durch die Tore: niemand
Treppen: fort ins Blau
Auf dem Estrich: Thymian↑
Auf den Tischen: Tau.
Zwiegespräch aus Stille
Tod aus Käferzug
Abendrot im Teller
Asche im Krug.
Asphodeloswiese↑
Fledermäusekreis
Diesseits oder drüben
Wer das weiß – [R]

der Thymian: *ein wohlriechendes Kräutergewürz*

der Asphodelos: *eine Lilie, eine Blumenart*

Bild oben: Eine Garküche in Ostia

Bild unten: Innenhof eines Mietshauses in Ostia, ca. aus dem 2. Jahrhundert n. Chr.

1. Um die Stimmung zu spüren, die das Gedicht ausdrückt, müssten wir heute Ostia antica sehr früh am Morgen oder spät am Abend besuchen, wenn keine plappernden und lärmenden Touristen auf diesem geheimnisvollen Gelände unterwegs sind.
   Welche Stimmung vermittelt das Gedicht dem Leser?
2. Das Gedicht hat eigentlich zwei Anliegen: das eine ist die Erinnerung an die verfallene Römerstadt, das andere das Nachdenken über den Menschen und seine Vergänglichkeit. Sprich deshalb über die beiden letzten Zeilen und deute sie: „Diesseits oder drüben, wer das weiß –“

*Rainer Maria Rilke*

## Herbsttag

Herr: Es ist Zeit. Der Sommer war sehr groß.
Leg deinen Schatten auf die Sonnenuhren,
und auf den Fluren lass die Winde los.

Befiehl den letzten Früchten voll zu sein;
gib ihnen noch zwei südlichere Tage,
dränge sie zur Vollendung hin und jage
die letzte Süße in den schweren Wein.

Wer jetzt kein Haus hat, baut sich keines mehr.
Wer jetzt allein ist, wird es lange bleiben,
wird wachen, lesen, lange Briefe schreiben
und wird in den Alleen hin und her
unruhig wandern, wenn die Blätter treiben.

1. Rainer Maria Rilke (1875–1926), ein in Prag geborener Dichter, gilt als einer der bedeutendsten Lyriker deutscher Sprache. In diesem Gedicht beschreibt er den Herbst. Um seine Sprachkunst zu verstehen, musst du die Wortbilder herausfinden, in denen er diese Jahreszeit beschreibt!
2. Zähle die → Verse der drei → Strophen: Erkennst du darin eine Absicht Rilkes?
3. Im Herbst findet die Natur ihre Vollendung im Jahreslauf. Wie findest du den Ablauf des Herbstes im Gedicht beschrieben? Welche Empfindungen spricht die 3. Strophe an?
4. Schreibe das Gedicht ab und gestalte es mit deinen Zeichnungen. Kennzeichne in jeder Zeile farbig die wesentlichen Wörter und Bilder, die Rilke herausstellen will, z. B.: „*Herr:* Es ist Zeit. Der *Sommer* war sehr *groß* …“ Lies das Gedicht dann betont und sinngestaltend vor.

*Maximilian Krieger*

## A Harwestblättla

An em Harwesttooch früa
in naawlicher Kelt
fellt a Blättla vom Baam,
sah's, wia's grod fellt.

Es is sou lawendi
und scheint's – vouler Frääd;
es torkelt sou lusti,
als kennet's kee Lääd.

Quittagaal is es außa
und inna bluatroat;
es dormelt sou ro,
als – tanztes – nei'n Toad.

Is es noss ner – von Naawi?
Es glitzert sou inna!
I meen – es hat doch aa
a bissla gegrinna.

*(Fränkisch)*

5. Das Gedicht von M. Krieger ist in fränkischer Mundart verfasst und deshalb – wenn du aus einer anderen Sprachlandschaft stammst – nicht ganz leicht verständlich. Erarbeite dir den Text, du wirst sehen, es geht!

*Georg Trakl*

## Im Winter

Der Acker leuchtet weiß und kalt.
Der Himmel ist einsam und ungeheuer.
Dohlen kreisen über dem Weiher
und Jäger steigen nieder vom Wald.

Ein Schweigen in schwarzen Wipfeln wohnt.
Ein Feuerschein huscht aus den Hütten.
Bisweilen schellt sehr fern ein Schlitten
und langsam steigt der graue Mond.

Ein Wild verblutet sanft am Rain
und Raben plätschern in blutigen Gossen.
Das Rohr bebt gelb und aufgeschossen.
Frost, Rauch, ein Schritt im leeren Hain.

1. Georg Trakl hat ein eigentümliches Gedicht über den Winter geschrieben. Es zu verstehen kostet dich Mühe; betrachte deshalb die Worte des Dichters als Herausforderung! Frage dich zuerst: Welche Gemütsstimmung, welche Gefühle verbindet der Dichter mit dieser Jahreszeit?
2. Versuche die Strophen wie drei Bilder eines Malers oder eines Filmdrehbuches zu verstehen. Beschreibe die jeweilige Landschaftsszene mit deinen eigenen Worten.
3. Vielleicht kannst du die Gedanken von Georg Trakl noch besser nachfühlen, wenn du sein Gedicht mit dem von Joseph von Eichendorff vergleichst. Es verwendet zwar ganz andere Wörter und Verse, aber der Sinngehalt ist weitgehend derselbe.
   Lies nach und mach dir deine Gedanken.

*Joseph von Eichendorff*

## Verschneit liegt rings die ganze Welt

Verschneit liegt rings die ganze Welt,
Ich hab nichts, was mich freuet,
Verlassen steht ein Baum im Feld,
Hat längst sein Laub verstreuet.

Der Wind nur geht bei stiller Nacht
Und rüttelt an dem Baume,
Da rührt er seine Wipfel sacht
Und redet wie im Traume.

Er träumt von künftger Frühlingszeit,
Von Grün und Quellenrauschen,
Wo er im neuen Blütenkleid
Zu Gottes Lob wird rauschen.

*Stefan George (1868–1933) gehört zu den Dichtern des „Symbolismus“. Sie zerlegen wirkliche Erscheinungen unserer Welt in rätselhafte, traumhafte, symbolische Bilder. Absicht der Dichter ist es, dass man ihre Verse nicht auf den ersten Blick versteht, sondern sich mit ihnen auseinander setzt, sich mit ihnen beschäftigt.*
*(Das Gedicht ist in der Rechtschreibung und Zeichensetzung abgedruckt, die George für seine Dichtung entwickelt hat; er schreibt z. B. immer ss statt ß.)*

*Stefan George*

## Vogelschau

Weisse schwalben sah ich fliegen ·
Schwalben schnee- und silberweiss ·
Sah sie sich im winde wiegen ·
In dem winde hell und heiss.

Bunte häher sah ich hüpfen ·
Papagei und kolibri
Durch die wunder-bäume schlüpfen
In dem wald der Tusferi.

Grosse raben sah ich flattern ·
Dohlen schwarz und dunkelgrau
Nah am grunde über nattern
Im verzauberten gehau.

Schwalben seh ich wieder fliegen ·
Schnee- und silberweisse schar ·
Wie sie sich im winde wiegen
In dem winde kalt und klar!

1. Lies das Gedicht – du wirst feststellen, dass es vier Bilder malt. Beschreibe sie mit deinen eigenen Worten.
2. Wie soll man diese Bilder erklären? Sie sind auf den ersten Blick sehr rätselhaft. Woher kommt das? Lies noch einmal den einleitenden Absatz zu Stefan George.
3. Was fällt dir zu dem Gedicht ein? Beachte: Drei der → Strophen des Gedichtes verströmen eine positive Grundstimmung, eine Strophe dagegen ist düster und weckt trübe Gedanken.
4. Gedichte gehören zur → **Lyrik.** Erkläre, was diese Bezeichnung bedeutet.
5. Untersuche die → Gedichte in diesem Kapitel. Welche → Reimarten findest du zum Beispiel?

*Christian Morgenstern*

## Die zwei Wurzeln

Zwei Tannenwurzeln groß und alt
Unterhalten sich im Wald.

Was droben in den Wipfeln rauscht,
Das wird hier unten ausgetauscht.

Ein altes Eichhorn sitzt dabei
Und strickt wohl Strümpfe für die zwei.

Der eine sagt: knig. Der andere sagt: knag.
Das ist genug für einen Tag.

1. Beschreibe die Stimmung, die im Wald herrscht.
   Wodurch entsteht diese Stimmung?
2. Schreibe zu diesem Gedicht eine kleine Waldgeschichte, z. B. ein Märchen oder eine Fabel.

*Erich Kästner*

## Die Wälder schweigen

Die Jahreszeiten wandern durch die Wälder.
Man sieht es nicht. Man liest es nur im Blatt.
Die Jahreszeiten strolchen durch die Felder.
Man zählt die Tage. Und man zählt die Gelder.
Man sehnt sich fort aus dem Geschrei der Stadt.

Das Dächermeer schlägt ziegelrote Wellen.
Die Luft ist dick und wie aus grauem Tuch.
Man träumt von Äckern und von Pferdeställen.
Man träumt von grünen Teichen und Forellen.
Und möchte in die Stille zu Besuch.

Die Seele wird vom Pflastertreten krumm.
Mit Bäumen kann man wie mit Brüdern reden
und tauscht bei ihnen seine Seele um.
Die Wälder schweigen. Doch sie sind nicht stumm.
Und wer auch kommen mag, sie trösten jeden.

Man flieht aus den Büros und den Fabriken.
Wohin, ist gleich! Die Erde ist ja rund!
Dort, wo die Gräser wie Bekannte nicken
und wo die Spinnen seidne Strümpfe stricken,
wird man gesund.

1. Die Wälder schweigen und doch kann man mit Bäumen des Waldes reden. Erkläre diesen Gegensatz.
2. Gestalte zu diesem Gedicht ein Plakat! Lies nach, wovon die Rede ist (Wälder, Häuser, Fabriken ...). Setze dann das Gedicht in besonderer Schrift ins Plakat.
3. Wie erlebst du den Wald? Schildere einen Waldspaziergang und vergleiche mit dem Gedicht von Kästner.

WWF:
*World Wide Fund for Nature*

Fünf Millionen Hektar Wald gingen 1997 weltweit in Flammen auf. Dabei verbrannten zigtausende von Tieren, der Lebensraum vieler gefährdeter Arten wurde vernichtet. Nie zuvor wurde innerhalb eines Jahres eine so große Fläche durch meist mutwillig entfachte Brände zerstört. Heiko Liedecker vom WWF↑-Deutschland: **„1997 war für uns ein Jahr, in dem die Erde Feuer fing."**

1. Dieser Text informiert über ein erschreckendes Ausmaß von Waldbränden. Sammelt Zeitungstexte und Bilder, die von unterschiedlichen Arten der Waldzerstörung berichten. Gestaltet in der Klasse eine Plakatwand.
2. Informiert euch über die Ursachen von Waldzerstörung.

## Eine Umweltsch(m)utzgeschichte

der Barras:
*umgangssprachlicher Ausdruck für: Militär*

„Heute machen wir eine Fahrt ins Blaue", verkündet die Mutter, „Vater hat's versprochen." Also alle rein ins Auto: Hasso, der Schäferhund, auf den Rücksitz; dazu August und Caroline und vorne Vater und Mutter. Und in den Kofferraum: drei Kartons mit allerlei Haushaltsdreck, zwei abgefahrene Spikes-Reifen und den alten rosa Plastik-Wäschekorb, von dem beide Griffe abgerissen sind.

Das Blaue – das ist ein Wald in der Nähe der Stadt. Am Waldrand wird Halt gemacht. Die Mutter breitet die Decke aus, ölt sich ein und legt sich in die Sonne. Hasso hat etwas knistern gehört und rast bellend durch die Tannenschonung einem vermeintlichen Hasen nach. Der Vater sucht ein paar Meter waldeinwärts eine Stelle, wo er den Müll loswerden kann. Er tritt das niedrige Gebüsch auseinander und kippt alles hinein: den alten rosa Wäschekorb obenauf. Dann reißt er rechts und links ein paar Zweige ab und deckt den Müllhaufen gut zu. „Tarnung. Das nennt man Tarnung. Hab ich beim Barras↑ gelernt", erklärt er.

Inzwischen haben August und Caroline zwischen Waldrand und Feldrand einen feinen Platz zum Federballspielen gefunden. Nachdem sie das Gras etwas platt getreten haben, spielt es sich da ganz gut. Nur schade, dass das Gras kein Gras, sondern junges Getreide ist.

Vom Schuttabladen ist der Vater müde geworden, vom Sonnenbaden ist die Mutter müde, vom Federballspielen sind die Kinder müde, vom Hasenjagen ist Hasso müde. August schnitzt noch rasch mit seinem scharfen Taschenmesser seinen Namen in einen Baum, dann wandern sie hundertfünfzig Schritte, bis sie zu einer kleinen Lichtung kommen. Sie setzen sich ins Gras und packen ihren Picknickkorb aus. Allen schmeckt es vorzüglich im stillen, grünen, schönen Wald. Sie hören sogar einen Vogel singen.

„Du", sagt der Vater zu August, „renn doch mal zum Auto und schalt das Radio ein, um halb fünf beginnen die Sportreportagen. Aber lass die Tür offen und das Schiebedach und stell das Radio laut genug, dass wir's bis hierher hören! Und, Moment noch: Hier ist der Schlüssel. Lass den Motor laufen, sonst ist gleich die ganze Batterie im Eimer!" – Nun hören sie die Sportreportagen. Den Vogel oben hoch in der Baumspitze, den hören sie natürlich nicht mehr. Ja, und die Blumen, die von den Rändern der Lichtung herüberduften, die riechen sie natürlich auch nicht mehr, seitdem die Auspuffgase die Luft verpesten.

Langsam wird es Abend und sie brechen auf. (Jeder, der später an der Stelle vorbeikommt, wo sie gepicknickt haben, findet ein genaues Inhaltsverzeichnis des Picknickkorbes, er braucht bloß alles anzuschauen, was da im Gras liegt: Käseschachteln, Eierschalen, Zigarettenpackungen, Butterbrotpapier, Wursthaut, Ölsardinenbüchsen und die Zeitung.)

Auf der Heimfahrt halten sie noch einmal an. „Was für ein herrlicher Sonnenuntergang!", sagt die Mutter. Sie steigen auf einen Hügel und schauen weit übers Land. Das Kernkraftwerk ist in weiter Ferne auszumachen. Drüben am Horizont sieht man die hohen Kamine einiger Fabriken qualmend im Abendrot. „Guck mal da, diese Umweltverschmutzer. Stinker, elende! In den Knast sperren müsste man die alle, jawoll", stellt der Vater fest. Dann öffnet er den Kofferraum und sagt: „Ach Gottchen, die Reifen! Die hätte ich bald vergessen!", und rollt mit Schwung die beiden Autoreifen den Abhang hinunter. „Siehste", sagt der Vater, „alles weg!"

*(unbek. Verfasser)*

1. In der Überschrift ist das „m" eingeklammert. Begründe!
2. Der Vater schimpft über die Fabriken und ihre Umweltverschmutzung. Bewerte seine Einstellung.
3. Der Familie gefällt es im Wald. Aber: Hätte sie sich den gleichen Platz am Waldrand auch am nächsten Tag wieder ausgesucht?
4. Sammelt in Zeitschriften, Tageszeitungen, … Meldungen und Berichte über Umweltsünden. Gestaltet eine Wandzeitung und sprecht darüber.

Knigge: *Adolf Freiherr von Knigge (1751–1796) stellte Vorschriften für den höflichen Umgang der Menschen untereinander auf. Seitdem wird eine Sammlung von Vorschriften für gutes Benehmen „Knigge" genannt.*

10 000 DM: *ungefähr 5 000 Euro*

ein Kavaliersdelikt: *eine eigentlich strafbare Handlung, die aber nicht ernst genommen wird*

die Kultur: *hier: Anbaufläche für Pflanzen*

## Kleiner Knigge↑ für Waldfreunde

Der Wald ist eine natürliche Lebensgemeinschaft, in der sich alles geordnet vollzieht, solange sie nicht gewaltsam oder unachtsam gestört wird. Jeder Schritt abseits vom Weg kann der Vegetation Schaden zufügen, das Leben von Kleinwesen zerstören, das Wild ängstigen und es daran hindern, seine Nahrung aufzunehmen. Beherzigen wir im Wald deshalb ein paar ganz selbstverständliche Dinge, die wir anderswo als Gast auch beachten würden:

Auf dem Weg bleiben! Am Wegrand ist die Vegetation am vielfältigsten. Auch das Wild wird nicht so weit weglaufen, wenn es sicher sein kann, dass der Mensch die Wege nicht verlässt.

Hunde an die Leine nehmen! Hunde jagen auf frischer Fährte oder Spur, wenn man sie lässt. Sie beunruhigen in jedem Fall das Wild.

Nicht in Dickungen kriechen. Man beunruhigt das Wild und kann selbst von Zecken befallen werden. Ausdrücklich verboten ist es, Kulturen↑ zu betreten.

Ameisennester nicht zerstören! Waldameisen sind nützlich, denn sie vertilgen schädliche Insekten.

Rauchen und Feuermachen sind Gefahr Nr. 1 für den Wald und deshalb verboten. Grillen ist nur an gekennzeichneten Grillplätzen erlaubt.

Keine Abfälle hinterlassen! Abfälle einfach liegen zu lassen oder Müll im Wald abzuladen kann bis zu 10 000 DM↑ kosten.

Blumen, Pilze, Beeren und Kräuter können für den Privatbedarf gepflückt und gesammelt werden, vorausgesetzt, sie sind nicht geschützt. Schmuckreisig zu schneiden ist nicht zulässig. Auch der „mitgenommene" Christbaum ist kein Kavaliersdelikt↑.

Waldwiesen sind Speisekammern des Wildes. Wer daran denkt, wird keine Decke ausbreiten und damit das Gras niederwalzen. Zelten ist im Wald verboten.

Wer im Wald Lärm macht, wird nie ein Waldtier sehen. Und er stört andere Waldbesucher.

Wer diese einfachen Regeln zum Schutz von Wald, Wild und Pflanzen beachtet, ist im Wald ein gern gesehener Gast.

*L. Norden*

# Waldsatire

**He, der Trimmplatz beginnt erst dort hinten!**

**Was bleibt, ist die Erinnerung . . .**

**Rache der Natur!**

**Es geht doch nichts über saubere Waldluft**

1. Vergleiche die Texte und Bilder und finde gemeinsame Aussagen.
2. Entwirf für die Knigge-Regeln Schilder mit Zeichen (Piktogrammen), die Gebote und Verbote deutlich machen. Vielleicht findest du sogar in deinem Computer eine Datei mit passenden Piktogrammen.

## Vom Urwald zum Kulturwald

die Metropole: *eine Hauptstadt, ein Zentrum*

der Humus: *ein fruchtbarer Bodenbestandteil; als Streu wurde vor allem die Laubschicht verwendet*

die Saline: *ein Salzwerk*

die Köhlerei: *eine Werkstatt zur Gewinnung von Holzkohle*

die Hute, der Hutewald: *ein Waldgebiet, das als Viehweide verwendet wird; abgeleitet vom Verb „hüten"*

Ursprünglich war unser Land von dichtem Wald bedeckt. Hauptsächlich Eichen, Buchen und Fichten wuchsen in ihm. Als die Römer kamen, begannen die Rodungen – und die Kultur.

Die Bevölkerung wuchs stetig an, die Besiedlung des Landes nahm zu. Der Wald lieferte alles, was zum Leben gebraucht wurde. Holz für Wagen, Waffen und Gerätschaften, für Haus- und Schiffsbau, für Salinen↑, Glashütten, Erzschmelzen und Köhlereien↑. Eicheln und Bucheckern bildeten die Grundlage für Viehzucht und Schweinemast. Die so genannten Hutewälder↑ entstanden.

Um 1500 machten sich bereits erste Übernutzungserscheinungen bemerkbar. Holz wurde in der Umgebung der Städte knapp. Bau- und Brennmaterial musste mit Flößen über weite Strecken zu den Metropolen↑ transportiert werden. Rinder, Pferde und Schafe wurden in großen Herden im Wald gehalten, die Humusauflage↑ des Waldbodens als Stallstreu verwendet. Um 1800 ist der Wald in Deutschland übernutzt. Die große Holznot geht um.

Jetzt erkennt man die Möglichkeiten einer geregelten Waldbewirtschaftung. Großflächig werden die zerstörten Wälder wieder aufgeforstet. Es entstehen weiträumige Nadelholzaufforstungen, um die Kahlflächen möglichst schnell zu bewalden und in möglichst kurzer Zeit hohe Erträge zu erzielen. Die heutige moderne Forstwirtschaft baut – wo immer dies möglich ist – gesunde Mischwälder auf, die ökologisch stabil sind und gleichzeitig gute Erträge bringen.

1. Fasse den Inhalt des Textes kurz zusammen.

*In einem Urwald macht totes und vermoderndes Holz bis zu dreißig Prozent der gesamten Biomasse aus. Auf knapp der Hälfte seiner Fläche kann sich der Wald im Nationalpark Bayerischer Wald bislang derart naturgemäß entwickeln. Doch es wird noch mehr als hundert Jahre dauern, bis es annähernd so aussieht wie auf dem nebenstehenden Bild.*

2. Warum werden Nationalparks eingerichtet? Informiert euch und diskutiert darüber.

*Erich Kästner*

## Die Entwicklung der Menschheit

Einst haben die Kerls auf den Bäumen gehockt,
behaart und mit böser Visage↑.
Dann hat man sie aus dem Urwald gelockt
und die Welt asphaltiert und aufgestockt,
bis zur dreißigsten Etage.

Da saßen sie nun, den Flöhen entflohn,
in zentralgeheizten Räumen.
Da sitzen sie nun am Telefon.
Und es herrscht noch genau derselbe Ton
wie seinerzeit auf den Bäumen.

Sie hören weit. Sie sehen fern.
Sie sind mit dem Weltall in Fühlung.
Sie putzen die Zähne. Sie atmen modern.
Die Erde ist ein gebildeter Stern
mit sehr viel Wasserspülung.

Sie schießen die Briefschaften durch ein Rohr↑.
Sie jagen und züchten Mikroben.
Sie versehn die Natur mit allem Komfort.
Sie fliegen steil in den Himmel empor
und bleiben zwei Wochen oben.

Was ihre Verdauung übrig lässt,
das verarbeiten sie zu Watte.
Sie spalten Atome. Sie heilen Inzest↑.
Und sie stellen durch Stiluntersuchungen fest,
dass Cäsar Plattfüße hatte.

So haben sie mit dem Kopf und dem Mund
den Fortschritt der Menschheit geschaffen.
Doch davon mal abgesehen und
bei Lichte betrachtet sind sie im Grund
noch immer die alten Affen.

die Visage: *abwertender Ausdruck für „Gesicht"*

*Gemeint ist die Beförderung der Briefe mittels der Rohrpost.*

der Inzest: *Geschlechtsverkehr zwischen nahen Blutsverwandten, z. B. zwischen Geschwistern*

1. Wie stellt Erich Kästner den Fortschritt der Menschheit dar?
2. Untersuche den Inhalt:
   - Fasse jede → Strophe durch eine Überschrift zusammen.
   - Gliedere die sechs Strophen in Einleitung, Hauptteil und Schluss.
3. Mit der letzten Strophe kannst du nun die Hauptaussage formulieren.
4. Durch welche sprachlichen Mittel wird zum Ausdruck gebracht, dass die „Entwicklung der Menschheit" nicht nur positive Auswirkungen hat? Schreibe sie heraus.
5. Nenne beispielhafte Situationen aus deinem Umfeld, die zu den Aussagen des Gedichts passen könnten.

# Fliegen – Traum und Wirklichkeit

Ryan Flugzeug

Wasserflugzeuge

Fokker DR. 1

Kampfflieger

Flugzeuge aus dem II. Weltkrieg (1939–1945)

Die Ballonfahrt der Luftschifferin Kätchen Paulus (1898)

Charles Lindbergh vor seinem Flugzeug „Spirit of St. Louis“ (1927)

Otto Lilienthal in seinem Doppeldecker (1895)

Transportflugzeug

# Vorbild Vogelflügel

Die Natur hat viele clevere Erfindungen gemacht und der Mensch kann davon lernen. Zum Beispiel, wie man bessere Flugzeugflügel baut.

Der Adler gilt als König der Lüfte. Wenn er seine Flügel ausbreitet, kann er stundenlang am Himmel schweben. Wer ihn dabei beobachtet, sieht, dass der Greif die Spitzen der breiten Flügel wie Finger abspreizt. Das hilft ihm ganz ruhig durch die Luft zu gleiten.
Beim Fliegen entstehen am äußeren Rand der Flügel heftige Luftwirbel, die sich spiralförmig nach hinten fortpflanzen. Könnte man den Wirbel beobachten, würde er ähnlich aussehen wie der Wirbel des ablaufenden Wassers in einer Badewanne. Für den Adler hätte ein solcher Luftwirbel unangenehme Folgen: Er würde ständig am Flügel zerren und so den Flug stark abbremsen. Doch die Natur machte eine pfiffige Erfindung: Der Adler kann den Wirbel verhindern, indem er die Federn an der Flügelspitze auseinander spreizt. So entstehen an den Federn nur kleine Wirbel, die sich rasch auflösen. Der Vogel spart so Kraft beim Fliegen. Denselben Trick wenden Ingenieure bei Flugzeugen an, um Energie zu sparen. Sie knicken einfach die Enden der Flügel leicht ab.
Diese so genannten Winglets wirken wie die fingerartigen Spreiten↑ des Adlers: Sie verhindern Luftwirbel, die sich an Flugzeugflügeln genauso bilden wie an Vogelschwingen.

die Spreite:
*hier: das Flügelende*

Adlerschwinge mit gespreizten Federn

Flugzeugflügel mit Winglet, das Luftwirbel verringert

1. Auch du nimmst die Natur zum Vorbild, z. B wenn du eine „Schwalbe" baust. Suche in Lexika und anderen Nachschlagewerken nach genaueren Erklärungen dafür, wie der „Traum vom Fliegen" durch die Beobachtung der Natur, besonders des Vogelflugs, verwirklicht werden konnte.

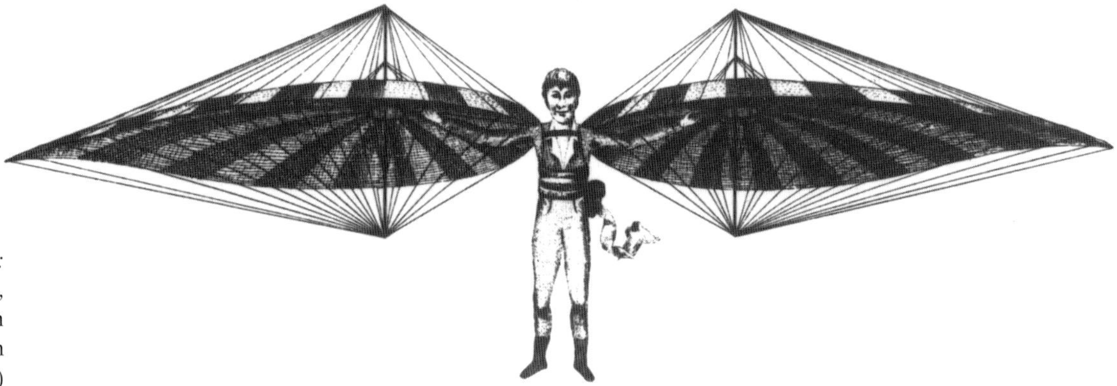

*Johannes Hans:* Flugmaschine, verfertiget von Berblinger in Ulm (1811)

## Der Schneider von Ulm – ein verkanntes Genie?

Holzstich: Berblingers Sturz in die Donau am 31. Mai 1811

Am 31. 5. 1811 wurden in Ulm mehrere tausend Zuschauer/-innen, unter ihnen der König von Württemberg, Zeugen eines spektakulären Ereignisses. Der in der Stadt als Schneidermeister und geschickter Orthopädiemechaniker bekannte Albrecht Ludwig Berblinger (1770–1829) hatte zuvor in der Zeitung angekündigt, mit einer von ihm konstruierten Flugmaschine über die Donau fliegen zu können. Als er nun in den Nachmittagsstunden mit Anlauf und heftigen Flügelbewegungen von der Rampe sprang, stürzte er sofort nach einigen Metern in die Donau, wo er von bereitstehenden Ruderbooten und unter dem Gelächter der Zuschauer aus dem Wasser gezogen wurde. Von nun an war Berblinger dem Spott seiner Zeitgenossen ausgesetzt. Was diese nicht ahnten, war, dass einige Zeit vor dem großen öffentlichen Auftritt und „Reinfall" der Schneider von Ulm an einem nahe gelegenen Berghang außerhalb der Stadt tatsächlich einen erfolgreichen Flugversuch unternommen hatte. Allerdings herrschten dort andere Windverhältnisse, um deren Bedeutung für den Auftrieb Berblinger nicht genug wusste.

*Bertolt Brecht*

## **Der Schneider von Ulm** (Ulm 1592)

*Aus dem Jahre 1934 stammt folgendes Gedicht über den Schneider von Ulm. Der Verfasser, Bertolt Brecht (1898–1956), hat allerdings die Handlung in das Jahr 1592 verlegt, wo es den Menschen noch ganz unglaubhaft erscheinen musste, dass je ein Mensch würde fliegen können.*

Bischof, ich kann fliegen
Sagte der Schneider zum Bischof.
Paß auf, wie ich's mach!
Und er stieg mit so 'nen Dingen
Die aussahn wie Schwingen
Auf das große, große Kirchendach.

Der Bischof ging weiter.
Das sind lauter so Lügen
Der Mensch ist kein Vogel
Es wird nie ein Mensch fliegen
Sagte der Bischof vom Schneider.

Der Schneider ist verschieden
Sagten die Leute dem Bischof.
Es war eine Hatz.
Seine Flügel sind zerspellet
Und er liegt zerschellet
Auf dem harten, harten Kirchenplatz.

Die Glocken sollen läuten
Es waren nichts als Lügen
Der Mensch ist kein Vogel
Es wird nie ein Mensch fliegen
Sagte der Bischof den Leuten. R

1. Der Schneidermeister hatte seinen Flugversuch in der Zeitung angekündigt. Wie könnte diese Ankündigung ausgesehen haben?
2. Schreibe das Gespräch auf, das zwei ältere Ulmer Bürger nach der Lektüre des Zeitungsartikels geführt haben könnten.
3. Welches Interesse könnte der Bischof am Misslingen des Flugversuches gehabt haben?
4. Brecht hat die Ereignisse um den Schneider von Ulm in das Jahr 1592 verlegt. Informiere dich in einem Geschichtsbuch über die Zeit.
5. War die technische Entwicklung dieser Zeit schon so weit, dass es Flugversuche hätte geben können? Bei der Beantwortung dieser Frage helfen dir Sachbücher über die Geschichte des Luftverkehrs.

## Gustav Weißkopf – ein Flugpionier

**Weißkopf, Gustav,** Flugpionier, *Leutershausen (Franken) 1.1.1874, † Fairfield (Conn.) 10.10.1927, wanderte 1895 nach den USA aus, wo er sich Gustave Whitehead [hw'aɪthed] nannte und sein erstes Gleitflugzeug baute. Am 14.8.1901 soll er in mehreren Versuchen mit seinem Eindecker, angetrieben durch einen selbst konstruierten Acetylen-Motor, in Bridgeport (Conn.) etwa 800–2400 m weit in 10–15 m Höhe geflogen sein. Am 17.1.1902 soll er über 11 km im Flug zurückgelegt haben. Aus Geldmangel gab er später seine Versuche auf, die schnell in Vergessenheit gerieten und an die keine Entwicklung anschloss. Es wird von versch. Seiten bezweifelt, dass W. vor den Gebrüdern Wright einen Motorflug ausführte. – W.-Mus. in Leutershausen (seit 1979).

*(aus: Der Große Brockhaus, Band 12)*

Weißkopf mit Freunden und seiner Tochter vor dem Flugapparat „Nr. 21“

Ein Nachbau des Weißkopf-Flugapparates „Nr. 21“ hebt hier am 7. Dezember 1986 bei Stratford im Bundesstaate Connecticut (USA) vom Boden ab. Der Nachbau hat Freiflüge von bis zu 100 m Länge erreicht.

# Definitive Beweise

*Dem Bastler Gustav Weißkopf gelang der erste Motorflug*

Leutershausen an der Altmühl ist ein typisches Frankenstädtchen mit engen Gassen, Kopfsteinpflaster und Fachwerkfassaden. In einem Bau aus dem Jahr 1624 ist kürzlich im Dachgeschoss ein Museum zur Luftfahrtgeschichte neu eingerichtet worden. Es trägt den Namen des Leutershausener Bürgers Gustav Weißkopf. Diesem soll gut zwei Jahre vor den Brüdern Wright der erste Motorflug der Welt gelungen sein.

Im Alter von 16 Jahren war der Franke nach Amerika ausgewandert. In einer Hinterhofwerkstatt in Bridgeport (Connecticut) bastelte Gustav Whitehead, wie er sich nun nannte, an allerlei Fluggeräten samt Benzin-, Diesel- und anderen Motoren. Mit einem dem Gleiter des (1896 tödlich verunglückten) Pioniers Otto Lilienthal↑ nachgebauten Eindecker, der durch einen selbst konstruierten Acetylen-Motor↑ angetrieben wurde, soll er am 14. August 1901 in zehn bis fünfzehn Metern Höhe etwa 2700 Meter weit geflogen sein. Um die wissenschaftliche Verwertung kümmerte er sich jedoch nicht.

Von jenem Ereignis kann das Museum seiner Heimatstadt daher nur einen Artikel aus dem örtlichen Sunday Herald vom 18. August 1901 auslegen, den Weißkopf selbst verfasst hat. „Ich habe es endlich geschafft“, berichtet er da. Er habe nach 800 Metern den Motor abgestellt und sei „ohne Problem sicher auf vier Rädern gelandet“. Von weiteren Ereignissen gibt es Fotos und eine Reihe von Presseberichten. Aus Geldmangel gab er jedoch bald seine Versuche auf. 1927 ist er verarmt gestorben.

Zwei Amerikanern ist es zu verdanken, dass der Name Whitehead doch wieder in die Luftfahrtgeschichte eingeführt wurde. Die Schriftstellerin Stella Randolph veröffentlichte schon in den 30er Jahren mehrere Bücher, die den Deutschamerikaner als „Vater des Motorflugs“ darstellten. Zusammen mit ihr präsentierte William J. O’Dwyer, ein pensionierter Major der US-Airforce, am 15. Dezember 1978 bei einer Pressekonferenz in München „definitive Beweise“.

Inzwischen hat die Flughistorische Forschungsgemeinschaft Gustav Weißkopf in Leutershausen nicht nur eine Reihe von Konstruktionsplänen aus den USA bekommen, sondern auch den legendären Vogel selbst – im Maßstab 1:1 – nachgebaut. Ein Testpilot der Bundeswehr hat bereits erfolgreiche Schleppflüge unternommen. „Er ist 300 Meter weit geflogen“, sagt Hermann Betscher, Vorsitzender des Weißkopf-Vereins. „Es war ein ganz ruhiges Gleiten.“ *Karl Stankiewitz*

Otto Lilienthal: *vgl. dazu die Abbildung auf Seite 134*

Azetylen: *ein farbloses, brennbares Gas, das u. a. beim Schweißen verwendet wird*

1. Gustav Weißkopf war nach Amerika ausgewandert. Informiere dich in einem Geschichtsbuch über die möglichen Gründe dafür.
2. Schreibe selbst einen Artikel über Weißkopfs Motorflug vom 14. 8. 1901. Überlege, wie du zusätzliche Informationen über Gustav Weißkopf und seine Flugversuche bekommen kannst. Vielleicht kann der Artikel in eurer Schülerzeitung veröffentlicht werden.
3. Erarbeite mit Hilfe eines Lexikons oder eines entsprechenden Sachbuchs eine Übersicht über die ersten Motorflüge. Diese Übersicht soll anschließend auf Folie kopiert und der Klasse vorgestellt werden.

*Joachim Ringelnatz*

## Fallschirmsprung meiner Begleiterin

Wie sie den Fallschirm mir zeigt und erklärt,
Kann ich nur halb zuhörn und zusehen.
Ich muss daran denken, wie ganz verkehrt
Oft Frauen mit ihren Schirmen umgehen.
Ich bin doch sonst kein solch Angstpeter.
Aber nun – – Und nun sind wir so weit,
Vielmehr so hoch. Etwa zweitausend Meter!
Wir erheben uns. „Alles bereit?"
Ich öffne die Türe.
„Gott soll Sie erhalten
Und Ihren seidenen Schirm entfalten.
Ich schösse mich tot, wenn ich jemals erführe – –"

Mir graust.
Das Frauenzimmer ist abgesaust.
Ich blicke ihr nach. Einmal überschlägt sie
Sich, wird ein Punkt, dann ein Pünktchen, und, ach,
Plötzlich ein sonnig blitzendes Dach,
Und ich weiß: Das Dach trägt sie.

Ich schließe die Türe und reiße die Watte
Aus meinen Ohren. Ich fühle mich frei
Und sicher. Und ärgere mich doch dabei,
Weil sie mehr Schneid als ich hatte.

1. Erläutere die Überschrift.
2. Charakterisiere das Verhältnis zwischen dem sprechenden Ich und der „Begleiterin".
3. Schreibe das Gedicht in eine Ich-Erzählung um. Du kannst entweder aus der Sicht des sprechenden Ichs oder der Springerin schreiben.

## Von Anfang an dabei – mutige Fliegerinnen

Bereits wenige Monate nach den ersten „bemannten“ Ballonfahrten der Brüder Montgolfier erhob sich auch schon eine Frau, Elisabeth Thible, in die Lüfte. Und zwischen 1811 und 1820 sorgte die mutige Luftschifferin Wilhelmine Reichard mit zahlreichen Ballonaufstiegen für großes Aufsehen und ungläubiges Staunen.
Den ersten Pilotinnenschein in Deutschland erhielt 1911 Melli Beese. Die geschäftstüchtige Pilotin gründete eine Flugschule und entwickelte ein eigenes Schulflugzeug. In der ersten Hälfte des 20. Jahrhunderts gelangten zahlreiche Fliegerinnen mit spektakulären Rekordflügen zu Weltruhm. So die Engländerin Amy Johnson, die 1930 allein von London nach Australien flog, oder die Amerikanerin Amelia Earhart, die 1932 als erste Frau den Nordatlantik im Alleinflug überquerte. Sie war das Idol ihrer Zeit, ihre schicke und legere Fliegerkleidung galt bei vielen Mädchen als „letzter Schrei“ in der Mode. Ein aufregendes Fliegerinnenleben hatte auch Beryl Markham, die als Buschpilotin und Pferdetrainerin in Ostafrika berühmt geworden war und 1936 als erste Frau den Atlantik in Ost-West-Richtung überquerte, was auf Grund der vorherrschenden Windrichtung als besonders schwierig galt.
Von Beginn an leisteten die Aeronautinnen, wie sie anfänglich genannt wurden, ihren

Die Kunst- und Ozeanfliegerin Thea Rasche, um 1928

Beitrag zur Entwicklung der Luftschifffahrt; und dennoch hielt sich bis in unsere Zeit das Vorurteil, dass Frauen im Cockpit nichts zu suchen hätten. Selbstbewusstsein, Hartnäckigkeit, Fleiß und fliegerische Begabung waren nötig, den Männern wenigstens einen Teil der „Lufthoheit“ streitig zu machen. Ein großes Hindernis lag auch darin, dass die früher meist nicht berufstätigen Frauen finanziell abhängig von ihren Familien oder Ehemännern waren. Selbst die erwähnten weltberühmten Pionier-Pilotinnen konnten nur in den seltensten Fällen von ihrer Fliegerei leben, da ihnen der Weg zur Berufspilotin versperrt blieb. Da mussten sie sich schon glücklich schätzen, von Flugzeugfirmen zur Vorführung neuer Flugzeugtypen engagiert zu werden; allerdings oft nicht auf Grund ihres fliegerischen Könnens, sondern um den Kunden zu zeigen, wie einfach das neue Modell zu fliegen sei, da es selbst Frauen fliegen könnten.

1. Schreibe aus dem Artikel heraus, warum Frauen unter den ersten „Aeronauten“ eher selten waren.
2. Auch heute gibt es Berufe, in denen Frauen nicht die gleichen Chancen haben wie Männer. Diskutiert über die Gründe dafür.
3. Informiert euch über unterschiedliche Berufsbilder und stellt durch Befragungen fest, welche Erfahrungen Frauen und Männer in diesen Berufen machen oder gemacht haben.

**Lesehinweis** *Gertrud Pfister:* Fliegen – ihr Leben. Die ersten Pilotinnen

## Antoine de Saint-Exupéry

*Antoine de Saint-Exupéry wurde 1900 in Lyon geboren. Mit 21 Jahren trat er in den zivilen Luftdienst ein. 1939 stellte er einen Rekord im Überfliegen des Atlantiks auf. Im Juli 1944 wurde er bei einem Aufklärungsflug über dem Mittelmeer abgeschossen.*
*Weltberühmt wurde sein Buch „Der kleine Prinz“ (vgl. S. 11). Außer „Nachtflug“ erschienen noch weitere Flugromane von ihm: „Südkurier“ (1929), „Wind, Sand und Sterne“ (1939), „Flug nach Arras“ (1942).*
*Saint-Exupérys Roman „Nachtflug“ spielt in Buenos Aires, Ende der zwanziger Jahre des 20. Jahrhunderts. Erstmals unternehmen Postflieger im Dienste ihrer Fluggesellschaft Nachtflüge, um ihren tagsüber gegenüber Eisenbahn und Schiff gewonnenen zeitlichen Vorsprung nicht wieder einzubüßen. Dies erweist sich allerdings als ein gefährliches Unterfangen, da die Flugzeuge zu dieser Zeit dafür technisch noch nicht ausgerüstet waren.*

*Antoine de Saint-Exupéry*

## Nachtflug

*Saint-Exupéry, der selbst Flieger auf Verkehrslinien in drei Erdteilen war, lässt in seinem Roman „Nachtflug“ zwei Handlungsebenen nebeneinander laufen: Auf der einen Seite schildert er die Erlebnisse des Piloten Fabien in der Luft, auf der anderen Seite beschreibt er die wachsende Spannung auf dem Flughafen, wo der umsichtige Direktor Rivière sowie Techniker und Pilotenfreunde auf die Rückkehr der Maschine warten.*

*Der folgende Auszug schildert, wie Fabien und sein Funker mit ihrem Flugzeug in einen Wirbelsturm geraten und wie man im Flughafen von Buenos Aires um das Kurierflugzeug bangt.*

Patagonien: *Landschaft im Süden Argentiniens;*
Kurier von Patagonien: *Fabiens Postflugzeug*

Mittlerweile war der Kurier von Patagonien↑ dicht an das Gewitter herangekommen und Fabien gab den Gedanken auf, es zu umgehen. Es schien ihm zu ausgedehnt, denn das Flackern der Blitze zog sich bis tief ins Land hinein und enthüllte immer neue Wolkenburgen. Er wollte versuchen unten durchzukommen und, wenn sich das übel anließ, umkehren.

Er las seine Höhe ab: tausendsiebenhundert Meter. Er presste die Handflächen gegen das Steuer, um die Zahl zu verringern. Der Motor vibrierte sehr stark und das Flugzeug zitterte. Fabien korrigierte den Neigungswinkel nach dem Gefühl, stellte dann auf der Karte die Höhe der Bodenerhebungen fest: fünfhundert Meter. Um sich einen Spielraum zu wahren, beschloss er bis auf siebenhundert hinunterzugehen.

Er opferte seine Höhe, wie man ein Vermögen aufs Spiel setzt.

Eine Bö ließ die Maschine heruntersacken, sodass sie in allen Fugen zitterte. Fabien fühlte sich wie von unsichtbarem Bergsturz bedroht. Ihm träumte, er kehrte um und fände hunderttausend Sterne wieder, aber er bog nicht um einen Grad ab.

Fabien berechnete seine Chancen: Es handelte sich vermutlich um ein örtliches Gewitter, denn Trelew, die nächste Station, meldete drei Viertel bedeckten Himmel. Es galt also, höchstens zwanzig Minuten in dieser schwarzen Masse auszuhalten. Dennoch schlug ihm das Herz. Nach links geneigt gegen die Wucht des Windes spähte er nach den ungewissen Scheinen, die auch in der verhülltesten Nacht noch umgehen. Aber selbst davon war nichts zu gewahren↑. Höchstens leise Wandlungen in der Schwärze der Schatten um ihn her oder Täuschung der ermüdeten Augen.

Er entfaltete einen Zettel des Funkers: „Wo sind wir?“

Fabien hätte viel darum gegeben, wenn er es gewusst hätte. Er antwortete: „Ich weiß nicht. Wir durchqueren ein Gewitter nach dem Kompass.“

Er neigte sich noch weiter zur Seite. Die Flamme des Auspuffs störte ihn, die wie ein

Feuerstrauß am Motor hing, so bleich, dass Mondschein sie ausgelöscht hätte, aber in diesem Nichts so stark, dass sie alles Sichtbare verschlang. Er schaute sie an. Sie war vom Winde zusammengesträhnt wie die Flamme einer Fackel.

Alle dreißig Sekunden tauchte Fabien den Kopf zum Instrumentenbrett hinunter, um nach dem künstlichen Horizont und dem Kompass zu spähen. Er wagte nicht mehr die schwachen roten Lampen anzudrehen, die ihn jedes Mal auf lange Zeit blendeten; nur die Leuchtziffern warfen ihren blassen Sternenschein. Hier, inmitten von Zeigern und Ziffern, empfand er eine trügerische Sicherheit, wie in der Kabine eines Schiffes, an der die Flut vorbeiströmt. So strömte die Nacht und alles, was sie an Klippen und Höhen und treibenden Fährnissen↑ in sich barg, gegen das Flugzeug an, mit der gleichen beklemmenden Unentrinnbarkeit.

„Wo sind wir?“, wiederholte der Funker.

Fabien tauchte wieder empor und nahm, nach links gelehnt, seine bedrohte Wacht wieder auf. Wie viel Zeit und Mühsal noch, bis er loskommen würde aus diesen finstern Banden? Er zweifelte fast, ob er jemals loskommen würde, denn er setzte jetzt sein Leben nur noch auf dieses schmutzige, zerknüllte Stückchen Papier, das er schon hundertmal entfaltet und gelesen hatte, um

etwas gewahren: *etwas bemerken, etwas erblicken*

die Fährnis: *die Gefahr*

seine Hoffnung zu nähren: „Trelew: drei Viertel bedeckt, schwacher Westwind!" Wenn Trelew nur drei Viertel bedeckt war, musste man seine Lichter gewahren, sowie die Wolken zerrissen. Vorausgesetzt, dass ... Die Verheißung spornte ihn an, seinen Kurs beizubehalten; aber da er trotzdem Zweifel hatte, kritzelte er an den Funker: „Ich weiß nicht, ob ich durchkommen werde. Fragen Sie, ob es rückwärts noch schön ist."
Die Antwort bestürzte ihn:
„Commodoro meldet: Rückkehr nach hier unmöglich. Sturm."

die Offensive: *der Angriff*

der Zyklon: *der Wirbelsturm*

Die ungewöhnliche Gewalt der Offensive↑ begann ihm zu dämmern, die sich da von der Kette der Anden herab gegen das Meer wälzte. Ehe er die Städte noch erreichen würde, würde der Zyklon↑ sie verschlingen.
„Fragen Sie San Antonio nach dem Wetter."
„San Antonio antwortet: Aufkommender Westwind. Gewitter im Westen. Vier Viertel bedeckt. San Antonio hört sehr schlecht wegen der Störungen. Ich höre auch schlecht. Ich glaube, ich werde bald die Antenne einziehen müssen wegen der Entladungen. Werden Sie umkehren? Was haben Sie vor?"
„Lassen Sie mich in Frieden. Fragen Sie Bahia Blanca nach dem Wetter."
„Bahia Blanca antwortet: Erwarten in höchstens zwanzig Minuten schweres Unwetter. West über Bahia Blanca."
„Fragen Sie Trelew."
„Trelew antwortet: Orkan dreißig Sekundenmeter West und Regenböen."
„Melden Sie nach Buenos Aires: Sind von allen Seiten blockiert. Gewittersturm entwickelt sich auf tausend Kilometer, können nichts mehr sehen. Was sollen wir tun?"
Uferlos, diese Nacht. Sie führte weder zu einem Hafen (die schienen alle unerreichbar) noch zum Morgen: In einer Stunde vierzig Minuten würde man keinen Betriebsstoff mehr haben. Früher oder später würde man sich blindlings in diese Finsternis hinabgleiten lassen müssen.
Wenn er hätte den Tag erreichen können ... Fabien dachte an den Morgen wie an einen goldenen Strand, an den man gespült würde nach dieser schweren Nacht. Die Küste der Ebenen, auftauchend unter dem bedrohten Flugzeug. Die ruhevolle Erde mit ihren schlummernden Farmen und ihren Herden und Hügeln. Unschädlich alle Fährnisse, die in den Wogen des Dunkels trieben. Wie er schwimmen würde, dem Tage zu, wenn er könnte!
Aber er war umzingelt. Alles würde zum guten oder schlimmen Ende kommen hier in dem dicken Dunkel.
Zwar: Mehr als einmal schon war es ihm in bedrohten Nächten geschehen, dass der Tag dann doch noch gekommen war, wie Genesung.
Aber wozu den Blick nach Osten richten, wo die Sonne lebte: Zwischen ihnen war diesmal ein solcher Abgrund von Nacht, dass man nicht wieder zu ihr hinaufgelangen konnte.

*

*Im Flughafen Buenos Aires bangt man um das Kurierflugzeug, das sich durch*

*einen nächtlichen Gewittersturm hindurchkämpfen muss. Direktor Rivière bleibt in seinem Büro, um mit den verschiedenen Bodenstationen des Landes in Verbindung zu bleiben, die im Funkkontakt mit dem Flugzeug Fabiens waren, ihn wegen des Unwetters aber verloren haben.*

Rivière läutete an. „Noch immer keine Meldung von Bahia Blanca?“

„Nein.“

„Rufen Sie mir die Station ans Telefon.“

Fünf Minuten später:

„Warum melden Sie nichts?“

„Wir hören nichts von dem Kurier.“

„Er sendet nichts?“

„Wir wissen es nicht. Zu viele Gewitter. Auch wenn er senden würde, würden wir's nicht hören.“

„Hört Trelew etwas?“

„Wir hören Trelew nicht.“

„Telefonieren Sie.“

„Wir haben's versucht: Die Leitung ist unterbrochen.“

„Was für Wetter bei Ihnen?“

„Drohend. Blitze in West und Süd. Sehr schwül.“

„Wind?“

„Noch schwach, aber höchstens noch auf zehn Minuten. Die Blitze kommen schnell näher.“

Schweigen.

„Bahia Blanca? Sind Sie noch da? Gut. Rufen Sie uns in zehn Minuten wieder an.“

Und Rivière blätterte in den Telegrammen der Südstationen. Alle meldeten, dass sie nichts von dem Flugzeug hörten. Einige antworteten überhaupt nicht mehr und der Umkreis des Schweigens wurde immer größer auf der Karte – dort, wo die kleinen Städte sich bereits unter dem Zyklon duckten, alle Türen geschlossen, jedes Haus in den Straßen ohne Licht, abgesperrt von der Welt, verloren in der Nacht wie ein Schiff. Erst der Morgen würde sie erlösen.

*Das Kurierflugzeug kommt nicht an. Saint-Exupéry nimmt mit diesem Ausgang sein eigenes Schicksal vorweg: Als Flieger im Zweiten Weltkrieg kehrt er von einem Aufklärungsflug nicht zurück.*

1. Der Text besteht aus zwei Teilen. Gib für jeden Teil an,
   – wo die Handlung spielt und
   – wer die handelnden Personen sind.
2. Orientiere dich in einem Atlas über die Gegend, in der das Geschehen spielt.
3. Untersuche, wie in dem Text Spannung aufgebaut wird. Wodurch wird angedeutet, dass die Geschichte ein tragisches Ende nimmt?

**Lesehinweis** Leihe dir den Roman aus und sprich in deiner Klasse darüber:
*Antoine de Saint-Exupéry:* Nachtflug. Übersetzt von Hans Reisiger (siehe Verfasser- und Textquellenverzeichnis)

## Luftverkehr(t)

*Letzter Aufruf vor dem Abflug in den Klimakollaps*

Der Flugverkehr wächst dynamisch: Zwischen 1988 und 1993 legten deutsche Reisende jedes Jahr im Durchschnitt 7% mehr Flugkilometer als im Vorjahr zurück. Die von Deutschen zurückgelegten Flugkilometer haben sich von 1980 bis 1993 verdreifacht. Auch künftig ist mit einem starken Wachstum zu rechnen. Dies zeigen Zwischenergebnisse einer Studie des Instituts für Energie- und Umweltforschung (ifeu), die im Auftrag des Umweltbundesamtes angefertigt wurde.

Der Präsident des Umweltbundesamtes: „Den Umweltauswirkungen des Flugverkehrs muss deutlich mehr Aufmerksamkeit gewidmet werden, als dies bisher der Fall war. Mit Blick auf die Klimaschutzziele sollte insbesondere daran gedacht werden, die bestehende Ausnahme von der Mineralölsteuer für Kerosin aufzuheben, und zwar mindestens auf europäischer Ebene.“ Wenn für Kerosin der gleiche Steuersatz veranschlagt würde wie für Diesel, wären beispielsweise die Kosten für eine Flugreise nach Thailand um ungefähr 550 DM (ca. 275 €)pro Person höher, nach Mallorca um ungefähr 85 DM (ca. 45 €). Damit könnte der Verbraucher seine Entscheidung für ein Reiseziel anhand „ökologisch ehrlicherer“ Preise treffen.

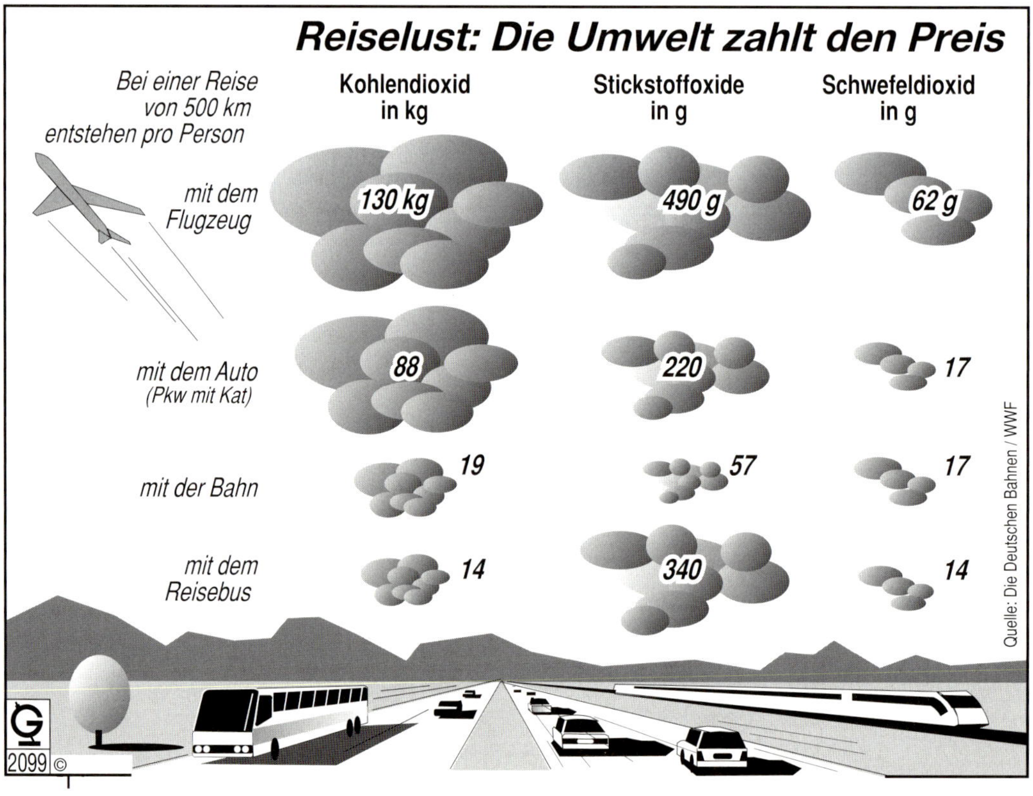

## Mehr Fluggäste auf deutschen Flughäfen

WIESBADEN (Reuters) – Im vergangenen Jahr sind deutlich mehr Fluggäste von deutschen Flughäfen gestartet als ein Jahr zuvor. Die Zahl der Passagiere sei um 6,4 Prozent auf 59,3 Millionen gestiegen, teilt das Statistische Bundesamt, Wiesbaden, mit. Ins Ausland seien 40,5 Millionen Reisende geflogen, 6,3 Prozent mehr als 1996. Im innerdeutschen Flugverkehr nahm die Zahl der Fluggäste um 6,7 Prozent auf 18,8 Millionen zu.

## Können Fische fliegen???

Erdbeeren und Schnittblumen im Winter, tropische Früchte als Alltagsnahrung, Fische aus fremden Ländern – die Nachfrage der deutschen Konsumenten nach exotischen Nahrungsmitteln steigt und treibt damit das Wachstum des Frachtflugverkehrs an. Der Frankfurter Flughafen ist inzwischen einer der größten Fischereihäfen Deutschlands – 14000 Tonnen Fisch gingen hier 1996 aus aller Welt ein und wurden von hier aus europaweit per Flugzeug oder LKW weiterverteilt. Solche Verteilerzentren gibt es in allen Frachtsparten. Erschreckend ist neben den riesigen Umwegen der hohe Treibstoffverbrauch der reinen Frachtflugzeuge: Sie verbrauchen rund zehnmal mehr Treibstoff pro beförderter Tonne als ein LKW, von der Bahn ganz zu schweigen.

1. Die rasante Zunahme des Luftverkehrs hat negative Folgen. Nimm dazu Stellung.
2. Was könnte getan werden, um die negativen Folgen des Luftverkehrs zu verringern? Die Texte helfen dir bei der Beantwortung dieser Frage durch wichtige Hinweise.
3. Erkläre anhand des Textes auf Seite 146 den Begriff „ökologisch ehrlicher“ Preis.
4. Stell dir vor, der Luftverkehr müsste eine Zeitlang überhaupt eingestellt werden. Diskutiert in Gruppen darüber, welche positiven oder negativen Auswirkungen das für euch selbst hätte.

# UND WO BIST DU ZU HAUSE?

*Josef Reding*

## Meine Stadt

Meine Stadt ist oft
schmutzig;
aber mein kleiner Bruder
ist es auch
und ich mag ihn.

Meine Stadt ist oft
laut;
aber meine große Schwester
ist es auch
und ich mag sie.

Meine Stadt ist dunkel
wie die Stimme meines Vaters
und hell
wie die Augen meiner Mutter.
Meine Stadt und ich:
Wir sind Freunde,
die sich kennen.
Nicht flüchtig kennen
wie die von fern her,
die der Bürgermeister
manchmal über die
Hauptstraße führt.
Er zeigt ihnen nicht
die Schutthalden.
Warum sollte er?
Zu Hause führen wir auch
unseren Besuch in das
Wohnzimmer und lassen ihn
mit unserem Mülleimer in Ruhe.
Aber manchmal, bevor ich
zur Schule gehe,
klopfe ich dem braven grauen
Müllkasten auf den Deckel,
dass er fröhlich klappert.
Und am Schuttfeld
werfe ich grüßend einen
Stein auf die
blitzende Konservendose
dahinten, dass sie scheppert.

1. Ein → Gedicht wie dieses kannst du auch schreiben.
   Sage auf ähnliche Weise, wie du deine Stadt oder dein Dorf findest.
2. Male ein Bild von deinem Wohnort.

*Theodor Storm*

## Die Stadt

Am grauen Strand, am grauen Meer
und seitab liegt die Stadt;
der Nebel drückt die Dächer schwer,
und durch die Stille braust das Meer
eintönig um die Stadt.

Es rauscht kein Wald, es schlägt im Mai
kein Vogel ohn Unterlass;
die Wandergans mit hartem Schrei
nur fliegt in Herbstesnacht vorbei,
am Strande weht das Gras.

Doch hängt mein ganzes Herz an dir,
du graue Stadt am Meer;
der Jugend Zauber für und für
ruht lächelnd doch auf dir, auf dir,
du graue Stadt am Meer.

1. Theodor Storm beschreibt seine Heimatstadt.
   Wie spricht er von ihr? Lobt er sie? Liebt er sie?
2. Es ist ein schwermütiges – aber dennoch ein positives Gedicht. Spürst du die Stimmung, die der Dichter verbreitet? Was will er damit bewirken, dass er Wörter wiederholt („... auf dir, auf dir ...")?
3. Storm spricht von seiner Stadt. Sie ist seine Heimat.
   Überlege dir, was du unter „Heimat" verstehst. Erkläre es mit deinen eigenen Worten.
4. Wissenschaftler, die das Heimatverständnis der Menschen erforscht haben, behaupten:
   „Heimat muss nicht dort sein, wo ich geboren oder aufgewachsen bin. Heimat kann überall sein, wo ich Freunde finde, wo ich mich wohl fühle, wo ich mich verwirklichen kann."
   Was meinst du dazu?
5. Man liebt seine Heimat, auch wenn sie nicht besonders schön ist – Theodor Storm hat das in seinem Gedicht beschrieben.
   Wer seine Heimat mag, möchte, dass sie schöner wird und dass man sie nicht in Gefahr bringt.
   Denke an deinen Heimatort und nenne Beispiele.

*Franz Ringseis*
## In Husum gwesn

In Husum sam ma gwesn,
der „Grauen Stadt am Meer“,
ham Krabbn am Hafen gessn,
weil da fahrns sie s fangfrisch her.

Und weils d net in Husum bist,
der „Grauen Stadt am Meer“,
wenns d dort koane Krabbn frisst,
foits dar aa no so schwer.

Übern Marktploz sam ma gschlicha
von da „Grauen Stadt am Meer“.
Kaum a Haus is grau ogstricha,
rote Ziagl schaugn nur her.

Im Storm-Haus sam ma gwesn
in da „Grauen Stadt am Meer“,
und im Storm seim Sessl gsessn,
weil der war grad schee leer.

Ja, mit dem Storm hams a Gscher,
und sie werdn nia vagessn,
die „Graue Stadt am Meer“,
wennsn aa kaum mehr lesn.

Jetzt hock i im Storm seine Möwe
in da „Grauen Stadt am Meer“.
Durchs Fenster lacht d Sonna her –
Ja sakra – wo is denn da Newe↑?

*(Bayerisch)*

Newe: *Nebel*

1. Vergleiche dieses Gedicht mit dem Gedicht von Storm auf der vorigen Seite. Welche Stimmung kommt in dem Gedicht von Ringseis zum Ausdruck? Belege mit Textstellen.
2. Auf welche Formulierung von Storm bezieht sich Ringseis? Was stellt er fest? Beschreibe seine Reaktion.

## Der Ritt zum Kalvarienberg

Jedes Jahr am 6. November ziehen Bauern und Bürger zu einer feierlichen Wallfahrt auf den Höhen- oder Kalvarienberg bei Bad Tölz. Die Tölzer Leonhardi-Fahrt ist eine Triumphfahrt zu Ehren des Heiligen St. Leonhard, des Ross- und Viehpatrons der Bauern. Im Unterschied zu den reinen Pferderitten, wie zum Beispiel dem Traunsteiner Georgiritt, nehmen an dieser Fahrt mit Ross und Wagen der Bauer mit seiner ganzen Familie und dem Gesinde teil. Die typischen Truhenwagen und mit Blumen reich verzierten Tafelwagen werden von prachtvoll geschmückten Pferden gezogen. Der Ursprung dieser Fahrt, die auch wegen der alten Trachten sehenswert ist, lässt sich bis ins 17. Jahrhundert zurückdatieren.

1. In diesem Text wird von einer traditionsreichen Wallfahrt berichtet. – Schildere Einzelheiten.
2. Sicher gibt es auch in deinem Wohnort oder in der näheren Umgebung einen volkstümlichen Brauch oder ein (kirchliches) Fest, das auf traditionelle Weise gefeiert wird. Schreibe einen → Bericht und illustriere ihn mit Fotos oder Zeichnungen. Stellt eure Arbeiten in der Klasse aus.

*Helmut Zöpfl*

## Sprachfehler

Grüaß Gott, jetzt muaß i euch was sang,
des wo se mia am Mang hat gschlang:
Auf meine Landsleut bin i sauer,
schee langsam stinkt er mia auf d' Dauer,
dass überall de meistn Leut
bei uns jetzt preißln wia net gscheit.
Statt pfundig sangs jetzt liaber toll,
statt zünftig duft, statt Kraut sangs Kohl,
statt Topfa Quark, statt Knödl Kloß,
und Tunke hoaßns gar de Soß.
Glei gar net konn i aa vertrang,
Wenns nee statt naa bloß oiwei sang.
Wo's Ochsnaug hoaßt Spiegelei,
da ist bei mia der Gspaß vorbei.
Wenn d' Haxn Eisbein, Jungs de Buam,
und Möhren gar de gelbn Ruam,
bal d' Reherl Pfifferlinge san,
und wo zur Sahne werd der Rahm,
da wo statt Semme Brötchen steht,
da ist doch wirklich oisam z' spät.
I jedenfalls schwör hier und heut
für alle Tag, für alle Zeit,
dass niamals net aus meinem Mund
a solch a preußischs Wörterl kummt.
I schwörs euch, dass i's net vergiss.
Des war's für heut dann.
*Also Tschüüß!*

*(Oberbayerisch)*

1. Erkläre, von welchen „Sprachfehlern" dieses Gedicht handelt.
2. Sprichst du in deinem Alltag auch zwei Sprachen? Wann nutzt du die eine, wann die andere?
3. Sammelt alltägliche Situationen und spielt sie im Dialekt sowie in der Hochsprache vor. Sprecht über die jeweilige Wirkung.

*Jan Peter Schniebel*

## Das Wurstmännchen von Geiselwind

*Auf der Hofmauer am Marktplatz von Geiselwind, einem Ort im Steigerwald, steht eine merkwürdige Sandsteinfigur. Sie zeigt einen Soldaten in voller Uniform, der eine große Wurst in der linken Hand hält und sie gerade zum Munde führt. Auf seiner rechten Schulter sitzt eine Katze und schlägt mit ihrer Pfote nach der Wurst. Auf dem Sockel des Denkmals kann man dazu die Inschrift lesen: „Murrmann – schwedischer General – Historisches Denkmal aus dem 30-jährigen Krieg↑". Wie kam es zur Aufstellung dieser eigenartigen Figur? Im Volksmund wird sie „Das Wurstmännchen" oder auch „Murrmann" genannt und man erzählt sich dazu zwei ähnlich lautende Sagen:*

Der 30-jährige Krieg war aus religiösen Streitigkeiten in Deutschland entstanden und dauerte von 1618 bis 1648. Auch andere Mächte griffen in den Krieg ein; die Schweden landeten 1630 auf der Insel Usedom und zogen erst 1635 wieder ab.

Im 30-jährigen Krieg zog ein schwedischer General mit seinen Soldaten vor die Tore von Geiselwind, das damals hohe und starke Mauern und eine tapfere Bürgerschaft besaß. Dreimal ließ der General zur Übergabe des Ortes auffordern, doch die Bürger zögerten, ob sie nachgeben sollten. Da rückten die feindlichen Truppen näher an die Mauern heran und drohten, sie zu stürmen. Schon fielen die ersten Donnerschüsse, als die Vertreter der Bürgerschaft aus dem Rathaus kamen, wo sie gerade beschlossen hatten, durch Abgesandte den feindlichen General noch einmal um Gnade zu bitten. Mit einer weißen Fahne gingen sie hinaus vor das Tor und die Kanonen verstummten. Der General empfing sie in seinem Zelt, wo er gerade dabei war, sich zu stärken und eine Wurst zu verzehren. Er hörte die Bürger an, wollte aber nichts von ihren Bedingungen wissen. Er bestand vielmehr darauf, dass sich die Geiselwinder bedingungslos ergeben sollten. Doch da riefen die Gesandten aus: „Nie und nimmer werden wir das tun! Nun wird Gott uns helfen, dass Ihr nicht in unsere Mauern kommt!" Der General erwiderte ihnen höhnisch: „So wahr ich diese Wurst in der Hand halte, so sicher komme ich hinein!" Aber im gleichen Augenblick sprang eine große Katze auf seine Schulter, schnappte ihm die Wurst aus der Hand und lief davon. Der General erschrak, und als die Gesandten zu Hause von dem Vorfall berichteten, fassten die Bürger neuen Mut. Tapfer kämpfend widerstanden sie der Belagerung und mehreren Angriffen, bis die Schweden abzogen. So blieb Geiselwind unerobert.

*Die andere Version der Sage lautet so:*

Im 30-jährigen Krieg kam ein Trupp von Schweden nach Geiselwind und fing an, im Ort zu plündern, zu zerstören und zu morden. Ihr Hauptmann namens Murrmann begab sich ins Wirtshaus und ließ sich eine Wurst bringen. Als er sie zum Munde führen wollte, sprang ihm plötzlich eine schwarze Katze auf die Schulter und langte mit ihrer Pfote nach der Wurst. Darüber erschrak der Schwede sehr, weil er die Katze für eine Hexe hielt, und zog mit seinen Leuten augenblicklich ab. So wurde durch die Katze das halbe Dorf gerettet. Zum Andenken daran ließen die Bürger von einem Bildhauer eine Statue anfertigen, die sie am Marktplatz aufstellten und die noch heute an jenen Vorfall erinnert.

1. Vergleiche die beiden Geschichten miteinander und stelle die Unterschiede und Gemeinsamkeiten ihres Inhalts fest.
2. Kennst du eine Sage aus der Umgobung deines Heimatortes? Erzähle.

*Ob Geiselwind im 30-jährigen Krieg von den Schweden erobert wurde oder nicht, lässt sich nicht mehr feststellen. Dass die beiden → Sagen dennoch einen wahren Kern besitzen, weißt du aus dem Geschichtsunterricht.*

*Sicherlich hat jener schwedische General nicht „Murrmann" geheißen, sondern einen anderen Namen gehabt. Den Namen Murrmann kannst du ganz einfach erklären: „Murr" ist eine volkstümliche Bezeichnung für „Katze". In Pommern z. B. schreckte man die Kinder, wenn sie nicht artig waren, mit einem unheimlichen Tier, dem „Murrmax".*

## Geschichte suchen

*Der 30-jährige Krieg war für die Menschen eine besonders schreckliche und leidensvolle Zeit. Aus vielen Gemeinden unserer Heimat sind aus jener Epoche Sagen und Geschichten überliefert oder Denkmäler erhalten. Manchmal ist die Erinnerung an diesen Krieg in Flur- oder Straßennamen erhalten geblieben. Es gibt auch Städte, die jedes Jahr durch ein wiederkehrendes Brauchtum an diese Zeit erinnern – was weißt du z. B. über den „Meistertrunk zu Rothenburg" oder die „Dinkelsbühler Kinderzeche"?*

1. Forsche in deinem Schulort und seiner Umgebung nach Merkzeichen und Erinnerungen an den 30-jährigen Krieg – die Wahrscheinlichkeit, dass du fündig wirst, ist sehr groß!
2. Wenn du mit deiner Klasse solche Entdeckungen gemacht hast, dann plant dazu ein Projekt. (Vgl. dazu auch den Projektvorschlag auf S. 115.)
   Ihr könnt eure Ergebnisse aufschreiben, zeichnen und fotografieren, eine Wandzeitung zusammenstellen, eine Ausstellung für das Schulhaus gestalten, einen Beitrag für die Schülerzeitung verfassen – sicher habt ihr noch mehr solcher Ideen. Viel Freude und Erfolg dabei!

## Der Dreißigjährige Krieg – die Schweden in Dettelbach

*Auf seinem Feldzug durch Deutschland schlug der Schwedenkönig Gustav Adolf in Dettelbach, einem kleinen Städtchen bei Würzburg, für einige Wochen sein Hauptquartier auf. In einem Brief an seinen Lehnsherrn, den Fürstbischof zu Würzburg, beklagte sich der Dettelbacher Schultheiß (Gemeindevorsteher) im Januar 1632 über die Schrecken und Leiden, die der Schwedeneinfall mit sich brachte:*

Contributionen: *Kriegssteuern*

Mobilien: *Möbel, Hausrat*

traktieren: *schlecht behandeln*

Victualien: *Lebensmittel*

„[…] wie jämmerlich diese Stadt vor allen anderen verderbt und ruiniert sei, indem gleich am Anfang nach Ankunft der Königsarmee die Stadt fünf Tage nacheinander aufs Äußerste geplündert, alles Geld, Silber, Geschmeide samt anderer Mobilien↑, alle Pferde, viele Rinder und Vieh hinweggekommen, sechs Häuser in Aschen gelegt, etliche darniedergemacht und mehrmals die Bewohner ganz von Haus und Hof gejagt und auch sonst übel traktiert↑ worden, darunter der Kirchen, des Klosters und Spitals und Rathauses nicht verschont worden ist. Nach solchen vier Wochen mit starken Einquartierungen mit 3000 Pferden und darüber dauernd belegt, wodurch die nach der Plünderung noch übrig gebliebenen Früchte, Futtersachen, Vieh und andere Victualien↑ gänzlich verzehrt wurden, ohne was jedem Hausvater an Geld erpresst worden, sind wir durch diese Contributionen↑ so erschöpft, dass diesen Orts wie auch diesen Amts zugehörenden Dörflein alles in Grund und Boden dermaßen verderbt ist, dass wir weder Wein noch Getreide noch Vieh noch das Geringste nit mehr haben […].“

*Hans Ulrich Franck:* Soldaten überfallen ein Dorf (1645)

*Doch Plünderung und Gewalt gegen die Bevölkerung durch die schwedischen Soldaten nahmen kein Ende. So sandte die Stadtverwaltung weitere Briefe an den Fürstbischof mit der Bitte um Hilfe, zum Beispiel im November 1632:*

„[…] wie nämlich unser Städtlein Dettelbach vor allen anderen Ämtern des Stifts Würzburg mit Brandschatzen, Generalplündern, vorangegangener Feuersnot, starken unzählbaren und noch täglich währenden Einquartierungen in Grund und Boden also verderbt ist, dass weder Korn, Fleisch, Victualien, Futtersachen, auch bei den mehreren kein Tropfen Wein mehr vorhanden, nichts als Kleinmütigkeit, Trübsal, Angst, Not und Sterben zugegen, nicht wissend, wie man weiter mit Weib und Kindern des Hungers halben fortkommen soll […].“

1. Was musste die Bevölkerung von Dettelbach im Dreißigjährigen Krieg durch die schwedischen Soldaten erdulden? Nenne Beispiele.
2. Stell dir vor, es hätte damals schon Radio oder Fernsehen gegeben. Du befindest dich als Reporter/in in Dettelbach anno 1631/32 und sollst einen recht genauen Lagebericht geben.

## Ludwig Thoma

*Ludwig Thoma wurde 1867 in Oberammergau geboren und starb 1921 in Rottach am Tegernsee. Er schrieb humorvolle, auch satirische Erzählungen wie die „Lausbubengeschichten“ (1905) und Romane über die oberbayerischen Bauern und Kleinstädter. Auch als Bühnenschriftsteller war er erfolgreich, z. B. mit den Komödien „Die Lokalbahn“ (1902) und „Moral“ (1909). Durch die Verwendung der oberbayerischen Dialektsprache wirken seine Dichtungen sehr lebensecht.*

*Ludwig Thoma*

### Auf der Elektrischen↑

die Elektrische: *veraltete Bezeichnung für Straßenbahn*

In München. Der schwere Wagen poltert auf den Schienen; beim Anhalten gibt es einen Ruck, dass die stehenden Passagiere durcheinander gerüttelt werden.

Ein Schaffner ruft die Station aus. […]

Der Wagen hält.

„Deonsplatz!“, schreit der Schaffner.

Heißt eigentlich Odeonsplatz.

Eine Frau, die ein großes Federbett trägt, schiebt sich in den Wagen. Ein Sitzplatz ist noch frei.

Die Frau zwängt sich zwischen zwei Herren. Sie stößt dem einen den Zylinder vom Kopfe.

Das ärgert den Herrn. Er klemmt den Zwicker↑ fester auf die Nase und blickt strafend auf das Weib.

„Aber erlauben Sie!“, sagt er.

– ?! –

„Aber erlauben Sie, mit einem solchen Bett!“

Die Leute im Wagen werden aufmerksam.

Der Mann scheint ein Norddeutscher zu sein, der Sprache nach zu schließen. Ein besserer Herr, der Kleidung nach zu schließen.

Was fällt ihm ein, die arme Frau aus dem Volke zu beleidigen?

Ein dicker Mann, dessen grünen Hut ein Gemsbart ziert, verleiht der allgemeinen Stimmung Ausdruck.

der Zwicker: *eine Brille ohne Bügel*

„Warum soll denn dös arme Weiberl net da herin sitzen? Soll's vielleicht draußen bleib'n und frier'n? Bloß weil's dem nobligen↑ Herrn net recht is? Wenn ma so noblig is, fahrt ma halt mit da Droschken↑!“

noblig: *bayer. für vornehm, nobel*

die Droschke: *ältere Bezeichnung für Mietfahrzeug, Taxi*

Der dicke Mann ist erregt. Der Gemsbart auf seinem Hut zittert.

Einige Passagiere nicken ihm beifällig zu; andere murmeln ihre Zustimmung. Ein Arbeiter sagt: „Überhaupt is de Tramway↑ für an jed'n da. Net wahr? Und dera Frau ihr Zehnerl is vielleicht g'rad so guat, net wahr, als wia dem Herrn sei Zehnerl.“

Tramway: *engl. für Straßenbahn*

Die Frau mit dem Bett sieht recht gekränkt

aus. Sie schweigt; sie will nicht reden; sie weiß schon, dass arme Leute immer unterdrückt werden.

Sie schnupft ein paarmal auf und setzt sich zurecht. Dabei fährt sie mit dem Bette ihrem anderen Nachbarn ins Gesicht. Der stößt das Bett unsanft weg und redet in soliden Basstönen: „Sie, mit Eahnan dreckigen Bett brauchen S' mir fei's Maul net abwisch'n! Glauben S' vielleicht, Sie müassen's mir unta d' Nasen halt'n, weil S' as jetzt aus'm Versatzamt↑ g'holt hamm?"

ausg'schamt: *unverschämt*

das Versatzamt: *bayer. für Leihhaus*

Die Passagiere horchen auf. Da ist noch einer, der die Frau aus dem Volke beleidigt; aber, wie es scheint, ein süddeutscher Landsmann.

Die Stimmung richtet sich nicht gegen ihn. Übrigens sieht er so aus, als wenn ihm das gleichgültig sein könnte.

Er hat etwas Gesundes an sich, etwas Robustes, Hinausschmeißerisches.

Er imponiert sogar dem Herrn mit dem grünen Hute.

Und dann, alle haben es gesehen:

Die Frau ist ihm wirklich mit dem Federbette über das Gesicht gefahren. So etwas tut man nicht. Der Mann selbst ist noch nicht fertig mit seiner Entrüstung. Er wirft einen sehr unfreundlichen Blick auf die Frau aus dem Volke und einen sehr verächtlichen Blick auf das Bett.

Er sagt: „Überhaupt is dös a Frechheit gegen die Leut', mit so an Bett do rei'geh'. Wer woaß denn, wer in dem Bett g'leg'n is? Vielleicht a Kranker; und mir fahren S' ins G'sicht damit! Sie ausg'schamte↑ Person!"

Einige murmeln beifällig.

Der Mann mit dem grünen Hute gerät wieder in Zorn.

Er sagt: „Der Herr hat ganz Recht. Mit so an Bett geht ma net in a Tramway. Da kunnten ja mir alle o'g'steckt wer'n. Heuntzutag, wo's so viel Bazüllen gibt!"

Der Gemsbart auf seinem Hute zittert. Alle Passagiere sind jetzt wütend über die Unverschämtheit der Frau. Man ruft den Schaffner.

„De muaß außi!", sagt der Mann mit dem Gemsbart, „und überhaupts, wia könna denn Sie de Frau da einaschiab'n? Muaß ma si vielleicht dös g'fallen lassen bei der Tramway? Dass de Bazüllen im Wag'n umanandfliag'n?"

Der Schaffner trifft die Entscheidung, dass die Frau sich auf die vordere Plattform stellen muss. Sie verlässt ihren Platz und geht hinaus.

„Dös war amal a freche Person!", sagt der Mann mit dem Gemsbart.

Der Herr mit dem Zwicker meint: „Eigentlich war sie ganz anständig. Nur mit dem Bette ..."

„Was?!", schreit sein robuster Nachbar. „Sie woll'n vielleicht dös Weibsbild in Schutz nehma? Gengan S' außi dazua, wann's Eahna so guat g'fallt!"

Alle murmeln beifällig.

Und der Arbeiter sagt: „Da siecht ma halt wieda de Preißn!"

## Projektvorschlag: Eine Geschichte als Spielvorlage

### Das Rollenbuch

*Hinweis: Du kannst am Computer arbeiten oder einzelne Blätter einseitig beschriften. Die bearbeiteten Teile lassen sich dann nach Bedarf aneinander fügen.*

1. Schreibe die wörtliche Rede aus dem Text heraus. Gib dabei jeweils an, welche Person spricht.
2. Auch die mitreisenden Personen äußern sich zu dem Geschehen. Denke dir Fahrgäste aus, die die Szene miterleben: Marktfrau – Ehepaar – Tourist, der kein Deutsch versteht, …
3. Formuliere Regieanweisungen. Gib dabei Hinweise auf
   - die Sprechweise (den Tonfall, die Lautstärke), z. B.: Schaffner *(schreit): …*
   - den Gesichtsausdruck (die Mimik), z. B.: Herr mit Zwicker *(blickt strafend): …*
   - die Körpersprache (die Gestik), z. B.: *Frau zwängt sich zwischen zwei Herren …*
4. Wie sehen die Personen aus? Mache Angaben zu den Kostümen und zur Maske.
5. Welche Requisiten (Gegenstände) werden gebraucht? Erstelle eine Liste.
6. Beschreibe den Schauplatz der Handlung. Zeichne eine Skizze des Straßenbahnabteils und markiere die Plätze der Schauspieler. Notiere, wie du dir das Bühnenbild vorstellst und was du dazu benötigst.

### Die Proben und die Aufführung

7. Wer kann welche Rolle spielen? Wenn ihr die Rollen wechselt, zeigt sich nach und nach, wer für welche Rolle geeignet ist.
8. Probiert aus, was die Figuren machen, die (zeitweise) keinen Text haben. Erfindet unauffällige, aber überzeugende Tätigkeiten: z. B. Zeitung lesen, Wechselgeld nachzählen, …
9. Probiert auch die Requisiten aus: Hut, Zeitung, Federbett, …
10. Notiert alles Wesentliche (Gänge, Requisiten, Textänderungen, Zeit), damit ihr es nicht vergesst.
11. Versucht von Anfang an ohne Text in der Hand zu spielen.
12. Wann schlägt die Stimmung im Wagen um? Achtet bei der Inszenierung darauf, diesen Stimmungsumschwung deutlich zu machen.
13. Sprecht deutlich und nach Möglichkeit zum Publikum hin.
14. Ihr könnt das Stück in eurem Dialekt oder in der so genannten Jugendsprache aufführen.
15. Gestaltet ein Werbeplakat für eure Aufführung.
16. Führt euer Stück auf, z. B. bei einem Elternabend oder beim nächsten Schulfest.
17. Nehmt das Stück mit der Videokamera auf. Dann könnt ihr es auch später noch vorführen.

# LESETRAINING

*Paul Maar*

## Bild-Sprach-Spiel

So wird's gemacht:  B-Eis-piel = Beispiel

1. Lies die Wörter vor.
2. Suche in einem Wörterbuch nach weiteren „versteckten" Wörtern.
3. Entwirf und gestalte einen ähnlichen „Sprachbild-Text".

*Vera Ferra-Mikura*

## Darüber wundert sich das „V“

Obwohl ich immer als „V“ vor dir steh’,
bin ich manchmal ein „F“ und manchmal ein „W“.
Im Klavier und im Jagdrevier
wird ein „W“ aus mir.
Du siehst mich als „V“, doch wie sagst du dann?
Willa, Wase und Pawian.
Nur aus dem Vollmond, das wäre zum Lachen,
dürftest du keinen Wollmond machen,
aus dem Veilchen kein Weilchen,
aus dem Vetter kein Wetter.
Ich bin manchmal ein „F“ und manchmal ein „W“,
obwohl ich immer als „V“ vor dir steh’!

1. Erkläre, worin der „Witz“ des Gedichtes besteht.
2. Suche in einem Wörterbuch nach weiteren Wörtern mit „V“. Welche werden als „F“ und welche als „W“ ausgesprochen?

*Hans Adolf Halbey*

## Urlaubsfahrt

1 koffer koffer kindertragen
flaschen taschen puppenwagen
papa mama koffer kinder
autokarte notlichtblinker

2 früh geweckt gefrühstückt raus
winke winke schlüssel haus
autobahnen autoschlange
kinderplappern mama bange

3 schlange kriechen sonne heiß
stinken staub benzin und schweiß
stockung hunger mama brote
papa skatspiel radio: tote

4 schlafen schimpfen hupen schwitzen
weiterfahren weitersitzen
müde mitternacht hotel pension
tausenddreißig schlafen schon

1. Lies das → Gedicht vor. Wie ist es „gebaut“?
2. Beim Lesen erkennst du, dass die Zeilen eine bestimmte Länge haben und dass bestimmte Silben betont werden.
   Die ersten vier Zeilen siehst du hier als Beispiel: (x bedeutet: betont, __ bedeutet: unbetont)

   X _ X _ X _ X _
   X _ X _ X _ X _
   X _ X _ X _ X _
   X _ X _ X _ X _

   Etwas Ähnliches kannst du selbst probieren.
   Hier sind Themen, die du gestalten könntest:
   - Besuch einer Großveranstaltung
   - Einkauf in einem Supermarkt
   - Sonntagsausflug zu Verwandten
   - Schulausflug
   - Ein hektischer Morgen in der Schule
   - Ein Tag voller Stress

   Wenn dir noch andere einfallen, kannst du natürlich auch die nehmen.

So hat eine Schülerin den Anfang ihres Gedichtes geschrieben:

**Ein Tag wie jeder andere**

aufstehn waschen kämmen raus
vater ist schon aus dem haus
mathehefte nicht vergessen
frühstück auch noch nicht gegessen
um halb acht zum bus gelaufen
unterwegs patronen kaufen ...

Ein Schüler hat sich von der Vorlage frei gemacht und seinen Text ein wenig anders angelegt. Dies ist der Anfang:

*Ein Tag voller Stress*

*morgen müde räkeln gähnen*
*faulheit fünf minuten noch*
*mundgeruch auch in den zähnen*
*schließlich weckt mich vater doch*

*waschen anziehn frühstück schlingen*
*und dann auf das fahrrad rauf*
*vater muss den ranzen bringen*
*und dann mache ich mich auf*

*bio kunst und dann geschichte*
*danach pause gummitwist*
*krampf in wade deutsch gedichte*
*und jetzt mathe so ein mist ...*

Auch diese Schülerin hat etwas Neues versucht. Hier der Mittelteil ihres Gedichtes:

Tagesablauf einer Kassiererin

...

ALLES SAUST AN MIR VORBEI
KAFFEEMEHLUNDSÜSSERBREI
MÖHRENKOHLODERTOMATEN
HÜHNERKLEINUNDSCHWEINEBRATEN
PEPSICOLAFANTASPRITE
BALD IST FEIERABENDZEIT
DIE UHR SCHLÄGT 8 DIE KASSE ZU
NUN HAT DIE LIEBE SEELE RUH ...

3. Und jetzt bist du dran: Wie willst du dein Gedicht gestalten?

Cartoon: *Ton Smits*

1. Erkläre das „Missverständnis“.

*Eugen Roth*

## DASSCH NIT ZEL

E inmen schders iche insch nitz elb riet
bem erk ted assi hmd asmiss riet
jed ochda eressel bstgeb raten
tu terals wär' e sihmger aten
un dums ich nichtzus tra fenlü gen
isster's mitherz lich emvergnü gen

1. Lies das Gedicht vor.
2. Schreibe es in der üblichen Form auf.
   Denke an die Großschreibung bei Nomen.

*Eugen Roth*

## Zweierlei

Ein Mensch – man sieht, er ärgert sich – schreit wild: Das ist ja lächerlich!
Der andre, gar nicht aufgebracht, zieht draus die Folgerung und – lacht.

1. Auch das ist ein → Gedicht von Eugen Roth.
   → Reim und → Rhythmus erkennst du beim genauen Sprechen der betonten Silben.
2. Schreibe den Text als Gedicht ab.
   Unterstreiche die betonten Silben und kreise die Reimwörter ein.

Ein ortsfremder Musikfreund eilt über den Odeonsplatz und fragt einen Passanten: „Ach bitte, wie komme ich am schnellsten zu den Philharmonikern?“

Galaaufführung in der Oper. Die Platzanweiserin fragt einen Besucher: „Brauchen Sie ein Textbuch?“

Ein Kritiker zu einem anderen: „Haben Sie bemerkt, wie herrlich die Stimme der Sängerin den Saal ausfüllte?“

Der Mieter ruft ins Treppenhaus: „Hören Sie bloß mit dem verdammten Trompetengespiele auf! Ich werde sonst verrückt.“

„Nein, danke! Wir wollen nicht mitsingen.“

„Üben, mein Herr, üben!“

**Musik liegt in der Luft**

„Ja, allerdings sind auch viele Leute gegangen, um der Stimme Platz zu machen ...“

„Zu spät! Ich habe schon vor einer Viertelstunde aufgehört.“

1. Vier Witze zum Thema „Musik“ wurden hier durcheinander gebracht. Ordne die Pointen↑ jeweils richtig zu.
2. Erzählt euch die Witze. Verändert eure Stimme beim Vortragen so, dass sie zum jeweiligen Sprecher passt.

die Pointe: *der überraschende Schluss*

## Mahlzeit

- „Oh, ganz zufällig unter einem Salatblatt.“
- „Quatsch! Eine tote Fliege kann nicht schwimmen!“
- „Mir auch nicht, Mutti! Aber es freut mich, dass wir denselben Geschmack haben.“
- „Nicht mehr lange, mein Herr. Sehen Sie die Spinne am Tellerrand?“
- „Herr Ober, in meiner Suppe schwimmt eine Fliege!“
- „Mark, dein Zeugnis gefällt mir aber gar nicht.“
- Der Wirt fragt den Gast: „Nun, mein Herr, wie fanden Sie denn das Schnitzel?“
- „Igitt! In meiner Suppe schwimmt eine tote Fliege!“

1. Lies die vier Witze so, wie sie zusammengehören.
   Beim Lesen der Sätze mit Ausrufezeichen darfst du deiner Stimme mehr Ausdruck verleihen.
2. Ein Witz passt nicht zum Thema „Mahlzeit“. Begründe.
3. Sicher kennst du weitere Witze. Schreibe sie als → Dialog auf und trage sie mit einem Partner vor.

*Kurt Tucholsky*

## Ein Ehepaar erzählt einen Witz

„Herr Panter, wir haben gestern einen so reizenden Witz gehört, den *müssen* wir Ihnen ... also den *muß* ich Ihnen erzählen. Mein Mann kannte ihn schon ... aber er ist zu reizend. Also passen Sie auf.

Ein Mann, Walter, streu nicht den Tabak auf den Teppich, da! Streust ja den ganzen Tabak auf den Teppich, also ein Mann, nein, ein Wanderer verirrt sich im Gebirge. Also der geht im Gebirge und verirrt sich, in den Alpen. Was? In den Dolomiten, also nicht in den Alpen, ist ja ganz egal. Also er geht da durch die Nacht, und da sieht er ein Licht, und er geht grade auf das Licht zu ... laß mich doch erzählen! das gehört dazu! ... geht drauf zu, und da ist eine Hütte, da wohnen zwei Bauersleute drin. Ein Bauer und eine Bauersfrau. Der Bauer ist alt, und sie ist jung und hübsch, ja, sie ist jung. Die liegen schon im Bett. Nein, die liegen noch nicht im Bett ..."

„Meine Frau kann keine Witze erzählen. Laß mich mal. Du kannst nachher sagen, ob's richtig war. Also nun werde ich Ihnen das mal erzählen.

Also, ein Mann wandert durch die Dolomiten und verirrt sich. Da kommt er – du machst einen ganz verwirrt, so ist der Witz gar nicht! Der Witz ist ganz anders. In den Dolomiten, so ist das! In den Dolomiten wohnt ein alter Bauer mit seiner jungen Frau. Und die haben gar nichts mehr zu essen; bis zum nächsten Markttag haben sie bloß noch eine Konservenbüchse mit Rindfleisch. Und die sparen sie sich auf. Und da kommt ... wieso? Das ist ganz richtig! Sei mal still ..., da kommt in der Nacht ein Wandersmann, also da klopft es an die Tür, da steht ein Mann, der hat sich verirrt, und der bittet um Nachtquartier. Nun haben die aber gar kein Quartier, das heißt, sie haben nur ein Bett, da schlafen sie zu zweit drin. Wie? Trude, das ist doch Unsinn ... Das kann sehr nett sein!"

„Na, ich könnte das nicht. Immer da einen, der – im Schlaf strampelt ..., also ich könnte das nicht!"

„Sollst du ja auch gar nicht. Unterbrich mich nicht immer."

„Du sagst doch, das wär nett. Ich finde das nicht nett."

„Also ..."

„Walter! Die Asche! Kannst du denn nicht den Aschbecher nehmen?"

„Also ... der Wanderer steht da nun in der Hütte, er trieft vor Regen, und er möchte doch da schlafen. Und da sagt ihm der Bauer, er kann ja in dem Bett schlafen, mit der Frau."

„Nein, so war das nicht. Walter, du erzählst es ganz falsch! Dazwischen, zwischen ihm und der Frau – also der Wanderer in der Mitte!"

„Meinetwegen in der Mitte. Das ist doch ganz egal."

„Das ist gar nicht egal ... der ganze Witz beruht ja darauf."

„Der Witz beruht doch nicht darauf, wo der Mann schläft!“

„Natürlich beruht er darauf! Wie soll denn Herr Panter den Witz so verstehen … laß mich mal – ich werd ihn mal erzählen! – Also der Mann schläft, verstehen Sie, zwischen dem alten Bauer und seiner Frau. Und draußen gewittert es. Laß mich doch mal!“

„Sie erzählt ihn ganz falsch. Es gewittert erst gar nicht, sondern die schlafen friedlich ein. Plötzlich wacht der Bauer auf und sagt zu seiner Frau – Trude, geh mal ans Telefon, es klingelt. – Nein, also das sagt er natürlich nicht … Der Bauer sagt zu seiner Frau … Wer ist da? Wer ist am Telefon? Sag ihm, er soll später noch mal anrufen – jetzt haben wir keine Zeit! Ja. Nein. Ja. Häng ab! Häng doch ab!“

„Hat er Ihnen den Witz schon zu Ende erzählt? Nein, noch nicht? Na, erzähl doch!“

„Da sagt der Bauer: Ich muß mal raus, nach den Ziegen sehn – mir ist so, als hätten die sich losgemacht, und dann haben wir morgen keine Milch! Ich will mal sehn, ob die Stalltür auch gut zugeschlossen ist.“

„Walter, entschuldige, wenn ich unterbreche, aber Paul sagt, nachher kann er nicht anrufen, er ruft erst abends an.“

„Gut, abends. Also der Bauer – nehmen Sie doch noch ein bißchen Kaffee! – Also der Bauer geht raus, und kaum ist er rausgegangen, da stupst die junge Frau …“

„Ganz falsch. Total falsch. Doch nicht das erste Mal! Er geht raus, aber sie stupst erst beim dritten Mal – der Bauer geht nämlich dreimal raus – das fand ich so furchtbar komisch! Laß mich mal! Also der Bauer geht raus, nach der Ziege sehn, und die Ziege ist da; und er kommt wieder rein.“

„Falsch. Er bleibt ganz lange draußen. Inzwischen sagt die junge Frau zu dem Wanderer –“

„Gar nichts sagt sie. Der Bauer kommt rein …“

„Erst kommt er nicht rein!“

„Also … der Bauer kommt rein, und wie er eine Weile schläft, da fährt er plötzlich aus dem Schlaf hoch und sagt: Ich muß doch noch mal nach der Ziege sehen – und geht wieder raus.“

„Du hast ja ganz vergessen, zu erzählen, daß der Wanderer furchtbaren Hunger hat!“

„Ja. Der Wanderer hat vorher beim Abendbrot gesagt, er hat so furchtbaren Hunger, und da haben die gesagt, ein bißchen Käse wäre noch da …“

„Und Milch!“

„Und Milch, und es wär auch noch etwas Fleischkonserve da, aber die könnten sie ihm nicht geben, weil die eben bis zum nächsten Markttag reichen muß. Und dann sind sie zu Bett gegangen.“

„Und wie nun der Bauer draußen ist, da stupst sie den, also da stupst die Frau den Wanderer in die Seite und sagt: Na …“

„Keine Spur! Aber keine Spur! Walter, das ist doch falsch! Sie sagt doch nicht: Na …!“

„Natürlich sagt sie: Na …! Was soll sie denn sagen?“

„Sie sagt: Jetzt wäre so eine Gelegenheit …“

„Sie sagt im Gegenteil: Na … und stupst den Wandersmann in die Seite …“

„Du verdirbst aber wirklich jeden Witz, Walter!“

„Das ist großartig! Ich verderbe jeden Witz? *Du* verdirbst jeden Witz – ich verderbe doch nicht jeden Witz! Da sagt die Frau …“

„Jetzt laß *mich* mal den Witz erzählen! Du verkorkst ja die Pointe …!“

„Also jetzt mach mich nicht böse, Trude! Wenn ich einen Witz anfange, will ich ihn auch zu Ende erzählen …“

„Du hast ihn ja gar nicht angefangen … ich habe ihn angefangen!“ – „Das ist ganz egal –

jedenfalls will ich die Geschichte zu Ende erzählen; denn du kannst keine Geschichten erzählen, wenigstens nicht richtig!" – „Und ich erzähle eben meine Geschichten nach meiner Art und nicht nach deiner, und wenn es dir nicht paßt, dann mußt du eben nicht zuhören ...!" – „Ich will auch gar nicht zuhören ... ich will sie zu Ende erzählen – und zwar so, daß Herr Panter einen Genuß von der Geschichte hat!" – „Wenn du vielleicht glaubst, daß es ein Genuß ist, dir zuzuhören ..." – „Trude!" – „Nun sagen Sie, Herr Panter – ist das auszuhalten! Und so nervös ist er schon die ganze Woche ... ich habe ..." – „Du bist ..." – „Deine Unbeherrschtheit ..." – „Gleich wird sie sagen: Komplexe! Deine Mutter nennt das einfach schlechte Erziehung ..." – „Meine Kinderstube ...!" – „Wer hat denn die Sache beim Anwalt rückgängig gemacht? Wer denn? Ich vielleicht? Du! Du hast gebeten, daß die Scheidung nicht ..." – „Lüge!" – Bumm: Türgeknall rechts. Bumm: Türgeknall links.
Jetzt sitze ich da mit dem halben Witz.
Was hat der Mann zu der jungen Bauersfrau gesagt? R

1. Warum gelingt es dem Ehepaar nicht, den Witz zu erzählen?
2. Lest den Text mit verteilten Rollen. Achtet dabei vor allem darauf, dass sich die Eheleute Walter und Trude laufend gegenseitig unterbrechen.

*Wolfdietrich Schnurre*

## Die Höhe der Frechheit

## Die Macht der Winzigkeit

Ein Star hatte sich auf die Stirn einer Giraffe gesetzt.
„He, runter da!", rief die Giraffe empört.
„Komm doch rauf, wenn du was willst!",
schrie der Star.

„Mach, dass du wegkommst!", schnaubte der Stier
die Mücke an, die ihm im Ohr saß.
„Du vergisst, dass ich kein Stier bin",
sagte die Mücke und stach ihn gemächlich.

1. Ordne die Überschriften den passenden Texten zu. Begründe.
2. Lest die → Dialoge der Tiere mit verteilten Rollen.
Achtet dabei auf den passenden Ausdruck.

*Jan Peter Schniebel*

## Wortgeschnipsel

1. Das kannst du auch: Schneide aus Zeitungen oder Zeitschriften Überschriften oder Werbesprüche aus.
   Vertausche die Wortfolge so, dass ein neuer Sinn entsteht.

*Carlo Manzoni*

## Der Radfahrer

**A** Signor Veneranda hielt einen jungen Mann an, der mit dem Fahrrad vorbeikam. „Entschuldigen Sie", sagte Signor Veneranda, „fahren Sie rechts?"
„Aber sicher", sagte der Radfahrer und schaute Signor Veneranda erstaunt an, „was soll diese Frage? Sehen Sie denn nicht, dass ich rechts fahre?"

**B** „Zum Donnerwetter, ich …", stotterte der junge Mann, der nicht mehr wusste, was er sagen sollte.
„Ach, gehen Sie doch zum Teufel!", schloss Signor Veneranda die Diskussion ab und ging schnell weiter, „man braucht wirklich eine Schafsgeduld, um diesen undisziplinierten↑ Radfahrern beizubringen, wie sie fahren sollen!"

undiszipliniert sein: *hier: Vorschriften missachten*

**C** „Ich brüste mich nicht!", schrie nun der junge Mann, stieg vom Rad und näherte sich drohend Signor Veneranda, „Sie reden einen Haufen dummes Zeug!"
„Sie sind ja verrückt!", schrie nun seinerseits Signor Veneranda und ging einen Schritt auf den Radfahrer zu, „ich habe Sie nur gefragt, ob Sie rechts fahren."
„Das geht Sie überhaupt nichts an!"
„So, und wenn Sie links fahren, überfahren Sie mich, ist Ihnen das klar?", schrie Signor Veneranda.

**D** „Jetzt sehe ich es freilich", sagte Signor Veneranda, „aber gestern habe ich Sie nicht gesehen und auch morgen werde ich nicht sehen, ob Sie rechts fahren. Ich kenne Sie ja überhaupt nicht und im nächsten Moment fahren Sie weiter und ich werde Ihnen wahrscheinlich nie mehr begegnen. Vielleicht fahren Sie morgen links, was weiß denn ich?"
„Und was zum Teufel geht das Sie an?", fragte der junge Mann leicht irritiert.

**E** „Aber ich fahre doch rechts!", protestierte der junge Mann, der anfing konfus zu werden.
„Und Sie tun nur Ihre Pflicht!", schrie Signor Veneranda und kam in Rage↑. „Wenn Sie rechts fahren, tun Sie nichts anderes als die Vorschriften befolgen. Damit brauchen Sie sich also gar nicht zu brüsten!"

die Rage: *die Wut*

**F** „Wie, was mich das angeht?", sagte Signor Veneranda, „das geht mich sogar sehr viel an! Ich bin Fußgänger und beachte die Vorschriften. Und wenn Sie, ein Radfahrer, links statt rechts fahren, gefährden Sie meine Sicherheit."

L
1. Der Anfang des Dialogs ist vorgegeben. Alle übrigen Teile des Textes musst du jeweils zuordnen. Achte dabei am Ende und am Beginn der einzelnen Textteile auf wichtige Signalwörter, auf Aussagen oder auf Fragen und Antworten, die sich aufeinander beziehen.
2. Mit welcher Methode ärgert Signor Veneranda sein Gegenüber?
3. Gehört dieser Text zu den → **dramatischen** oder den **epischen Texten** (→ **Epik**)? Prüfe und begründe deine Meinung.

*Johann Peter Hebel*

# Dankbarkeit

In der Seeschlacht von Trafalgar↑, während die Kugeln sausten und die Mastbäume krachten, fand ein Matrose noch Zeit zu kratzen, wo es ihn biss, nämlich auf dem Kopf. Auf einmal streifte er mit zusammengelegtem Daumen und Zeigefinger bedächtig an einem Haare herab und ließ ein armes Tierlein, das er zum Gefangenen gemacht hatte, auf den Boden fallen. Aber indem er sich niederbückte, um ihm den Garaus zu machen, flog eine feindliche Kanonenkugel ihm über den Rücken weg, paff in das benachbarte Schiff. Da ergriff den Matrosen ein dankbares Gefühl, und überzeugt, dass er von dieser Kugel wäre zerschmettert worden, wenn er sich nicht nach dem Tierlein gebückt hätte, …

Trafalgar: *Kap an der Südküste Spaniens. 1805 Seesieg der englischen Flotte über die französisch-spanische Flotte*

**1** … wollte er es sich wieder auf den Kopf setzen. Er weinte bitterlich, als er sah, dass das Tierlein sein Leben schon ausgehaucht hatte.

**2** … hob er es schonend von dem Boden auf und setzte es wieder auf den Kopf. „Weil du mir das Leben gerettet hast“, sagte er; „aber lass dich nicht zum zweiten Mal attrappieren↑, denn ich kenne dich nimmer.“

attrapieren: *hier im Sinne von: fangen*

**3** … gab er es in ein kleines Gefäß, versorgte es täglich mit auserlesenen Leckerbissen wie zerbröselten Bartstoppeln oder hier und da ein paar Haarschuppen von seinem eigenen Kopf und liebte es schließlich so wie andere Leute ihre Katzen, Hunde oder Vögel.

L
1. Welcher Schluss passt wohl am besten zum vorangegangenen Text?
2. Suche die entsprechenden Formulierungen heraus, die belegen, welche Textstücke zusammenpassen.

*Heinrich von Kleist*

## Anekdote

*Kurt Tucholsky*

## Der Floh Ⓡ

Departement du Gard: *Verwaltungsbezirk am Gard (Nebenfluss der Rhône)*

Pont du Gard: *römischer Aquädukt über dem Gard*

Concierge: *Hausmeister(in) und Pförtner(in)*

die Indiskretion: *der Vertrauensbruch*

**A** Im Departement du Gard↑ – ganz richtig, da, wo Nîmes liegt und der Pont du Gard↑: im südlichen Frankreich – da saß in einem Postbüro ein älteres Fräulein als Beamtin, die hatte eine böse Angewohnheit: sie machte ein bißchen die Briefe auf und las sie. Das wußte alle Welt. Aber wie das so in Frankreich geht: Concierge↑, Telefon und Post, das sind geheiligte Institutionen, und daran kann man schon rühren, aber daran darf man nicht rühren, und so tut es denn auch keiner.

**B** Ein mecklenburgischer Landmann, namens Jonas, war seiner Leibesstärke wegen, im ganzen Lande bekannt.
Ein Thüringer, der in die Gegend geriet, und von jenem mit Ruhm sprechen hörte, nahm sich's vor, sich mit ihm zu versuchen.

**C** Lieber Jonas, sagte der Thüringer: sei so gut und schmeiß mir einmal auch mein Pferd wieder herüber!

**D** Lieber Freund!
Da ich weiß, daß das Postfräulein Emilie Dupont dauernd unsre Briefe öffnet und sie liest, weil sie vor lauter Neugier platzt, so sende ich Dir anliegend, um ihr einmal das Handwerk zu legen, einen lebendigen Floh.
Mit vielen schönen Grüßen
Graf Koks

**E** Hier eröffnete der Thüringer seine Absicht, sich mit dem starken Jonas zu messen. Jonas ergriff den Thüringer, warf ihn sofort über die Mauer zurück, und nahm seine Arbeit wieder vor.

**F** Er bestellte sich einen Gerichtsvollzieher auf das Schloß und schrieb in seiner Gegenwart an einen Freund:

**G** Das Fräulein also las die Briefe und bereitete mit ihren Indiskretionen↑ den Leuten manchen Kummer.
Im Departement wohnte auf einem schönen Schlosse ein kluger Graf. Grafen sind manchmal klug, in Frankreich. Und dieser Graf tat eines Tages folgendes:

**H** Als der Thüringer vor das Haus kam, sah er vom Pferde über die Mauer hinweg auf dem Hofe einen Mann Holz spalten und fragte diesen: ob hier der starke Jonas wohne?, erhielt aber keine Antwort. So stieg er vom Pferde, öffnete die Pforte, führte das Pferd herein, und band es an die Mauer.

**I** Nach einer halben Stunde rief der Thüringer, jenseits der Mauer: Jonas! – Nun was gibt's? antwortete dieser.

**J** Und diesen Brief verschloß er in Gegenwart des Gerichtsvollziehers. Er legte aber keinen Floh hinein.
Als der Brief ankam, war einer drin.

L 1. Zwei → Anekdoten sind durcheinander geraten. Setze die passenden Teile jeweils zusammen.
2. Woran erkennst du die passenden Schnittstellen? Erkläre den Aufbau der Anekdoten.
3. Wie „äußern" sich die Personen jeweils in der misslichen Lage? Wer ist hier wem überlegen?

## Polizei rettet Schwan vor seinem Vater

Die Polizei hat einen ____ vor seinem rabiaten Vater gerettet. Zwei ____ griffen im Stadtpark von Langenau (Alb-Donau-Kreis) das hilflos herumirrende Schwänchen auf, das vor seinem ____ geflohen war. Die Beamten brachten den Jungvogel zunächst zurück zum „Familiensitz" an den Quelltopf der Wörth – doch der brutale Vater trieb seinen ____ gleich wieder davon. Die Polizisten packten den Jungschwan deshalb kurzerhand in den ____ und ließen ihn einen ____ flussaufwärts in die Fluten der Nau steigen. Weitere ____ sei weder möglich noch nötig gewesen. „Wie bei den ____ müssen auch in diesem Fall die Streithähne aus eigenem ____ wieder aufeinander zugehen und zueinander finden", heißt es im ____.

L 1. Zehn Wörter sind aus dem Text herausgefallen.
Lies den Zeitungsartikel und ergänze dabei die passenden Wörter.

Nachwuchs | Antrieb | Vater | Hilfe
Kilometer | Jungschwan | Streifenwagen
Polizeibericht | Beamte | Menschen

## Esa-Teleskop findet Wasser

*Leben im All wahrscheinlich*

**LONDON (AP) Das Weltraumobservatorium der europäischen Raumfahrtbehörde Esa hat an ungewöhnlichen Stellen im Weltall Wasser gefunden.**

Die Wahrscheinlichkeit, dass sich außerhalb der Erde Leben entwickelt hat, wird auf Grund der neuen Erkenntnisse nun deutlich höher eingeschätzt, wie Forscher zum Abschluss des zweieinhalb Jahre dauernden Projekts in London mitteilten.

Am aufregendsten sei die Entdeckung von Wasser in der Atmosphäre von Titan gewesen, dem größten Saturn-Mond, erklärte der Wissenschaftsdirektor der Esa, Roger Bonnet. Damit herrschten dort vielleicht auch dieselben Bedingungen wie vor viereinhalb Milliarden Jahren auf der Erde, als hier das Leben entstand. „Alles, was wir brauchen, ist ein bisschen Wärme auf Titan", sagte Bonnet. Das Observatorium hat das All im Infrarotbereich erforscht und erstmals Wasser sichtbar werden lassen.

1. Lies den Text und schlage unbekannte Begriffe nach, z. B.: Observatorium, Atmosphäre, Infrarotbereich.
2. Als Nachrichtensprecher musst du dir zuvor überlegen, welche Wörter du beim Vorlesen betonst und wo du Pausen einlegen willst:
   Schreibe den Zeitungsartikel mit dem Computer ab und markiere dir Lesehilfen:
   _______ = Wort betonen
   / = kurze Pause
   // = lange Pause

## Lebende Vögel und Korallen im Koffer

*Schmuggel bedroht nach wie vor Arten*

**Trotz des vor 25 Jahren unterzeichneten Washingtoner Artenschutzabkommens blüht der illegale Handel mit bedrohten Tier- und Pflanzenarten – auch wenn die Zöllner am Frankfurter Flughafen heute andere Schmuggelware im Reisegepäck finden als damals.**

Während in den 70er-Jahren vor allem Felle von geschützten Wildkatzen entdeckt wurden, fallen seit einigen Jahren illegal eingeführte Schuhe, Taschen oder Gürtel aus Reptilienleder auf. Hinzu kommen Korallen, Muscheln oder lebende Vögel.

Das Washingtoner Artenschutzabkommen (WA) zur Beschränkung des Handels mit bedrohten Arten habe den illegalen Handel nicht eingedämmt, sagte gestern der Leiter des Frankfurter Hauptzollamts, Klaus Schröder. Nicht nur an den Grenzen, sondern auch im Inland förderten Kontrollen Schmuggelware zutage.

In der Asservatenkammer↑ des Regierungspräsidiums Darmstadt liegen beschlagnahmte Gegenstände aus Elfenbein, Pottwalzähne oder Nashorn-Hörner im Wert von drei Millionen Mark↑. Auch wachse das Interesse an lebenden exotischen Tieren, sagte Werner Weitzel vom Präsidium. Häufig entdeckten die Kontrolleure Krokodile in der Badewanne, Riesenschlangen in Schränken oder Affen in der Besenkammer.

Die Behörden hätten gegen die „mafiaähnlichen Strukturen↑ der Händler“ keine Chancen, kritisierte Helmut Röscheisen vom Deutschen Naturschutzring. Deutschland sei ein großer Absatzmarkt. Die derzeitige Artenschutzpolitik der Bundesregierung sei zu zögerlich.

Dagegen zog Gerhard Adams vom Bundesumweltministerium eine positive Bilanz des WA. Die heute eingeführten

Krokodile, Orchideen und Kakteen kämen größtenteils aus Zuchtbeständen. Auf neue Entwicklungen werde prompt reagiert.

Nach Ansicht des World Wide Fund for Nature (WWF) reicht der Artenschutz des WA, das rund 40 000 Tier- und Pflanzenarten schützt, allein nicht aus. Die natürlichen Lebensgrundlagen der Tiere und Pflanzen müssten erhalten werden. Allerdings müsse die Bevölkerung der unter anderem betroffenen afrikanischen und südamerikanischen Länder diesen Schutz auch wollen, sagte WWF-Artenschutzexperte Roland Melisch. Die Wirtschaft sei aufgerufen, die armen Länder und ihre Natur in Modellprojekten zu fördern.

die Asservatenkammer: *Ort zur Aufbewahrung von beschlagnahmten Sachen*

drei Millionen Mark: *ungefähr 1,5 Millionen Euro*

mafiaähnliche Strukturen: die Mafia: *eine Geheimorganisation, ursprünglich in Sizilien;* die Struktur: *der Aufbau, die innere Gliederung. Gemeint sind also Organisationen, die ähnlich wie die Mafia aufgebaut sind.*

1. Lies den Zeitungsartikel und beantworte folgende Fragen:
   - Was bedeutet „WWF“? Was bedeutet „WA“?
   - Welche illegal eingeführten Gegenstände werden heute oft festgestellt?
   - Wo entdecken die Kontrolleure die Schmuggelware?
   - Welche unter Artenschutz stehenden Tiere werden bei der Schmuggelware entdeckt?
   - Wie sollen die Aktionen zum Artenschutz besser unterstützt werden?
2. Vergleiche die beiden Zeitungsartikel auf S. 172/173: Welchen würdest du als → **Nachricht** bezeichnen, welchen als → **Bericht**? Begründe jeweils.

*Wolfgang Ecke*

## Zirkusluft oder Zwischen Drahtseilakt und hoher Schule

Der Zirkus STEIN & HOFF gastierte bereits den vierten Tag am Platze. Alle Vorstellungen in den vergangenen drei Tagen waren ausverkauft und auch am heutigen vierten Abend war das riesige Rund unter dem Zeltdach dicht besetzt. Um 21 Uhr 45 verließ Direktor Hoff seinen Wohnwagen. Punkt 22 Uhr war sein Auftritt: hohe Schule. Und während er sich wie üblich davon überzeugte, dass der Schimmel „Tarantella" ordnungsgemäß gezäumt wurde, begann in der Arena die zierliche Spanierin Olivia Franto mit ihrem gewagten und hinreißenden Drahtseilakt.

Joe Wilsing, Tierpfleger, der zu diesem Zeitpunkt Pfeife rauchend auf der Treppe seines Wohnwagens saß, sah seinen Direktor in Richtung des Stallzeltes davongehen. Er sah auch Minuten später den Clown, der im Direktionswagen verschwand. Doch Joe Wilsing dachte sich nichts dabei. Er klopfte seine Pfeife aus und begab sich zu den Raubtieren hinüber.

Als Serge Hoff um 22 Uhr 30 zurückkehrte, erstarrte er. Jemand hatte den Geldschrank aufgebrochen. Verschwunden war außer den gesamten Tageseinnahmen auch die Reserve, die immer griffbereit lag. „Nur nichts überstürzen!", ermahnte sich Hoff selbst zur Besonnenheit. Und vorsichtig, er dachte an eventuelle Spuren, langte er zum Telefon. Als nach fünfzehn Minuten Kommissar Watzmann mit zwei Beamten eintraf, erinnerte sich Direktor Hoff, den Tierpfleger Joe Wilsing gesehen zu haben. Und wenig später wiederum erinnerte sich Joe Wilsing an den Clown. Der Täter schien festzustehen.

Die Schwierigkeiten jedoch sollten noch kommen: Es gab drei Clowns. Sie nannten sich „Die 3 Patonis" und sie traten nicht nur gemeinsam auf, sie trugen auch alle das gleiche Kostüm, die gleiche Maske und sie bewohnten gemeinsam einen Wohnwagen.

Kommissar Watzmann hatte sich einen Plan zurechtgelegt, zu dem gehörte, dass Direktor Hoff und der Tierpfleger Wilsing bis auf weiteres Stillschweigen bewahrten. So kam es, dass um Mitternacht noch niemand etwas von dem Raub wusste.

Als sich Watzmann dem Wagen der Clowns näherte, es war zehn Minuten nach Mitternacht, hörte er schimpfende Stimmen. Er stieg die vier Stufen hinauf, klopfte und trat

ein. Das Schimpfen verstummte. Drei Augenpaare sahen dem Beamten halb neugierig, halb misstrauisch entgegen. „Ich bin Kommissar Watzmann!“, klärte er die drei Männer auf. „Darf ich eintreten?“ Ohne auf Antwort zu warten, drängte er sich in das Innere des Wohnwagens und schloss die Tür hinter sich.

„Sie sind die Herren Pierre Cobin, Max Lauscher und Jochen Hempel.“

Die Clowns außer Dienst nickten verwundert. Und Lauscher: „Um diese Zeit geben wir eigentlich keine Autogramme mehr.“ – „Was wollen Sie eigentlich?“, fragte Pierre, während Hempel finster dreinblickte und brummte: „Unser Max wird wieder was ausgefressen haben!“

Der Kommissar winkte den sich anbahnenden Streit energisch ab. Dann erklärte er: „Heut Abend ist in der Umgebung ein Raub begangen worden. Der Täter war einer von Ihnen. Es gibt dafür einen Zeugen!“

Pierre Cobin blieb gelassen: „Ich war es nicht! Und das Gegenteil können Sie mir nicht beweisen!“

„Aber du steckst bis zum Hals in Schulden!“, fauchte ihn Jochen Hempel an. „Stimmt!“, rief auch Max. „Schulden hat er wie ein verarmter General!“

Cobin winkte ab: „Halt's Maul, Max, sonst überprüft der liebe Kommissar dein Alibi.“

„Und dann kommt heraus, dass du seit Tagen um den Direktionswagen herumschleichst!“

„Du lügst!!!“, brüllte Lauscher und wollte sich auf Hempel stürzen.

Der Kommissar ging dazwischen: „Wo waren Sie zwischen Drahtseilakt und hoher Schule, Herr Lauscher?“

Lauschers Stimme klang heiser: „In der Kantine! Fragen Sie doch Cobin, wo er zu dieser Zeit war!“

Kommissar Watzmann nickte: „Nun, Herr Cobin ...“

„Hier im Wagen. Habe geraucht ...“

„Und Sie?“ Jochen Hempel zuckte mit den Schultern und erwiderte: „Wenn ich mich nicht irre, am Manegeneingang.“

Cobin tippte Watzmann an den Arm: „Warum holen Sie nicht einfach Ihren Tatzeugen, Herr Kommissar?“

Lauscher winkte ab: „Das ist doch alles nur Bluff ... Ich wette, dass es gar keinen Tatzeugen gibt ...“

Hempel nickte beifällig: „Denk's auch! Und wenn schon. In ein Clownskostüm kann sich jeder stecken.“

Kommissar Watzmann öffnete lächelnd die Tür. Zwei weitere Beamte schoben sich in die Enge. „Den nehmen wir fürs Erste mit. Es könnte sein, dass er mit dem Fall zu tun hat ...“

L 1. Welchen der drei Männer hat Kommissar Watzmann als dringend tatverdächtig mitgenommen? Begründe deine Lösung.

# DRAMATISCHES

*Unter der Bezeichnung „Dramatisches“ werden hier verschiedene Arten → **dramatischer Texte** zusammengefasst, nicht nur Theaterszenen, sondern auch das Hörspiel, der Film und das Fernsehspiel (vgl. auch das Kapitel „Film und Fernsehen“, S. 192 ff.).*

*Ernst Jandl*

## fünfter sein

1 tür auf
einer raus
einer rein
vierter sein

2 tür auf
einer raus
einer rein
dritter sein

3 tür auf
einer raus
einer rein
zweiter sein

4 tür auf
einer raus
einer rein
nächster sein

5 tür auf
einer raus
selber rein
tagherrdoktor

1. Spielt die → Szene!
   - Wie viele Personen braucht ihr für die Darstellung?
   - Wählt einen Sprecher, der das Gedicht im richtigen Tempo und angemessenen Tonfall spricht.
   - Gestaltet mit euren Bewegungen und eurer Mimik die Gefühle der Wartenden. Verändert euer Verhalten nach jedem Türöffnen.
2. Denkt euch andere Wartesituationen aus und spielt sie, zum Beispiel: vor der Telefonzelle, am Bahnschalter, an der Kinokasse …

WERKSTATT

*Loriot*

# Der Lottogewinner

*Der Rentner Erwin Lindemann sitzt im Lehnstuhl seines bescheidenen Wohnzimmers. Den größten Teil des Raums nimmt ein Fernsehteam ein. Kamera, Scheinwerfer und Mikrofon sind auf Lindemann gerichtet.*

KAMERAASSISTENT: *(hält den Belichtungsmesser an das Gesicht des Rentners)* Gib noch was drauf ... noch ... Stopp ... *(geht zur Kamera)* ... und mit der Kamera etwas näher ran ...

REGISSEUR: Also, Herr Lindemann, Sie wissen ja, um was es sich handelt. Ein kleiner Film für den Kulturbericht der Abendschau. Sie sagen uns kurz, wie Sie heißen ...

LINDEMANN: Lindemann ...

REGISSEUR: Richtig ... und daß Sie 500 000 D-Mark↑ im Lotto gewonnen haben ... und was Sie damit machen wollen. Wir probieren es jetzt mal ... ohne Kamera ... bitte sehr ...

LINDEMANN: ... Ja ... eben ... daß ich Erwin Lindemann heiße ...

REGISSEUR: Im ganzen Satz ... *Ich ... heiße ... Erwin Lindemann ...*

LINDEMANN: Ich ... heiße ... Erwin ... Lindemann, bin Rentner und 66 Jahre ... mit meinem Lottogewinn von 500 000 D-Mark mache ich erst mal eine Reise nach Island ... dann fahre ich mit meiner Tochter nach Rom und besuche eine Papstaudienz↑ ... und im Herbst eröffne ich dann in Wuppertal eine Herren-Boutique.

REGISSEUR: Ge...nau... so! Können wir?

KAMERAMANN: Wir können ... Ton ab!

TONMEISTER: Läuft!

KAMERAMANN: Klappe!

KAMERAASSISTENT: Lottogewinner, die erste ... *(schlägt Klappe)*

LINDEMANN: *(erschrickt)*

REGISSEUR: Bitte, Herr Lindemann ... genau wie eben ... und ganz entspannt ...

LINDEMANN: Ja, ich heiße Erwin Lindemann, bin Rentner, 66 Jahre, und mit meinem Lottogewinn von 500 000 D-Mark ...

die Papstaudienz: *ein feierlicher Empfang beim Papst*

500 000 D-Mark: *ungefähr 250 000 Euro*

Halb-K.W.: *ein spezieller Scheinwerfer*

KAMERAMANN: Aus ... Das geht mit dem Licht so nicht ... Geh mal mit dem Halb-K.W.↑ noch weiter rüber ...

BELEUCHTER: *(verstellt den Scheinwerfer)*

KAMERAMANN: Gut! ... Wir können ... Ton ab!

TONMEISTER: Läuft!

KAMERAMANN: Klappe!

KAMERAASSISTENT: Lottogewinner, die zweite ... *(schlägt Klappe)*

REGISSEUR: Bitte!

LINDEMANN: *(hat die Tätigkeit des Teams irritiert verfolgt)* Ich heiße Erwin Lindemann, ich bin 500 000 Jahre ... halt ... falsch ...

REGISSEUR: Ganz ruhig ... gleich noch mal ... ohne Klappe ...

LINDEMANN: Ich heiße Erwin Lindemann ... ich bin Rentner und 66 Jahre ... *(das Licht geht aus)*
... mit meinem Lottogewinn von 500 000 D-Mark mache ich erst mal eine Reise nach Island, dann fahre ich mit meiner Tochter nach Rom und besuche eine Papstaudienz, und im Herbst eröffne ich dann in Wuppertal eine Herren-Boutique ...

REGISSEUR: Aus! ... Was ist denn das nun wieder?!

BELEUCHTER: Guck mal nach der Sicherung ...

TONMEISTER: Der Ton läuft!

KAMERAMANN: Kamera auch! ... Und die Birnen?

BELEUCHTER: Weiß nicht ... sind noch zu heiß ... ah! ... Der Stecker is' raus! *(das Licht geht an)*

LINDEMANN: War es so richtig?

REGISSEUR: Hervorragend ... aber wir hatten da ein Problem ... bitte noch einmal, Herr Lindemann ... und ganz locker ...

TONMEISTER: Ton läuft!

KAMERAMANN: Klappe!

KAMERAASSISTENT: Lottogewinner, die dritte ... *(schlägt Klappe)*

REGISSEUR: *(gibt Lindemann ein Zeichen)*

LINDEMANN: Ich heiße Erwin Lindemann, bin Rentner, 66 Jahre und ... und ein Lottogewinn von 500 000 D-Mark. Erst mal mache ich mit meiner Wupper ... äh ... mit meiner Tochter eine Reise nach Wuppertal und eröffne dann in ... Island eine Herren-Boutique ...

REGISSEUR: Aus! ... Entschuldigen Sie, wenn ich Sie unterbreche, aber Sie planten doch *erst* eine Reise nach Island und wollten *dann* mit Ihrem Fräulein Tochter nach Rom zur Papstaudienz, und im Herbst eröffnen Sie eine *Herren*-Boutique in *Wuppertal* ...

LINDEMANN: Jawohl ...

REGISSEUR: Na, dann erzählen Sie das doch einfach ... Also neue Klappe ...

TONMEISTER: Ton läuft!

KAMERAMANN: Klappe!

KAMERAASSISTENT: Lotto, die vierte ... *(schlägt Klappe)*

REGISSEUR: Bitte!

LINDEMANN: Ich heiße Erwin Lottemann ...

REGISSEUR: Aus! ... Wie heißen Sie?!

LINDEMANN: Lottemann ... äh ... Lindemann!

REGISSEUR: Bitte neue Klappe ...

KAMERAASSISTENT: Lotto, die fünfte ... *(schlägt Klappe)*

REGISSEUR: Bitte!

LINDEMANN: Ich heiße Lindemann, bin seit 66 Jahren Rentner ...

REGISSEUR: *(schlägt sich aufs Knie)* Aus!

LINDEMANN: ... und habe 500 000 D-Mark gemacht mit meiner Tochter in Wuppertal ... nee!

REGISSEUR: Herr Lindemann ...

LINDEMANN: Jetzt weiß ich …

REGISSEUR: Klappe!

KAMERAASSISTENT: Lotto, die sechste … *(schlägt Klappe)*

Regisseur: Bitte!

LINDEMANN: Ich heiße Erwin …

KAMERAMANN: Halt … Mikro im Bild …

REGISSEUR: Gleich weiter … ohne Klappe …

KAMERAASSISTENT: Wir haben noch fünf Meter!

REGISSEUR: Bitte!

LINDEMANN: Ich heiße … na! … Erwin … ich heiße Erwin und bin Rentner. Und in 66 Jahren fahre ich nach Island … und da mache ich einen Gewinn von 500 000 D-Mark … und im Herbst eröffnet dann der Papst mit meiner Tochter eine Herren-Boutique in Wuppertal …

REGISSEUR: Danke … das war's. R

1. Der Text stammt aus einer Zeit, in der noch vorwiegend Männer als Regisseur, Tonmeister usw. gearbeitet haben. Heute üben viele Frauen diese Berufe aus; mache Vorschläge für die entsprechende Berufsbezeichnung.
2. Diesen Loriot-Sketsch habt ihr vielleicht schon im Fernsehen gesehen. Er lässt sich gut nachspielen. Ihr braucht dazu allerdings Requisiten↑.
   - Welche Requisiten sind für dieses Spiel wichtig? Schreibt euch eine Liste.
   - Ihr könnt eure Requisiten aus einfachen Mitteln herstellen. Als Fernsehkamera könnt ihr z. B. einen Schuhkarton schwarz anmalen und auf ein Stativ montieren.
   - Überlegt euch, wie das Bühnenbild aussehen soll. Zeichnet eine Skizze.

das Requisit: *ein Gegenstand, der für eine Aufführung gebraucht wird*

Cartoon: *Uli Stein*

Sie weigert sich in ihr Kostüm zu steigen …

## Das Hörspiel

der innere Monolog: *Im inneren Monolog werden die (in Wirklichkeit unausgesprochenen) Gedanken einer Person wiedergegeben, und zwar in der Ich-Form und im Präsens.*

**Hörspiel** [das], eine aus dem Schauspiel hervorgegangene dramatische Literaturgattung des Rundfunks, die nur auf das Hören zugeschnitten ist. Das Hörspiel bedient sich aller Möglichkeiten der Gestaltung (z. B. geringe Personenzahl, verdichtete Handlung, „innere Monologe"↑) und der Tontechnik (z. B. Veränderung von Stimm- und Raumklang, Musik, Geräusche), um die Einbildungskraft der Hörer anzuregen und sie unmittelbar am dramatischen Geschehen teilhaben zu lassen. *(dtv junior Literatur-Lexikon)*

## Aus der Geschichte des Hörspiels

Als erstes Originalhörspiel gilt „Danger" von Richard Hughes (1924). – An einem Abend des Jahres 1938 brach in einigen Städten der amerikanischen Ostküste Panik aus. Tausende verließen fluchtartig ihre Wohnungen, versuchten mit Autos, mit der Untergrundbahn oder zu Fuß die Städte zu verlassen, es gab verstopfte Straßen, es kam zu Unfällen. Die Polizei war machtlos. Dies alles war die Folge – eines Hörspiels. Eine Rundfunkstation hatte 1938 ein Stück von Orson Welles↑ gesendet: „Krieg der Welten" beschrieb den Angriff von Marsmenschen. Das Hörspiel war in den üblichen Sendeablauf eingebaut – so wurden die ersten Meldungen von der Invasion in den richtigen Nachrichten gebracht – und deshalb so realistisch, dass viele Hörer an einen wirklichen Angriff glauben mussten.

Orson Welles (1915–1985): *amerikanischer Schauspieler, Filmregisseur, -produzent und -autor. Welles' Film „Citizen Kane", die Geschichte eines großen Zeitungsmachers, ist von filmhistorischer Bedeutung.*

Wenn dies auch ein Ausnahmefall war, so zeigt es doch, welche Wirkung diese damals verhältnismäßig neue Literaturgattung besaß. Zwar wollten die Sender gleich zu Beginn der Rundfunkzeit den Hörern dramatische Werke bieten. Es stellte sich aber bald heraus, dass Bühnenstücke sich nur sehr bedingt für Rundfunksendungen eigneten. Sie waren ja für Zuschauer, vielleicht auch noch für Leser geschrieben, die durch Regieanweisungen, das Bühnenbild, Gestik, Mimik usw. wichtige Informationen zum Verständnis des Stückes erhielten, die im Rundfunk nicht unterzubringen waren. Deshalb entstanden bald Hörspiele im eigentlichen Sinne, d. h. in sich abgeschlossene Werke, in denen alles durch Worte – oder durch Geräusche – ausgesagt wurde. Das Sehen wurde also durch die Geräuschkulisse überflüssig. Durch diesen Verzicht wirkte das gesprochene Wort häufig viel nachdrücklicher und bekam eine größere Bedeutung. Außerdem halfen schon in der Anfangszeit technische Möglichkeiten z. B. die Stimme zu verändern. Man konnte auch durch Geräusche eine bestimmte Atmosphäre hervorrufen, was auf der Bühne so nicht möglich war.

## Hörspiele selbst gemacht

Wenn ihr selbst eine kurze Hörszene (und später ein ganzes Hörspiel mit verschiedenen Szenen) schreiben und aufnehmen wollt, müsst ihr die folgenden **Tipps** beachten:

- Dem Hörer müssen Ort und Zeit verständlich werden.
- Durch die richtige Wortwahl, durch Betonung und Lautstärke müssen die Charaktereigenschaften und Gefühle der beteiligten Personen deutlich werden.
- Für die Szenenwechsel kann man helfende Geräusche einbauen.
- Im Hörspielmanuskript sollte zu einer Szene formuliert werden, wer auftritt, wie die Personen sprechen oder welche Geräusche zu hören sind. Diese Regieanweisungen können am Anfang der Szene stehen oder auch zwischendurch gegeben werden.
- Zur Verdeutlichung von Ort und Zeit kann auch ein Erzähler erfunden werden; dies kann eine Person sein, die selbst mitspielt, es kann aber auch ein Erzähler sein, der gleichsam von außen her Erklärungen, Hinweise oder Kommentare abgibt.
- Außer den Sprechern der einzelnen Rollen braucht ihr noch einen oder mehrere Geräuschemacher (vgl. die Hinweise unten S. 181/182), eine Person, die das Tonbandgerät bedient, und einen Tonmeister, der für die Aufnahme verantwortlich ist.

1. Gestaltet eine überschaubare → Szene aus eurem Alltag. Beispiel:

> Ein Gespräch zwischen zwei Freunden oder Freundinnen in der großen Pause. Sie waren am Tag zuvor zum Schwimmen verabredet, aber eine/r hat umsonst gewartet und ist immer noch ziemlich wütend.

- Schreibt den → Dialog auf.
- Lest ihn mit verteilten Rollen.
- Überlegt, welche Geräusche ihr einbauen wollt.
- Nehmt die Szene auf.

Das Hörspiel wird häufig durch eine Ansage eingeleitet, die in sachlichem Ton gesprochen wird. Ein Musikeffekt, z.B. ein Gitarrenakkord oder eine kurze Einspielung von einer CD, kann am Anfang als musikalisches Signal gesetzt werden.
Die Sprecherin oder der Sprecher nennt den Titel des Hörspiels, seine Autoren und die einzelnen Rollen mit ihren jeweiligen Sprechern. Zum Schluss der Ansage könnt ihr wieder einen Musikeffekt setzen.
Diese Aufnahme nennt man Vorspann.
Die Beziehungen zwischen den Personen müssen im Hörspiel durch Sprechen deutlich werden. Wie muss man sprechen, um Überlegenheit, Abhängigkeit, Enttäuschung, Zorn, Empörung, Verachtung und andere Gefühle oder Einstellungen auszudrücken?
Für die Herstellung bestimmter Geräusche gibt es Tricks:
**Bremsenquietschen:** Kratzt mit einer Gabel auf einem Teller und lasst die Gabel kräftig kreischen.
**Dampfsirene:** Flasche mit Wasser senkrecht an den Mund halten und hineinblasen. Tonhöhe hängt von Wassermenge ab.

**Donner:** Stopft kleine Kügelchen, z.B. Murmeln oder Haselnüsse, in einen Luftballon. Dann den Ballon aufblasen und die Kugeln dicht am Mikrofon kräftig gegeneinander donnern.

**Feuer:** Zellophanpapier dicht vor dem Mikrofon zerdrücken. Für einen großen Waldbrand zusätzlich leise über das Mikrofon blasen und dünne Hölzchen zerbrechen.

**Telefonstimme:** In ein kleines Gefäß hineinsprechen (Tonhöhe kann durch mehr oder weniger Wasser bestimmt werden).

**Flugzeug:** Fön vors Mikrofon halten und dazwischen eine Pappe auf und ab bewegen.

**Im Laubwald:** Alte Tonbänder zusammenknüllen und rhythmisch zusammendrücken.

**Im Schnee:** Ein Säckchen mit Kartoffelmehl rhythmisch zusammendrücken.

**Pferdegetrappel:** Halbe Kokosnussschalen rhythmisch gegeneinander schlagen.

**Pistolenschuss:** Mit einem Lineal neben dem Mikrofon flach auf den Tisch schlagen.

**Regen:** Eine Handvoll getrocknete Erbsen auf einem Sieb herumrollen.

**Schritte:** Auf Sand oder Kies: Eine Plastiktüte oder Zellophan rhythmisch zusammendrücken.

**Wellen:** Hand in einer mit Wasser gefüllten Plastikschüssel so bewegen, dass das Wasser am Rand leicht anschlägt.

**Wind:** Mit einer Kleiderbürste reibt ihr über ein Stück Stoff oder Pappe.

**Zuggeräusch:** Zwei Brettchen, die mit Schleifpapier umwickelt sind, rhythmisch gegeneinander reiben.

*Die folgende Kriminalgeschichte lässt sich gut zu einem Hörspiel umarbeiten. Lest sie genau durch und folgt dann den Anweisungen auf Seite 188 f.*

*Henry Slesar*

## Das tödliche Telefon

*Zu der Zeit, in der die Geschichte spielt, teilten sich noch mehrere Personen ein Telefon; für wen ein Anruf bestimmt war, wurde durch die Anzahl der Klingelzeichen festgelegt.*

Mrs Parch klebte gerade im Esszimmer Schilder auf ihre Einmachgläser, als das Telefon läutete. Sie unterbrach ihre Arbeit, um die Klingelzeichen zu zählen↑. *Eins,* Mrs Nubbin, *zwei,* Mrs Giles, *drei,* Mrs Kalkbrenner, *vier* ... damit war sie gemeint, und mit einem fast enttäuschten Seufzer wischte Mrs Parch sich die klebrigen Finger an ihrer faltenreichen Schürze ab und ging ins Wohnzimmer hinüber. Die Entfernung betrug nur dreißig Schritte, aber als sie den Hörer abnahm, keuchte sie. Mrs Parch war dick, und in dem formlosen grauen Kleid, das sie stets wochentags trug, hatte sie eine Figur wie eine Glocke. „Hallo?", rief sie laut in die Muschel.

„Spricht dort Mrs Helen Parch?" Es war eine Männerstimme, die sie nicht kannte. Ihre Antwort klang fast übelnehmerisch.

„Ja, hier ist Mrs Parch. Wer spricht dort?"

„Mein Name ist Atkins, Mrs Parch, vom Büro des Distrikt-Sheriffs. Ich hätte gern gewusst, ob es Ihnen recht ist, wenn ich Ihnen heute Nachmittag einen kurzen Besuch abstatte? Ich habe etwas sehr Wichtiges mit Ihnen zu besprechen."

„Wichtiges? Sind Sie auch sicher, dass man Sie richtig verbunden hat?"

„Ganz sicher, Mrs Parch. Es wird nicht sehr lange dauern. Ich bin im Augenblick in Milford und kann in fünf Minuten mit dem Wagen bei Ihnen sein.“

„Nun, ich weiß nicht recht.“ Sie war offensichtlich verwirrt. Selbst Bekannte besuchten sie sehr selten hier draußen auf dem Lande, und der Gedanke an einen Fremden … „Können Sie's mir nicht am Telefon sagen, Mr Atkins? Ich bin heute ziemlich beschäftigt.“

„Ich fürchte, nein, Mrs Parch. Es tut mir Leid …“

„Also gut dann. Wenn Sie schon kommen müssen, ist's mir jetzt genauso recht wie ein andermal. Ich warte also auf Sie.“

„Ich danke Ihnen“, sagte Mr Atkins würdevoll und wartete höflich, dass seine Gesprächspartnerin den Hörer aufhängte. Sie tat es, blieb aber da und blickte neugierig auf den stummen Apparat. Es hatte keinen Zweck, zu ihren Einmachgläsern zurückzugehen, denn Mrs Parch wusste, dass das Telefon in ein paar Minuten wieder läuten würde – sobald ihre Lauscher meinten, die Anstandspause habe jetzt lange genug gedauert. Natürlich behielt sie Recht. Acht Minuten später klingelte es viermal kurz, und sie hörte die weiche, nasale Stimme von Mrs Giles.

„Helen? Wie geht's dir? Mir fiel eben ein, dass ich dich mal anrufen und fragen könnte, wie's bei dir steht.“

„So la-la“, meinte Mrs Parch wissend, aber ohne Zynismus↑. Seit fast fünfzehn Jahren teilte sie mit den anderen diesen Gemeinschaftsanschluss, und alle wussten, dass jeder an jedem Gespräch teilnahm. Eine offene Beschuldigung würde sie alle schockiert haben, aber nichtsdestoweniger war es wahr. „Was macht Jacob?“, fragte Mrs Parch beiläufig, die Regeln der Etikette↑ befolgend. „Soviel ich weiß, zieht er doch seit

ein paar Tagen eine neue Wand für seine Scheune hoch?“

„Ja, er hat so seine Arbeit“, erwiderte Mrs Giles vage. „Doch was gibt's bei dir Neues, Helen? Ist irgendwas Interessantes passiert?“

Mrs Parch fühlte unvermutet Trotz in sich aufsteigen und warf die Lippen auf. Sie wusste, dass Mrs Giles vor Neugier brannte, etwas über Mr Atkins zu erfahren; aber sie wollte ihr nicht die Genugtuung geben, von seinem Anruf zu sprechen. „Nein, nichts Neues“, entgegnete sie glatt. „Ich bin nur gerade dabei, meine Einmachgläser zu beschriften. Das hasse ich am meisten an der ganzen Einkocherei. Mit meiner Arthritis↑ kann ich ja kaum einen Bleistift halten.“

die Arthritis: *die Gelenkentzündung*

„Ist das bestimmt alles?“, fragte Mrs Giles. „Vorhin hörte ich dein Telefon klingeln …“

„Das war nur Mr Hastings“, sagte die Frau kalt. „Er rief wegen meines Rasenmähers an, den er neulich zum Schärfen mitgenommen hat.“

ohne Zynismus: *hier: ohne böse Hintergedanken*

„Oh“, meinte Mrs Giles, und Mrs Parch unterdrückte ein Glucken, während ihr gewaltiger Busen vor Vergnügen hüpfte. Sie wusste, dass Mrs Giles die Lüge erkannt hatte, aber sie wusste auch, dass man sie nie dieser Lüge beschuldigen konnte. Mrs Giles schnüffelte in den Hörer, sagte noch

die Etikette: *die Umgangsformen*

ein paar unverbindliche Worte, um dem Gespräch den Anschein des Normalen zu geben, und hängte auf.

Als Mrs Parch ins Esszimmer zurückging, grinste sie breit vor Genugtuung. Fünf Minuten später läutete es dreimal, und sie schnurrte auf ihren kleinen Füßen über den Boden, nahm geräuschlos den Hörer ab und bedeckte die Sprechmuschel mit der Hand. Natürlich war es Mrs Giles, die Mrs Kalkbrenner von dem fremden Mann erzählte, der Mrs Parch noch an diesem Nachmittag aufsuchen wollte. Sie stellten allerlei Betrachtungen über die Bedeutung dieses Besuchs an, doch keine von beiden konnte ihre Neugier befriedigen.

Mrs Parch hängte vor ihnen auf und ging ins Schlafzimmer, um sich für ihren angekündigten Besucher etwas herzurichten. Ein paar Minuten später kam er, ein hagerer Mann, dessen knochige Rippen sich unter dem durchgeschwitzten Hemd abzeichneten. Er trug seine Jacke über dem Arm und betupfte sich die hohe, in einen langsam kahl werdenden Kopf übergehende Stirn mit einem zusammengeknüllten Taschentuch.

„Mrs Parch?", fragte er. „Ich bin Daryl Atkins aus dem Büro des Distrikt-Sheriffs."

„Treten Sie ein, Mr Atkins. Na, Sie haben sich wirklich sehr beeilt."

„Kam, so schnell ich nur konnte. In dieser Angelegenheit können – vielleicht – schon ein paar Minuten eine Rolle spielen." Er sah sich in dem kleinen, gemütlichen Wohnzimmer um, dessen Jalousien wegen der Sonne heruntergelassen waren. „Hier drin ist es bestimmt wesentlich kühler", sagte er. „Auf der Straße müssen's zweiunddreißig Grad sein."

„Mögen Sie vielleicht etwas Kaltes trinken?"

„Gern, Ma'am; aber nicht, bevor wir uns unterhalten haben."

Er setzte sich vorsichtig auf die Sofakante, um nicht mit seinem feuchten Hemd gegen den Schonbezug der Rückenlehne zu kommen. Mrs Parch nahm im Schaukelstuhl Platz, faltete ihre plumpen Hände und wartete geduldig.

„Mrs Parch", begann er, „erinnern Sie sich an einen Mann namens Heyward Miller?"

„Miller?" Sie legte ihr Gesicht nachdenklich in Falten.

„Nein, der Name sagt mir nichts. Natürlich ist da die Mrs Miller im Postamt; aber mit der hat das wohl nichts zu tun."

„Nein, nichts." Er runzelte die Stirn und blickte auf die mit Troddeln eingefasste Brücke zu seinen Füßen. „Heyward Miller und seine Frau lebten hier draußen auf dem ehemaligen Grundstück der Yunkers, vielleicht vor acht, neun Jahren. Sie waren erst sechs Monate dort, als seine Frau starb, und er verkaufte den Besitz an die Kalkbrenners. Hilft das Ihrer Erinnerung etwas nach, Mrs Parch?"

Sie kratzte sich leicht die Wange. „*Irgendetwas* will mir in diesem Zusammenhang einfallen. Ja, jetzt erinnere ich mich." Ihr Atem wurde kürzer, und sie legte eine Hand auf ihren Busen. „O ja, Miller. Dieser grässliche Mann! Wie konnte ich *das* nur vergessen?"

„Ich dachte, dass Sie sich erinnern würden, Mrs Parch; ich meine, nach diesen Dingen, die er über Sie gesagt hat. Der Bursche war mächtig durcheinander, soweit ich die Geschichte kenne. Natürlich kenne ich nicht die volle Wahrheit; daher steht es mir auch nicht zu, irgendeine Meinung zu vertreten ..."

Mrs Parch richtete sich steif auf. „Der Mann war ein Narr", sagte sie schroff. „Fragen Sie nach ihm, wen Sie wollen. Er *gehörte* einfach nicht hierher."

„Schon gut, Mrs Parch; aber könnten wir beide uns nicht einmal darüber unterhalten, was damals eigentlich passierte? Nur damit ich auch unterrichtet bin?"

„Ich habe nichts darüber zu sagen."

Atkins seufzte. „Nach dem, wie man mir die Geschichte erzählte, waren dieser Miller und seine Frau ein Jahr verheiratet, als sie das Grundstück der Yunkers kauften. Sie sollte in etwa sechs Monaten ein Kind bekommen. Doch eines Nachts geschah etwas; sie wurde krank, sehr krank, und er versuchte einen Anruf zum Arzt durchzubekommen ..."

Mrs Parch schloss die Augen und ballte ihre Fäuste im Schoß.

„Nun, ich war damals nicht in diesem Distrikt, verstehen Sie; daher kann ich nichts anderes berichten, als was man mir erzählt hat. Aber soweit ich es verstanden habe, ging Miller ans Telefon, und Sie und eine andere Dame unterhielten sich. Sie tauschten Rezepte aus oder so was."

„Ich sprach mit Mrs Anderson", sagte die Frau ruhig.

„Wohnt sie noch in der Nachbarschaft?"

„Nein. Vor fünf Jahren ging sie mit ihrem Mann nach Kalifornien, wo sie starb."

„Wie dem auch sei", fuhr Mr Atkins fort und tupfte sich den Schweiß aus dem Gesicht, dieser Miller bat Sie damals jedenfalls, die Leitung freizugeben, damit er den Arzt für seine Frau anrufen konnte. Und wie man mir erzählte, haben Sie sich beide geweigert."

„Er war frech", sagte Mrs Parch. „Er hat uns regelrecht beleidigt."

„Ja. Jedenfalls wollten Sie die Verbindung nicht freigeben, und Miller konnte nicht anrufen. Er behauptete sogar, dass Sie böswillig weitersprachen, damit er nicht anrufen konnte."

„Das ist eine Lüge!", rief Mrs Parch leidenschaftlich erregt. „Wir redeten nur, solange wir mussten."

„Aber er konnte den Arzt nicht mehr rechtzeitig erreichen, darum drehte es sich doch, nicht wahr? Und seine Frau starb."

„Nun hören Sie mal her, Mr Atkins –"

Der dünne Mann hob eine knochige Hand. „Bitte, Mrs Parch; ich bin nicht zu Ihnen hinausgekommen, um die Vergangenheit noch einmal durchzukauen. Was geschehen ist, ist Ihre Sache und nicht meine. Nur ist heute früh etwas passiert, das die Angelegenheit *vielleicht* auch zur Sache des Distrikt-Sheriffs werden lässt."

„Was meinen Sie damit?"

„Nun, ich nehme an, Sie wissen nicht, was mit Miller geschah, nachdem er sein Grundstück an die Kalkbrenners verkaufte. Der Verlust seiner Frau und die ganzen Begleitumstände hatten ihn völlig gebrochen, und er zog nach New York. Sechs Monate später fasste man ihn, als er in ein Eisenwarengeschäft einbrach. Außer ein paar Schachteln mit Nägeln und ähnlichem Kleinzeug hatte er nichts gestohlen, und man schickte ihn für etwa sechs Monate ins Gefängnis. Dort kam man zu dem Schluss, dass er geistig unzurechnungsfähig war, und er wurde in eine geschlossene Heilanstalt überwiesen. Seitdem ist er ununterbrochen dort gewesen, fast acht Jahre lang. Erst kürzlich ist er freigekommen, Mrs Parch, und das ist der Grund, weshalb wir ein wenig besorgt sind."

„Freigekommen?" Die Frau knüllte den Rand ihrer Schürze mit den Händen zusammen. „Was meinen Sie damit, freigekommen?"

„Ausgebrochen. Wir erhielten die Nachricht gestern am späten Abend, aber es ist schon eine ganze Woche her. Jemandem in der Anstalt fiel es ein, uns zu benachrichtigen, weil Miller eine Menge gefaselt hat über … nun, über das, was passiert ist! Hat uns ein wenig beunruhigt, Mrs Parch. Ich nehme an, Sie werden das verstehen. Wir wissen zwar nicht *bestimmt*, ob er etwas gegen Sie im Schilde führt, aber es schien uns nicht richtig, die Sache dem Zufall zu überlassen. Verstehen Sie, was ich meine?"

Mrs Parch stand auf, ihre glockenförmige Hülle schwankte ein wenig. Ihre Stimme zitterte, als sie sagte: „Wollen Sie damit sagen, dass dieser Miller Ihrer Meinung nach hinter *mir* her ist? Wegen dem, was vor acht Jahren passierte?"

„Dem Mann ist nicht zu trauen", erwiderte Atkins ruhig. „Das ist alles. Die Anstalt ist ungefähr dreihundert Kilometer von hier entfernt, aber wenn er wirklich auf – nennen wir es mal Rache aus ist, spielt diese Entfernung keine große Rolle. Ich wollte Sie nur vor der Möglichkeit warnen, das ist alles."

Sie schlug die Hände vors Gesicht. „Aber ich bin ganz allein hier draußen!", rief sie. „Er könnte mich glatt im Schlaf ermorden!"

„Wir wissen *wirklich* nichts Bestimmtes, Mrs Parch. Sie dürfen sich das auf keinen Fall einbilden. Aber wenn vielleicht einer Ihrer Nachbarn für ein paar Tage zu Ihnen ziehen könnte oder Sie einen Verwandten besuchen wollten, so wäre das möglicherweise eine gute Idee."

„Kann der Sheriff mich nicht beschützen?" Sie unterdrückte ein Schluchzen.

„Es tut mir Leid, aber das ist im Augenblick noch nicht möglich, Mrs Parch. Nicht, solange wir keine sichere Information besitzen, dass Miller sich in der Nähe befindet. So wie die Dinge im Augenblick liegen, ist es weiter nichts als eine ganz unbestimmte Vermutung. Verstehen Sie?"

„Ja, ja", antwortete sie wie betäubt. „Vielleicht könnte ich zu meiner Schwester fahren. Nach Cedar Falls …"

„Das wäre eine gute Idee."

„Ich habe sie seit zehn Jahren nicht mehr gesehen. Wir verstanden uns nie, meine Schwester und ich."

Mr Atkins lächelte. „Für eine Versöhnung sollte man keine Gelegenheit ungenutzt verstreichen lassen, was, Mrs Parch?" Er stand auf. „Hören Sie, ich bin nicht bloß hergekommen, um Sie zu erschrecken. Wir wissen nichts Endgültiges über diese Angelegenheit, überhaupt nichts. Wenn wir etwas Neues erfahren, werden wir Sie sofort anrufen. Und wenn Sie es für notwendig halten, sich mit uns in Verbindung zu setzen, verlangen Sie einfach das Büro des Distrikt-Sheriffs. Meinen Namen wissen Sie noch?"

„Atkins", flüsterte Mrs Parch.

„Daryl Atkins", sagte der Mann. Dann lächelte er breit. „Und jetzt hätte ich nichts gegen einen kühlen Schluck einzuwenden, Mrs Parch."

Atkins' Wagen war noch keine fünf Minuten aus ihrer Auffahrt, als das Telefon bei Mrs Parch viermal rasselte. Sie nahm den Hörer ab und hörte Mrs Giles fragen: „Helen? Habe ich nicht ein Auto bei dir halten sehen?"

„Nein", antwortete sie krächzend. „Du hast keinen Wagen gesehen."

„Aber ich meinte doch ganz *sicher*, ich –"

„Kümmere dich um deine eigenen Angelegenheiten!", sagte die Frau wütend. „Wann werdet ihr alle endlich lernen, eure Nasen nicht in andrer Leute Dinge zu stecken!"

„Bitte!", erwiderte Mrs Giles. Sie hängte auf, und Mrs Parch verwünschte die Tatsache, dass sie ihr nicht zuvorgekommen war. Ein paar Minuten später klingelte das Telefon dreimal, aber sie ignorierte es. Stattdessen stieg sie so schnell nach oben, wie es ihr Gewicht und ihr knapper Atem gestatteten, und begann die Schreibtischschublade nach der Telefonnummer ihrer Schwester in Cedar Falls zu durchwühlen. Schließlich fand sie den Papierfetzen mit der Nummer in einem Album vergilbter Familienfotos und ging damit wieder nach unten. Ohne jede Vorsicht und Heimlichtuerei nahm sie den Hörer ab, doch Mrs Giles und Mrs Kalkbrenner hatten bereits ihr Gespräch über die schlechten Manieren ihrer Nachbarin beendet. Sie wählte die Nummer des Fernamts und musste fast zehn Minuten warten, ehe sie mit Cedar Falls verbunden werden konnte. Doch selbst dann nützte es ihr nichts, denn die Telefonistin in Cedar Falls berichtete, dass der Apparat ihrer Schwester für den Sommer abgemeldet sei. Das sah Margaret ähnlich. Wahrscheinlich war sie in ihr Strandhaus übergesiedelt und hatte das Telefon stilllegen lassen, um ein paar Dollar zu sparen. Sie grunzte empört, als sie diese Nachricht hörte, und die unfreundlichen Gedanken über ihre Schwester vertrieben eine Zeitlang all ihre Furcht vor Miller. Sie fühlte sich sogar genügend erholt, um das Etikettieren ihrer Einmachgläser zu beenden, und sie verbrachte einen geschäftigen Nachmittag damit, alle in den Keller zu bringen. Sie war so bei der Sache, dass sie trotz ihrer angeborenen Neugier gar nicht daran dachte, mitzuhören, als das Telefon fünfmal läutete (das war für Mrs Ammons, eine neue Nachbarin). Als der Abend hereinbrach, hatte sie zwar Atkins' Warnung nicht vergessen, aber ihre Nerven waren doch beträchtlich ruhiger geworden.

Der Tag war lang gewesen. Die Sonne hatte hoch und heiß am Himmel gestanden, und die Zeiger der Uhr wiesen fast auf halb neun, als sie schließlich hinter den braunen Hügeln versank und von der kühlen Nachtluft abgelöst wurde. Mrs Parch bereitete sich ein einfaches Abendessen von den Resten des Vortages, nähte noch ein wenig und nahm sich dann einen Roman aus der Leihbibliothek vor, um mit Lesen den Abend zu beschließen. Das Telefon läutete zweimal, aber sie kümmerte sich nicht darum. Einen Augenblick später hörte sie einen Hund in der Nähe des Hauses bellen. Es war Giles' Hund, ein alter Collie, der nicht zu unbegründeten Temperamentsausbrüchen neigte. Leicht verwundert legte sie das Buch nieder. Als das Bellen andauerte, nahm sie ihre Brille ab, stand auf und trat ans Fenster. Bei der plötzlichen Erinnerung an die ihr möglicherweise drohende Gefahr fuhr ihr schlagartig wieder die Furcht in die Glieder. Sie ging zur Vordertür, schloss auf und blickte in eine Dunkelheit, die nichts preisgab. Sie schloss die Tür wieder, schob den Riegel vor und ging ins Wohnzimmer zurück, um eine weitere Lampe anzumachen. Der Hund von Giles' hörte auf zu bellen und begann zu heulen, bis ihm jemand mit einer zusammengerollten Zeitung auf sein Hinterteil klatschte. Unten, in ihrem Keller, gab es ein plumpsendes Geräusch, als ob etwas auf den Steinboden gefallen sei, und sie wusste, dass sie nicht mehr der einzige Bewohner des Hauses war.

Auf dem Weg zum Telefon wäre sie fast gefallen. Als sie den Hörer von der Gabel riss und Mrs Giles' nasale Stimme hörte, keuchte sie: „Bitte! Geh vom Apparat!"

„Wer ist da?", fragte Mrs Giles.

„Helen!", rief Mrs Parch. „Helen! Um Gottes willen, Emma, leg den Hörer auf! Ich muss die Polizei anrufen –"

„Die Polizei? Warum?"

„Ich hab keine Zeit zu erklären! Ich muss das Büro des Sheriffs anrufen! Geh aus der Leitung! Geh aus der Leitung, oder ich werde ermordet!"

Mrs Kalkbrenner lachte. „Aber Helen, wer wird dich schon umbringen wollen? Du hast wohl einen Alptraum."

„Ich meine, dass du gesagt hast, du wollest Einmachgläser beschriften“, kicherte Mrs Giles. „Bist du auch sicher, dass es nicht Apfelwein war, Helen?“

„Um Himmels willen!“, kreischte Mrs Parch. „Geht aus der Leitung!“

„Siehst du“, sagte Mrs Giles bedeutungsvoll zu Mrs Kalkbrenner.

„Verstehst du jetzt, was ich dir erzählt habe?“

„Hm-hm“, machte Mrs Kalkbrenner. „Jetzt weiß ich Bescheid.“

„Manche Leute wissen eben nicht, was Höflichkeit ist“, sagte Mrs Giles. „Es ist doch gut, wenn man seine Nachbarn einmal *richtig* kennen lernt, nicht wahr, June?“

„Bestimmt ist es das, Emma.“

„Bitte, bitte“, schluchzte Mrs Parch. „Ich *muss* die Verbindung haben. Ich *muss* telefonieren –“

Sie ließ den Hörer fallen, als sie die Kellertreppe knarren hörte. Sie rannte in die Küche und schlug die Kellertür zu. Das Schnappschloss fasste nicht, daher schob sie einen Stuhl vor die Tür und rannte zu dem baumelnden Hörer zurück. Die Stimme von Mrs Giles tönte ihr entgegen und, von Hass und Grauen geschüttelt, schrie Mrs Parch sie an. Sie schrie immer noch, als die Hand ihr den Hörer wegnahm und auf die Gabel legte. Es war eine schwere, behaarte und entsetzlich starke Hand.

## Wir machen ein Hörspiel

*Im Hörspielmanuskript müssen alle für das Hörspiel wichtigen Sprechtexte und Geräusche festgelegt werden. Wie du den Erzähltext in ein Hörspielmanuskript verwandeln kannst, zeigt das folgende Beispiel:*

Geräusche
Erzähler
Dialoge

Mrs Parch klebte gerade im Esszimmer Schilder auf ihre Einmachgläser, als das Telefon läutete. Sie unterbrach ihre Arbeit, um die Klingelzeichen zu zählen. Eins, Mrs Nubbin, zwei, Mrs Giles, drei, Mrs Kalkbrenner, vier … damit war sie gemeint, und mit einem fast enttäuschten Seufzer wischte Mrs Parch sich die klebrigen Finger an ihrer faltenreichen Schürze ab und ging ins Wohnzimmer hinüber. Die Entfernung betrug nur dreißig Schritte, aber als sie den Hörer abnahm, keuchte sie. Mrs Parch war dick, und in dem formlosen grauen Kleid, das sie stets wochentags trug, hatte sie eine Figur wie eine Glocke.

„Hallo?“, rief sie laut in die Muschel.

„Spricht dort Mrs Helen Parch?“ Es war eine Männerstimme, die sie nicht kannte. Ihre Antwort klang fast übelnehmerisch.

„Ja, hier ist Mrs Parch. Wer spricht dort?“

| Sprecher | Regieanweisung | Text | Geräusche |
| --- | --- | --- | --- |
| E: | | Mrs Parch klebte gerade im Esszimmer Schilder auf ihre Einmachgläser, | Gläser drehen |
| | | als das Telefon läutete | Telefonklingeln (1 x) |
| P: | | Eins | |
| E: | | Mrs Nebbin | |
| P: | | zwei | Telefonklingeln (1 x) |
| E: | | Mrs Giles | |
| P: | | drei | Telefonklingeln (1 x) |
| E: | | Mrs Kalkbrenner | |
| P: | | vier | Telefonklingeln (1 x) |
| E: | | Damit war sie gemeint | |
| P: | Seufzer, Keuchen | | Stoff rascheln, schlurfende Schritte, Hörer klicken |
| | | Hallo! | |
| A: | | Spricht dort Mrs Helen Parch? | |
| E: | | Es war eine Männerstimme, die sie nicht kannte. | |
| P: | mürrisch | Ja, hier ist Mrs Parch<br>Wer spricht dort? … | |

Erzähler

Mrs Parch

Mr Atkins

Geräusche

1. Teilt die → Kriminalgeschichte in Abschnitte ein und erstellt in Gruppenarbeit eure Hörspielmanuskripte für die einzelnen Abschnitte.
2. Das Manuskript ist die Grundlage für eure Hörspielproduktion. Verteilt die verschiedenen Aufgaben, übt die einzelnen Abschnitte ein und nehmt sie dann auf einen Tonträger auf.

*Sigismund von Radecki*

# Eine eilige Geschichte

Diese Geschichte habe ich einst in Irland gehört und es kann gut sein, dass sie ziemlich alt ist. Dort saßen einmal zwei würdige Herren vor dem Kamin, starrten auf die zuckenden Flammengeister und machten endlich die Entdeckung, dass kein Tropfen Alkohol im Hause sei.

„Pat! Hallo, Pat!“, rief der Herr des Hauses und prompt erschien der brave Diener Patrick in der Tür.

„Pat“, sagte der Hausherr, „ich habe soeben festgestellt, dass die große Korbflasche leer ist, während Kapitän Kelly und ich nach einem Grog fast verschmachten. Wirf einen Sattel auf das schnellste Pferd im Stall, nimm die Korbflasche, reite geschwind in die Stadt und besorge uns von dort das Nötige. Wenn du dich beeilst, musst du in genau vierzig Minuten zurück sein. Aber verlier keine Zeit – ich glaube, wir können nicht eine Minute länger warten.“

„Herr“, rief Patrick, „ich bin schon auf und davon!“

„Die Straßen sind bei dem Wetter ziemlich morastig“, meinte der Gast, als Pat verschwunden war. „Ich fürchte, Mr Murphy, Ihr Diener wird den Weg in der festgesetzten Zeit nicht machen können.“

„Keine Besorgnis, Käp'n“, sagte Mr Murphy beruhigend. „Dieser Diener ist der pünktlichste Mann in der ganzen Umgegend.“ (Hier warf der Hausherr einen Blick auf seine goldene Repetieruhr↑): „Er muss jetzt eben bereits aus dem Stall galoppieren.“

Und der Herr lehnte sich zurück in seinen Sessel, wobei er die Uhr still in der Hand behielt. Kapitän Kelly strich die Bartwolle unterm Kinn, zog die eigene Uhr hervor und nun fuhren beide fort, dem Boten in Gedanken zu folgen.

„Jetzt eben passiert er den Loughlinn↑-Sumpf“, meinte Murphy nach Ablauf von fünf Minuten.

„Jawohl“, nickte der Kapitän, „und nun ist er an Donovans Schmiede vorüber.“

„Soeben ist er über Champeys↑ Brücke gedonnert.“

„Jetzt ist er gerade am Friedhof!“

„Nun ist er am Friedhof vorüber!“

Loughlinn: *sprich: Lochlin*

Champeys: *sprich: Tschämpies*

die Repetieruhr: *eine alte Taschenuhr*

„Fünfzehn Minuten! Er ist schon in der Vorstadt!“

„Sechzehn Minuten! Er sprengt die Hauptstraße entlang.“

„Siebzehn Minuten! Jetzt bindet er das Pferd an und läuft in Jack Lonergans Wirtshaus.“

„Achtzehn Minuten! Jack füllt die Flasche auf!“

„Jack treibt den Korken hinein.“

„Pat hat die Korbflasche gegriffen und läuft hinaus zu seinem Pferd. Käp'n, ich sage noch mehr: Das ist der pünktlichste Mann in der ganzen Grafschaft!“

„Einundzwanzig und eine halbe Minute. Er rast die Straße herauf, als sei der Teufel hinter ihm her!“

„Er passiert die Vorstadt.“

„Er jagt am Friedhof vorüber wie ein Gespenst.“

„Jetzt hat er die Brücke über den Bach passiert – bis aufs Tüpfelchen!“

„Siebenunddreißig Minuten“, trompetete der Kapitän. „Er hat die Schmiede hinter sich. Vorbei an der Straßenkreuzung wie eine Kugel! Jetzt spritzt er durch den Straßendreck gleich vor dem Sumpf. Mr Murphy, halten Sie den Zucker und den Kessel bereit! Ihr Mann ist an der letzten Biegung. Jetzt nimmt er den letzten Hügel.“

„Neununddreißig Minuten!“, schrie Mr Murphy. „Er muss bereits von der Straße hierher abgebogen sein. Käp'n, nicht mehr als eine Minute und mein Mann steht hier in der Tür, oder ich bin ein Prahler!“

Atemlos, schweigend stand das Paar da und horchte hinaus.

Da – in der Halle hörte man eilige Schritte.

„Käp'n“, brüllte der Hausherr, „sagt' ich's nicht: Das ist der pünktlichste Diener auf der ganzen Insel! Vierzig Minuten, auf die Sekunde – und hier ist er!“

Die Tür wurde aufgestoßen. Die beiden Herren, fast bebend im Vorgefühl, traten einen Schritt vorwärts.

„Gnä' Herr“, sagte Pat, „jetzt such ich schon mehr als 'ne halbe Stunde nach dem Sattel und kann und kann ihn nicht finden ...“

Macht aus der → Erzählung ein Hörspielmanuskript (vgl. dazu Seite 188 f.).
Arbeitet in kleinen Gruppen zusammen.

1. Schreibt die wörtliche Rede heraus und setzt die Sprecherpersonen davor.
2. Entnehmt dem Text die Art und Weise, wie die Sätze gesprochen werden sollen, z. B. in Zeile 36 f.: Mr Murphy *(beruhigend)*: „Keine Besorgnis, Käp'n.“
3. Legt die Bewegungen und Geräusche fest, die die Sprecher ausführen sollen.
4. Legt die Geräusche fest, die zusätzlich gemacht werden sollen.
5. Überlegt, ob ihr die Vermutungen der beiden Herren über den Verbleib des Dieners mit Geräuschen unterlegen wollt. Welche Wirkung hat das auf den Zuhörer?
6. Stellt eine Liste der notwendigen Requisiten auf.
7. Nehmt euer Hörspiel auf.

# Film und Fernsehen – Hinter den Kulissen

Cartoon:
*Manfred B. Limmroth*

„Sicherlich Fernsehansager aus dem vorigen Jahrhundert …“

(Kennst du diese „Fernsehansager“? Wenn nicht, schlage nach!)

Die ersten Fernsehübertragungen fanden 1936 zur Olympiade in Berlin statt.
In Farbe konnte ab 1967 gesendet werden. – Bis 1984 gab es nur ARD und ZDF. Und heute?

1. Kannst du dir ein Leben ohne Fernsehen vorstellen?
   Schreibe Gründe auf, was ohne Fernsehen gut wäre und was du vermissen würdest.
2. Erkundige dich bei Großeltern und Bekannten, wie die Fernsehgewohnheiten früher waren.
3. Schreibe einen → Bericht zur Entwicklung des Fernsehens. Nimm ein Sachbuch zu Hilfe.
4. Trage deine Ergebnisse der Klasse vor.

## Fernsehberufe aus der Nähe betrachtet

Wenn die Zuschauer zu Hause vor dem Fernseher sitzen, haben sie in der Regel keine Vorstellung davon, wie ihre täglichen Lieblingssendungen produziert werden. Weißt du, wie viele Mitarbeiter notwendig sind, um auch nur eine einfache Talk-Show sendefertig zu machen?

Redakteure und Redakteurinnen haben die Verantwortung für das, was gesendet wird. Sie planen ihr Programm meist Wochen vor dem Sendetermin. Stehen das Thema und der Zuschnitt einer Sendung fest, beginnen mit Hilfe von Redaktionsassistenten die konkreten Vorbereitungen: Studiogäste werden eingeladen, Informationen werden beschafft, Hotels gebucht usw.

Verantwortlich dafür, dass die Idee der Redaktion im Studio konkret umgesetzt wird, ist der Regisseur/die Regisseurin. Von den ersten Proben bis zur Sendung muss die Regie wissen, was sie will. Produktionsassistenten unterstützen die Regisseure bei ihren zahlreichen Aufgaben.

Im Studio selbst arbeitet der Regisseur/die Regisseurin eng mit der Aufnahmeleitung zusammen, die für geordnete Abläufe sorgt, wenn die Regisseurin/der Regisseur neben dem Bildmischer im Regieraum sitzt und auf das Geschehen im Studio nicht unmittelbar Einfluss ausüben kann.

Nach den Vorstellungen des Regisseurs/der Regisseurin entwerfen die Bühnenbildner die Kulisse – zum Beispiel eine Sitzecke oder eine Kücheneinrichtung; Handwerker und Bühnenarbeiter bauen die Einrichtung auf.

Ist der Aufnahmetermin gekommen, werden der Moderator/die Moderatorin und die Studiogäste von dem Maskenbildner/der Maskenbildnerin geschminkt und frisiert: Nasen dürfen nicht glänzen, zu blass sollen die Diskussionsteilnehmer auch nicht aussehen. Die Kostümbildnerin/der Kostümbildner achtet darauf, dass auch keine Naht geplatzt ist. Die Mitarbeiter der Requisite kümmern sich um die richtige Ausstattung des Studioraums mit kleinen Gegenständen. Wehe, wenn da etwas nicht klappt: Vom Benzinfeuerzeug bis zur Patentbratpfanne muss im richtigen Moment alles zur Stelle und intakt sein.

Ist alles bereit, kann die Aufnahme beginnen. Unerlässlich dafür, dass man auf dem Bildschirm allerdings überhaupt etwas sieht, sind die Kameras. Meist gibt es drei, weil die Zuschauer in raschem Wechsel verschiedene Bildausschnitte zu sehen bekommen sollen.

Die Kameras haben Räder und müssen gefahren werden; daher haben Kameraleute in der Regel auch Helfer, die zur Hand gehen, wenn es nötig ist. Die Hauptverantwortung für die Arbeit der Kameras und vor allem für die richtige Beleuchtung trägt die Chefkamerafrau/der Chefkamera-

mann. Die Scheinwerfer werden von Beleuchtern montiert und bedient.
Für die Qualität der Bilder auf dem Schirm sind wieder andere verantwortlich, nämlich die Bildingenieurin/der Bildingenieur und die Techniker der Kamerakontrolle. Dort werden die Bilder beobachtet, die gesendet werden; Bildmängel werden sofort korrigiert. Falls größere Störungen auftreten, muss die Kamera repariert oder ausgetauscht werden.
Nun will man zu Hause aber nicht nur Bilder sehen, sondern auch etwas hören. Man braucht also Mikrofone, die im Fernsehstudio beweglich sein müssen, um sie auf den jeweiligen Sprecher auszurichten. Es gibt spezielle fahrbare Vorrichtungen, mit denen der Tontechniker gegebenenfalls auch der Bewegung der Sprechenden folgen kann. Das Kunststück dabei ist, das Mikrofon nie ins Bild geraten zu lassen und geschickt durch das Gewirr von Kameras, Kabeln und Bauten Slalom zu fahren.
Der Ton, der im Studio eingefangen wird, kommt auf den Regietisch des Toningenieurs/der Toningenieurin: Die Lautstärke und die Tonqualität müssen ausgesteuert, eingebaute Zusatzmikrofone geschaltet oder auch Geräusche oder Musik vom Band abgespielt werden.
Damit Bildausschnitte passend zum Ton eingespielt bzw. Filme eingeblendet werden können, gibt es ein großes Mischpult, an dem der Cutter/die Cutterin arbeitet.
Wie verwirrend der Arbeitsalltag bei einem Fernsehsender sein kann, vermittelt der folgende Text aus „Die Fernsehgeisel".

*Andreas Schlüter*

## Die Fernsehgeisel

*Die 16-jährige Schülerin Conni absolviert ihr Betriebspraktikum bei einem privaten Fernsehsender in Berlin. Während ihrer Arbeit ereignet sich ein raffinierter Banküberfall, den sie teilweise als Augenzeugin, aber auch Fernsehreporterin miterlebt.*

Conni bekam gar nicht alles so schnell mit. Noch immer gab es so viele Dinge, die sie nicht verstand. Abläufe, die sie nicht nachvollziehen konnte. Ausdrücke, die ihr ein Rätsel blieben.
Immerhin hatte sie die Nacht genutzt und war einfach mal einem Redakteur in einen so genannten Schnittraum nachgestiefelt. Schon vor der Tür des Raumes hatten sie die Widersprüche verwirrt: Die Redakteure sprachen zwar vom Schnittraum, auf dem Eingangsschild aber stand Cut 3. Cut für das englische *to cut,* was schneiden bedeutete, 3 für den dritten Raum dieser Art. Lustigerweise sprach man aber davon, einen Filmbeitrag zu schneiden und nicht etwa zu cutten. [...]
Am tollsten war, dass eine Frau mit diesem Beruf sich als Cutterin bezeichnete, also ein englisches Wort (cut) mit einer deutschen Endung (in) versah und damit das undurchdringliche Kauderwelsch fast schon perfekt machte.
Die Krönung aber war, dass die eigentliche Tätigkeit mit schneiden nichts mehr zu tun hatte. Der Ausdruck stammte noch aus den

Urzeiten des Filmens, als tatsächlich – wie heute noch beim Kinofilm – einzelne Filmstreifen auseinander geschnitten und wieder zusammengeklebt wurden. Beim Fernsehen aber lief längst alles nur über Computer, in die man Videokassetten einschob. Statt eine Bildsequenz auszuschneiden, wurde sie einfach auf ein anderes Band kopiert. Die nächste Sequenz, die der ersten folgen sollte, kopierte man dann direkt dahinter und immer so weiter. Insofern hätten die Cutter eigentlich Kopierer heißen müssen, aber dann hatte man auch wieder einen falschen Eindruck von diesem Berufszweig gehabt. Stattdessen hieß der ganze Kopierprozess digitaler Schnitt, was allerdings erst recht Blödsinn war, weil man digital schon mal gar nichts schneiden kann.

Aber so erging es Conni die ganze Nacht. Wohin sie auch blickte, was sie auch hörte, alles war so seltsam, so unlogisch, fast albern, dass man mit dem gesunden Menschenverstand hier kein bisschen weiterkam.

1. Conni wundert sich über die englischen Bezeichnungen und ihre Verwendung. Welche Fachbegriffe aus dem Englischen kennst du und wo werden sie verwendet?

**Lesehinweis** Du kannst dir das spannende Jugendbuch besorgen und deinen Mitschülern von dem Kriminalfall erzählen:
*Andreas Schlüter:* Die Fernsehgeisel
Nähere Angaben findest du im Verfasser- und Textquellenverzeichnis.

## Ein Job beim Fernsehen?

Ein schlauer Kopf hat einmal ausgerechnet, dass über 100 Berufsbilder unter dem Dach einer Fernsehanstalt vereinigt sind. Neben den typischen Fernsehberufen, die vorwiegend aus der Filmbranche und dem Theater kommen, sind auch Handwerksberufe wie Kraftfahrzeugtechniker, Schreiner, Elektriker, Schneider usw. vertreten. Selbstverständlich gibt es auch alle kaufmännischen Berufe wie Stenotypistin, Sekretärin, Buchhalter und Computerfachleute. Dazu kommt die Skala der technischen Berufe. Aber auch auf Fachleute wie z. B. Juristen kann ein Sender nicht verzichten.

1. Welche Aufgaben übernehmen die einzelnen Berufstätigen beim Fernsehsender? Unterscheidet sich ihr Tagesablauf von dem eines Beschäftigten außerhalb des Fernsehens?
2. Welche Vor- und welche Nachteile bringt die Arbeit beim Fernsehen mit sich?
3. Würdest du gerne dort arbeiten? Welchen Beruf würdest du dann wählen?

## „Momo“ – Ein Film entsteht

*Bevor ein Film gedreht werden kann, muss sich der Regisseur lange mit der Geschichte auseinander setzen, die er verfilmen will.*
*Dabei kann es sich um einen Text handeln, den ein Autor direkt für den Film verfasst hat, oder um die Verfilmung einer literarischen Vorlage.*
*1985 wurde zum Beispiel der Märchenroman „Momo“ von Michael Ende verfilmt. (Ein Kapitel aus dem Roman kannst du auf Seite 20 ff. nachlesen.)*

Es hat länger als ein Jahrzehnt gedauert, bis aus „Momo“ zunächst ein Drehbuch und dann ein Film wurde. Aus einem so beliebten und berühmten Buch einen Film zu machen ist ein besonders schwieriges Unternehmen. Denn ein Film muss sich zwangsläufig an andere Gesetze halten als ein Buch. Filme leben vom optischen Eindruck, von Aktion und Kreativität des Regisseurs und all seiner Mitarbeiter. Ein Film muss trotz aller Treue zur Literaturvorlage ein eigenes Leben entwickeln und die Gedanken des Autors in Bilder umsetzen.

Ein Film ähnelt einem Puzzle, das sich aus Tausenden von Stücken zusammensetzt.
Für „Momo“ fiel die erste Klappe am 10. September 1985. Gedreht wurde die Szene, in der Momo die Bibi-Puppe in ihrer Höhle findet. Bei einem Film wird nie chronologisch↑ gearbeitet. So entstanden die Szenen in Meister Horas Haus erst am Ende der Dreharbeiten
Bunt gekleidete Puppen wirbeln durch die Luft. Der grau gekleidete Mann mit dem kahlen Kopf und der Zigarre im Mundwinkel zerrt Puppe nach Puppe aus dem Kof-

chronologisch: *dem zeitlichen Ablauf entsprechend*

Eine Stadt aus Kulissen: Der Italiener Danilo Donati hat für „Momo“ Häuser und Straßen nachgebaut.

ferraum seines grauen Wagens und wirft sie im hohen Bogen vor die Füße des kleinen Mädchens mit den wirren Locken und den großen dunklen Augen.
„Schnitt!“, ruft eine Stimme und der „graue Herr“ holt tief Luft. Pause.
Aber gleich geht es weiter. Die Szene wird so oft wiederholt, bis sie „im Kasten“ ist.
Einer ist immer dabei, egal, ob Momo im Sonnenschein vor ihrer Höhle sitzt oder in tiefster Nacht zu ihrem Treffen mit den grauen Herren einsam durch die ausgestorbenen Straßen der Stadt wandert. Er hält jede Bewegung, jede Szene des Films mit seinem „magischen Auge“ fest: der Kameramann. Seine Aufgabe ist schwierig und vielseitig. Er sorgt für die visuellen Effekte in einem Film, das heißt, er muss die Geschichte in eindrucksvollen Bildern festhalten, die stimmungsvoll wirken und die Handlung noch spannender werden lassen.
Der Kameramann kann nicht einfach seine Kamera anstellen und die Szenen hintereinander aufnehmen. Er muss mit seinen Mitarbeitern für die richtige Beleuchtung sorgen und versuchen, bei jeder Szene möglichst viel von der Stimmung in seine Bilder zu bannen.
Die Einstellungsgröße bestimmt, wie groß ein Mensch oder ein Gegenstand im Bild zu sehen ist. Ist von einer Figur nur der Kopf oder sogar nur ein Auge zu sehen, erscheint sie dem Zuschauer so, als ob die Kamera ganz dicht vor dieser Figur steht und diese dem Zuschauer damit auch in ganz große Nähe gerückt wird.

Nächtliches Treffen:
Die grauen Herren planen, wie sie Momo aus dem Weg räumen können.

Ein bisschen Schminke hier, ein Tupfen Puder da. Die Maskenbildnerin macht Momo für die nächste Aufnahme fertig.

## Einstellungsgrößen

die Distanz: *die Entfernung, der Abstand*

Die Einstellungsgröße bestimmt also die Nähe bzw. die Entfernung, mit der der Zuschauer mit einem Menschen oder einem Geschehen im Film konfrontiert wird. Sie rückt ihm damit bestimmte Handlungen nah heran oder entfernt, legt eine Distanz↑ dazwischen, distanziert den Zuschauer. Wirkungen auf das Gefühl werden dabei ganz wesentlich mit gesteuert. Zwischen großer Nähe und großer Entfernung gibt es vielfältige Einteilungsmöglichkeiten für Kameraeinstellungen. Die wichtigsten Einstellungsgrößen werden im Folgenden dargestellt.

das Panorama: *der Rundblick, der Ausblick*

**1. Weit:**
Weite Landschaften, Panoramen↑ werden so gezeigt, dass sich der Einzelne in der Landschaft verliert. Solche Einstellungen haben häufig symbolische Funktion, so z. B. die berühmten Schlussbilder, in die der Held hineinreitet und sich mit seiner Geschichte vom Zuschauer entfernt, bis er nicht mehr zu sehen ist.

**2. Totale:**
Ein Überblick über ein Geschehen wird vermittelt, ein Eindruck des Ganzen, in dem aber der Einzelne noch zu erkennen ist. Diese Einstellung dient der räumlichen Orientierung des Zuschauers, ihr folgen dann häufig Einstellungen mit größerer Nähe.

dominieren: *vorherrschen*

**3. Halbtotale:**
Die Figur ist ganz zu sehen, ihre Körpersprache dominiert↑, es ist Raum für Aktion. Die Umgebung der Figur gewinnt an Eigengewicht.

**4. Halbnah:**
Die Figur ist bis zu den Oberschenkeln bzw. bis zu den Knien zu sehen. Man sieht jetzt viel Umraum, die Figur tritt zu anderen Figuren in deutliche Beziehung, die Mimik↑ ist zu Gunsten der Gestik↑ in den Hintergrund getreten.

die Mimik: *das Mienenspiel des Gesichts*

die Gestik: *Ausdrucksgebärden des Körpers*

**5. Nah:**
Ein Brustbild bzw. bis zum Bauch. Es ist die gemäßigt-normale Distanz des Ansagers und Nachrichtensprechers. Neben der Mimik wird auch die Gestik der Hände wichtig, neben der Figur ist auch schon Hintergrund zu sehen.

**6. Groß:**
Ein Kopf wird bis zum Hals oder zur Schulter gezeigt. Der Zuschauer kann so die Mimik des Gezeigten genau verfolgen („das Gesicht als Landschaft"), jeder Augenaufschlag, jedes Zucken des Mundwinkels bekommt Bedeutung.

**7. Detail:**
Hier ist nur ein sehr kleiner Ausschnitt zu sehen, ein Auge, ein Mund, die Finger am Abzugshahn des Revolvers. Detaileinstellungen werden meist zur Spannungssteigerung und bei emotionalen↑ Höhepunkten eingesetzt.

emotional: *gefühlsmäßig*

## Effekte

Schon seit den ersten Tagen der „laufenden Bilder“ haben sich die Regisseure und Kameraleute einiges einfallen lassen, um die Zuschauer durch allerlei Zaubertricks auf der Leinwand in ihren Bann zu schlagen. Heute ist die Filmtechnik noch wesentlich ausgefeilter und kunstvoller, als sie zu jener Zeit war, als ein fliegender Teppich in „Der Dieb von Bagdad“ (1940) als eine Sensation galt oder die Tricks, mit denen der Riesenaffe King-Kong vor mehr als 50 Jahren ausgerüstet war, das Publikum begeisterten. Inzwischen sausen Weltraumraketen über die Leinwand, erschüttern Erdbeben ganze Städte, flattern Drachen durch die Luft, ohne dass man ihnen ansieht, dass sie aus Kunststoff und Drähten bestehen, und fliegen Menschen als Superman und Flash Gordon wie Blitze durch den Himmel.

Ohne Tricks kommt heute kein Film mehr aus.

„Eigentlich haben wir in ‚Momo‘ nur zwei Special Effects“, sagt der Regisseur Johannes Schaaf. „Zum einen die Auflösung der grauen Herren, zum anderen Momos Flug mit den Stundenblumen am Ende des Films.

Und beides erfordert keine aufwändigen Tricks. Den Eindruck, dass die Zeit-Diebe sich auflösen, erwecken wir durch mehrfaches Überblenden mit der Kamera und viel Rauch; die Flugszene, die wir in den Münchner Bavaria-Studios drehten, war sogar noch simpler.“

Wie man Momo zum Fliegen gebracht hat? In diesem Fall ganz einfach: Radost Bokel musste sich auf ein Holzgerüst legen, das zum größten Teil unter ihrer weiten Männerjacke versteckt blieb, und mit den Armen flattern, ganz so, als ob sie Flügel bewegt.

Der Kameramann nahm nun Radost bzw. Momo so auf, dass das Holzgerüst nicht mehr zu sehen war, sondern nur noch das Kind, das durch die Luft schwebt inmitten der befreiten Stundenblumen. Im Film sieht

Mit der Windmaschine in der Niemals-Gasse. – Ein Blick hinter die Kulissen von „Momo“.

das so echt aus, dass man meinen möchte, Momo könne tatsächlich fliegen.

Und dann wird der Film noch synchronisiert, d.h., alle störenden Nebengeräusche werden herausgefiltert und die Schauspieler sprechen ihre Texte im Studio noch einmal nach. Da „Momo“ auf Englisch gedreht wurde, mussten die Darsteller ihre Texte noch einmal auf Deutsch nachsprechen. Die Rollen des Meister Hora, von Beppo und Gigi wurden von deutschen Schauspielern synchronisiert. Sie gaben den ausländischen Darstellern ihre Stimme. Umgekehrt wurde für die englische und italienische Fassung Radost Bokel synchronisiert. Auch dieses Synchronisieren bedeutet einen Zeitaufwand, da die „Takes“, wie die in viele Einzelteile zerlegten Szenen heißen, oft wiederholt werden müssen, bis die Lippenstellung auf der Leinwand und der Text übereinstimmen. Ton und Bild müssen dann noch richtig kombiniert werden, die Musik kommt auch noch hinzu, und dann endlich nimmt der Film seine Kinofassung an.

## Literaturverfilmung selbst gemacht

1. Ihr könnt einige → Szenen aus dem Buch „Momo“ auch nach euren Vorstellungen verfilmen. Lest dazu den Ausschnitt aus Michael Endes Roman auf Seite 20 ff.; die Zeilen 46 ff. sind für eure Bearbeitung besonders gut geeignet.
2. Arbeitet in Gruppen:
   Gruppe 1: Informiert euch im Sachtext auf Seite 198 f. über die Einstellungsgrößen beim Film. Überlegt euch, welche Kameraeinstellung zum jeweiligen Abschnitt passt.
   Schreibt ein Protokoll, zum Beispiel:

| | | | |
|---|---|---|---|
| 1. Szene | Z. 46–77 | Herr Fusi steht vor der Tür und denkt nach | Totale |
| 2. Szene | Z. 89–102 | Grauer Herr kommt | Totale |
| 3. Szene | Z. 118–123 | Agent blättert im Notizbuch, während er sich mit Herrn Fusi unterhält | Halbnah |
| 4. Szene | Z. 124–126 | Notizbüchlein | Detail |
| 5. Szene | Z. 127–... | Unterhaltung: Agent – Herr Fusi | Nah |
| 6. Szene | ... | | |

   Gruppe 2: Arbeitet den Text zu einem Dialog mit Regieanweisungen um. Lest euch dazu die Anweisungen zum Hörspielmanuskript auf Seite 188 f. durch und geht danach vor.
3. Besorgt die notwendigen Requisiten.
4. Spielt und sprecht die Szenen nach eurem Drehbuch. Filmt sie entsprechend euren Überlegungen zur Kameraeinstellung.

# Einen eigenen Film drehen

Wenn ihr einen abgeschlossenen Film drehen wollt, müsst ihr den Film wie einen Aufsatz aufbauen:
Einleitung – Entwicklung zu einem Höhepunkt – Schluss.
Die Einleitung macht mit den Personen oder den Handlungsgegenständen bekannt. In der Entwicklung werden sie nach dem Grundsatz Spannung und Lösung zu einem Höhepunkt geführt. Den Höhepunkt müsst ihr besonders sorgfältig herausarbeiten. Der Schluss lässt das Thema ausklingen.

Der Aufbau muss ganz klar sein. Denkt euch eine einfache Handlung aus.

- Macht einen Gestaltungsentwurf (Exposé). Ihr könnt ihn in Form einer Erzählung oder stichwortartig notieren.
- Beim Filmdrehen müsst ihr in „Bildern denken“. Stellt euch die einzelne Szene vor und diskutiert, welche Einzelheit im Film in welcher Einstellung gezeigt werden soll.

**Beispiel für einen kleinen abgeschlossenen Film**

**Gestaltungsentwurf:**
Daniela kauft sich von ihrem letzten Taschengeld bei der Schullotterie ein Los. Sie will unbedingt das Los mit der Nr. 1 ziehen und den Hauptgewinn, eine CD ihrer Lieblingsband mit Originalautogrammen, gewinnen.
Sie rollt das Los langsam auf und schaut nach. Sie hat tatsächlich den Hauptgewinn gezogen.

Die Auflösung der Verlosung in **Kameraeinstellungen** könnte so aussehen:

**1. Totale:** Auf dem Schulhof drängeln sich die Schülerinnen und Schüler um den Losverkäufer. Die Preise sind auf einem Tisch ausgestellt.

**2. Nah:** Daniela zählt ihr Geld nach und kauft sich ein Los.

**3. Groß:** Vorsichtig öffnet sie das Los.

**4. Detail:** Das Los zeigt die Nummer 1.

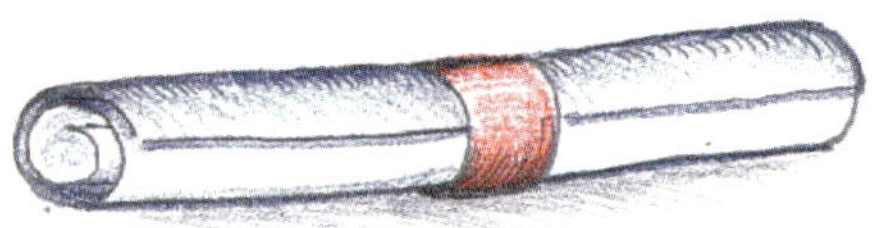

**5. Halbnah:** Der Tisch mit den Preisen.

**6. Halbtotale:** Erfreut nimmt Daniela ihren Preis entgegen.

Überlegt euch, ob ihr einen Sprecher erzählen lasst oder ob nur die Darsteller sprechen oder ob – wie im Stummfilm – nur in Bildern erzählt werden soll.
Wollt ihr dazu Musik aufnehmen? Ihr könnt Danielas gewünschte CD an passenden Stellen dazu einspielen.
Beachtet, dass sich der Film aus Einzelheiten zusammensetzt wie ein Satz aus Wörtern. Schreibt alle Einzelheiten in euren Arbeitsplan.

**Arbeitsplan:**

| Szene | Kamera | Handlung/Darstellung | Ton | Zeit/Anmerkung |
|---|---|---|---|---|
| 1 | Totale | 10 Schüler/-innen drängen sich um Markus, den Losverkäufer. Im Hintergrund: Tisch mit versch. Preisen | Originalgeräusche | 5 sec |
| 2 | Nah | Daniela (nervös) zählt ihr Geld. (Erleichtert) Es reicht gerade für ein Los. Sie drängelt sich vor ... | Musik der Lieblingsband | 12 sec |
| 3 | ... | | | |

Um den Film fertig zu stellen, müsst ihr euch einen Titel ausdenken. Er soll die Handlung andeuten, aber nicht vorwegnehmen. Außerdem soll er Spannung erregen.

**Weitere mögliche Filmthemen:**
- Rückgabe einer schwierigen Mathematikarbeit
- Ein sportliches Ereignis (50-Meter-Lauf)

1. Wählt die Darsteller aus, besorgt die notwendigen Requisiten und nehmt euren Film auf!
2. Schaut euch den gedrehten Film an und bearbeitet ihn. Welche Szenen sind zu lang geraten? Welche Idee erkennt man nicht? „Schneidet“ euren Film.
3. Malt Filmplakate zu eurem Werk und führt es an eurer Schule vor.

# Von Gutenberg zum Internet

*Du hast jetzt dein Lesebuch aufgeschlagen: Hast du dir eigentlich schon einmal Gedanken darüber gemacht, seit wann es Bücher überhaupt gibt, wie sie früher ausgesehen haben und wie sich ihre Herstellung im Laufe der Zeit verändert hat?*

*Näheres über die Geschichte des Buches, des Buchdrucks und der Buchherstellung erfährst du in diesem Kapitel.*

## Eindruck, Abdruck, Ausdruck

1
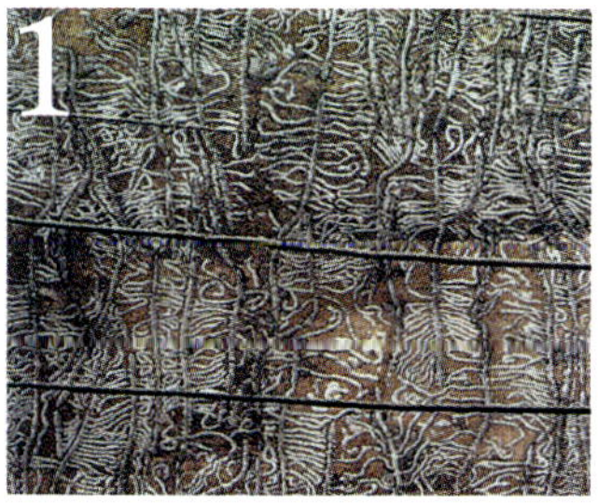

2
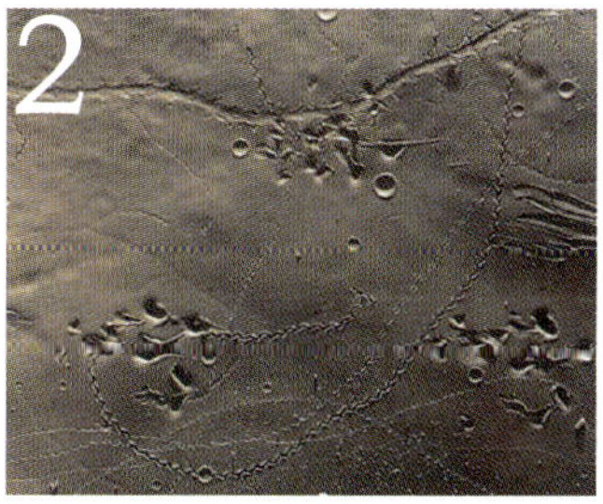

3

4

5

6

7

1. Eindrücke und Abdrücke enthalten Informationen. Manchmal muss man jedoch gut nachdenken und oft braucht man besondere Kenntnisse, um sie entschlüsseln zu können.
   L Versuche die Bedeutung dieser Bilder zu verstehen.
2. Zusammen mit deiner Gruppe kannst du eine kleine Druck-Ausstellung zusammenstellen: Füße, Hände, Blätter, Stoffe, Holz ... vieles lässt sich einfärben und dann auf Papier abdrucken.
3. Wer mit Absicht Abdrücke hinterlässt, kann dadurch etwas ausdrücken und Informationen weitergeben.
   Mit Buchstaben, die aus Kartoffelhälften ausgeschnitten wurden, kann man z. B. die Namen aller Gruppenmitglieder abdrucken. Bis zur Erfindung des Johannes Gutenberg ist es dann nur noch ein kleiner Schritt.

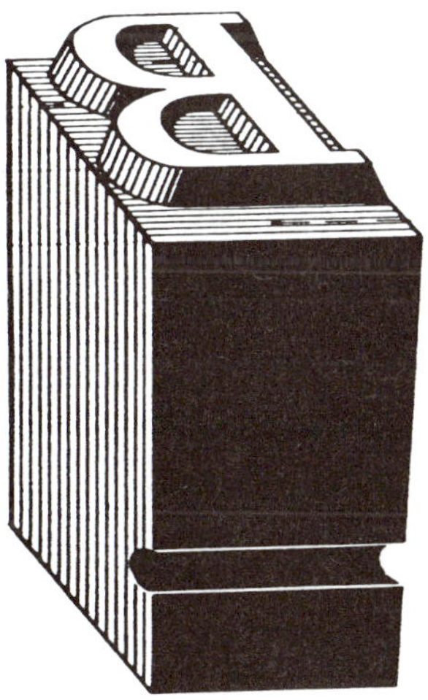

Bewegliche Letter

## Bücher im Mittelalter

*Im Mittelalter (ca. 800 bis 1300 n. Chr.) gab es keine Kopierer, keinen Buchdruck und keine Schreibmaschinen oder Computer. Die Bücher wurden mit der Hand geschrieben, jedes einzelne Exemplar musste auf diese Art produziert werden.*
*Die Mönche in den Schreibstuben („Skriptorien") mittelalterlicher Klöster waren meist Gelehrte und Künstler zugleich. In bewundernswerter Formschönheit, oft verziert mit kleinen Zeichnungen und herrlichen Anfangsbuchstaben (vgl. die Beispiele auf der nächsten Seite), wurden ihre Texte niedergeschrieben.*

O GLÜCKLICHSTER LESER, WASCHE DEINE HÄNDE UND FASSE SO DAS BUCH AN, DREHE DIE BLÄTTER SANFT, HALTE DIE FINGER WEIT AB VON DEN BUCHSTABEN. DER, DER NICHT WEISS ZU SCHREIBEN, GLAUBT NICHT, DASS DIES EINE ARBEIT SEI. O WIE SCHWER IST DAS SCHREIBEN: ES TRÜBT DIE AUGEN, QUETSCHT DIE NIEREN UND BRINGT ZUGLEICH ALLEN GLIEDERN QUAL. DREI FINGER SCHREIBEN, DER GANZE KÖRPER LEIDET …

*(Notiz eines Schreibers im 8. Jahrhundert)*

*Am Anfang der schriftlichen Literatur wurde vor allem Erzählgut aufgezeichnet, das zuvor mündlich weitergegeben worden war. Die Themen reichten von Heldenliedern und → Epen über → Lyrik bis hin zu Romanen über das höfische Leben. (Vgl. S. 101 ff.)*
*In Deutschland entstand dabei im Mittelalter nicht nur deutschsprachige Literatur, sondern viele Texte erschienen auch auf Latein, der Sprache der Gelehrten. Dabei handelte es sich vor allem um religiöse Texte.*

*Hier siehst du ein Beispiel für ein mittelhochdeutsches Gedicht mit einer Abbildung der Originalhandschrift:*

*Dietmar von Aist*

## **Ahî nu kumet uns diu zît** (um 1150)

Ahî nu kumet uns diu zît,
der kleinen vogellîne sanc.
ez gruonet wol diu linde breit,
zergangen ist der winter lanc.
nu siht man bluomen wol getân:
an der heide üebent sie ir schîn.
des wirt vil manic herze frô:
des selben trœstet sich daz mîn.

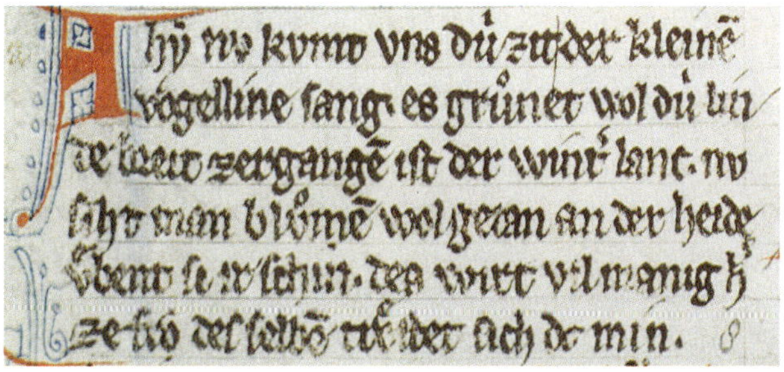

1. Vergleiche das Gedicht mit der Handschrift. Ordne die gedruckten Wörter denen im Original zu.
2. Lies das Gedicht genau durch. Welche Wörter kommen dir bekannt vor? Schreibe sie auf.
3. Wovon handelt das Gedicht? Sprecht in kleinen Gruppen über seinen Inhalt.
4. Schreibe selbst ein kleines → Gedicht über den Frühling und verziere den Anfangsbuchstaben so wie in einer mittelalterlichen Handschrift.

*Bettina Anrich-Wölfel*

## Was ist ein Buch?

der Codex, Mehrzahl: Codices: *kostbar verzierte handgeschriebene Bücher aus dem Mittelalter*

Wer in eine Buchhandlung geht und sich eine Portion Lesestoff kauft, wird wohl kaum diese Frage stellen und sicher auch das Gebilde aus Papier, Pappe, Farbe und Leim nicht befragen, ob es ein mehr geistiges oder ein mehr wirtschaftliches Produkt ist, sondern danach, wie viel an Information und Unterhaltung es ihm zu bieten hat.

Ein Buch ist ohne Zweifel nicht nur das, was ein Autor sich ausgedacht hat. Die Erfindungen des Geistes sind flüchtiges Material, wenn sie nicht aufgeschrieben werden, wenn niemand für ihre Veröffentlichung und Verbreitung sorgt. Die Ideen, der Witz und die Gelehrsamkeit des Schriftstellers brauchen ein Transportmittel, um zu ihrem Publikum zu kommen. Darum ist die Geschichte des Lesens und des Buches sehr wesentlich die Geschichte des Bücherherstellens und des Handels mit Büchern.

Bild: Tarzan entdeckt ein Buch (1914)

Allerdings ist es eine ziemlich kurze Geschichte. Wenn man auf die Anfänge unserer Kultur sieht, herrscht dort große Dunkelheit. Schwach ist nur noch der Schimmer wahrzunehmen von der antiken Kultur↑, die auch eine Buch- und Lesekultur war und so ziemlich alles schon kannte, was uns in diesem Zusammenhang vertraut ist: Verleger, Buchhandlungen, öffentliche Bibliotheken, Zensur↑, Bücherverbrennungen.

die Letter: *vgl. dazu die Abb. S. 205 unten rechts*

die antike Kultur: *die Kultur der alten Griechen und Römer*

die Zensur: *die Kontrolle und eventuell das Verbot von Büchern*

Der Untergang des Römischen Reiches und der Aufstieg des Christentums haben dem zunächst ein Ende gemacht. Und wenn auch bald schon in den Klöstern herrliche Codices↑ entstanden, so waren diese Buchkunstwerke nicht Medien in unserem Sinn, nicht Träger und Vermittler von Ideen und Informationen. Sie bewahrten Überliefertes auf, fast ausschließlich kirchliches Gedankengut, und wurden aus wertvollsten Materialien zur Ehre Gottes, zum Ruhm von Klöstern und Fürstenhöfen hergestellt. Kaum einer konnte damals lesen, zumal Latein als einzige in Westeuropa damals schreibbare Sprache nicht einmal von allen Priestern in Wort und Schrift beherrscht wurde. Bücher markierten in dieser Zeit besonders krass die Kluft zwischen der sehr dünnen gebildeten Oberschicht und der übrigen Bevölkerung, die lange noch angewiesen blieb auf das, was man ihr erzählte, auf Märchen, Mythen, mündlich weitergegebene Informationen, auf das, was von den Kanzeln gesprochen wurde.

Um 1450 erfand Gutenberg den Druck mit beweglichen Lettern↑ – eine revolutionäre Erfindung, die zwar schon im alten China bekannt war, aber im Westen unbekannt blieb. Sie schuf nun eine der wesentlichsten Voraussetzungen für das Entstehen einer Buch- und Lesekultur. Bis dahin war es allerdings noch weit, Bücher blieben auch nach Gutenberg zunächst noch unhandliche und kaum erschwingliche Gegenstände. Ein lateinisches Wörterbuch zum Beispiel kostete 1469 so viel wie 13 Ochsen.

1. Fasse die Informationen aus dem Text schriftlich zusammen.
2. Was bedeutet ein Buch für dich? Sammle deine Einfälle auf einem Blatt.

*Alfons Schweiggert*

## Der zündende Fackelzug

Johannes Gutenberg. Kupferstich von Theret, Paris 1584

In der Stadt Mainz lebte etwa um 1450 ein Mann namens Johannes Gensfleisch, der nach dem Hof, in dem er ca. 1397 auf die Welt kam, Gutenberg genannt wurde. Er entstammte einem vornehmen und reichen Bürgerhaus, aber der Vater hatte bei einem Aufstand in der Stadt sein gesamtes Vermögen verloren. Auch sein Sohn war daraufhin verarmt und musste hart arbeiten, um für seine Frau und sich das tägliche Brot zu verdienen.

Als Goldschmied schliff Gutenberg auch Kristallspiegel und Edelsteine, außerdem beherrschte er als Stempelschneider die Kunst des Holzschnitts. Er schnitt schöne Zeichnungen in Holzplatten und färbte dann diese Bildstöcke mit Druckerschwärze ein. So konnte er von einem Motiv mehrere Papierabzüge herstellen und preiswert verkaufen. Diese Drucke waren nämlich billiger als die von Hand gezeichneten Einzelbilder. Zudem konnte man mehrere dieser Blätter zu einem Buch binden lassen. Die meisten anderen Bücher wurden immer noch von Hand mit Feder und Tinte auf Papier oder Pergament geschrieben.

Bei seiner Arbeit träumte Gutenberg oft davon, wie schön es wäre, wenn man die Texte eines Buches nicht Seite um Seite in Holz schneiden müsste, sondern irgendwie rascher drucken könnte. Denn ein Buch, zu dem jedes der Blätter in Holz geschnitten werden musste, benötigte bis zur Fertigstellung meist viele Jahre, wenn nicht gar Jahrzehnte.

Eines Nachts, so erzählt man sich, fand auf der Straße ein Fest statt. Gutenberg sah aus dem Fenster seiner Wohnung. Gerade kam ein Fackelzug mit Kindern daher. Jede der Fackeln stellte einen Buchstaben des Alphabets von A bis Z dar und loderte brennend in der Dunkelheit. Manche Buchstaben waren auch mehrmals vertreten. Die

Kinder stellten sich in einer Reihe auf. Dann traten zwölf von ihnen hervor, formierten sich und plötzlich erschienen die brennenden Buchstaben

die Letter: vgl. S. 205

**Lobe den Herrn!**

Die Kinder blieben eine Weile stehen und begaben sich dann in ihre Reihe zurück. Nun traten 17 andere heraus und stellten sich so nebeneinander, dass der Satz

**Heil dem Kurfürsten!**

zu lesen war.
Im selben Augenblick entzündete der Fackelzug in Gutenbergs Kopf eine weltbewegende Idee. Er nahm sich vor, gleich morgen eine Menge Einzelbuchstaben des Alphabets aus Blei zu gießen. Sie könnten dann in einer Art Setzkasten oder Druckrahmen rasch zu einer Textseite zusammengestellt und gedruckt werden. Wäre diese eine Seite oft genug gedruckt, könnte man die Buchstaben wieder herausnehmen und für die Wörter der nächsten Seite verwenden. Das ließe sich dann so machen, bis alle Seiten eines Buches fertig gestellt wären. Und das würde sicher in einem Bruchteil der bisher benötigten Zeit vor sich gehen.
Gutenberg hatte an diesem Abend den Buchdruck mit beweglichen, auswechselbaren Lettern↑ erfunden und damit auch den Zeitungsdruck. Schon fünf Jahre später, 1455, druckte er auf diese Weise seine inzwischen hochberühmte lateinische Gutenberg-Bibel.
Leider wurde er mit dieser Erfindung nicht reich. Es gab damals noch kein Patentamt, das seinen Einfall geschützt hätte. Als andere Drucker von dieser Idee hörten, bedienten sie sich ihrer sofort und begannen nach der neuen Methode Bücher zu drucken. Gutenberg blieb weiterhin unvermögend und starb einsam und, wie es heißt, erblindet im Jahre 1468 im Alter von fast siebzig Jahren.
Sein Name aber ist bis heute berühmt geblieben. Er gehört zu den wenigen bedeutenden Menschen, die man wahrscheinlich niemals vergessen wird, solange die Welt besteht. Seine Nachfolger aber, die Buch- und Zeitungsdrucker, nennt man bis auf den heutigen Tag „die Jünger Gutenbergs“.

1. In dieser Erzählung mischen sich Tatsachen und frei Erfundenes.
   Suche für beides Beispiele aus dem Text.
2. Informiere dich in einem Geschichtsbuch genauer über die Zeit, in der Johannes Gutenberg gelebt hat.
3. Schreibe einen tabellarischen Lebenslauf zu Johannes Gutenberg. Verwende dabei weitere Informationen, die du z. B. in einem Lexikon oder in einem Sach- oder Fachbuch findest.
4. 2000 war ein „Gutenberg-Jahr“: Was wurde in diesem Jahr wie gefeiert?
   Du kannst dich im Gutenberg-Museum in Mainz erkundigen, welche Veranstaltungen stattgefunden haben. Sicher gibt es entsprechendes Informationsmaterial.
   Oder suche im Internet nach Informationen über Aktionen zu diesem Ereignis.
5. Diskutiert in der Gruppe, wie sich euer Leben verändern würde, wenn ihr auf die Erfindung Gutenbergs verzichten müsstet.

gulas videritis·sciatis ea que subiecta
sunt in hebraicis voluminibȝ non ha-
beri. Porro ubi stelle ymago perfulserit·
ex hebreo in sermone nr̄o addita sunt.
Necnon et illa que haberi videban-
tur·et ita corrupta erant ut sensum le-
gentibus tollerent·orantibus vobis
magno labore correxi: magis utile
quid ex odio meo ecclesijs cristi ventu-
rum ratus·quā ex aliorum negocio.
Explicit prologus. Incipit liber iob.
Vir erat in terra hus
nomine iob. Et erat
vir ille simplex et re-
ctus ac timens deū:
et recedens a malo.
Natiq; sunt ei septē fi-
lij·et tres filie. Et fuit possessio ei9 septē
milia ouiū·et tria milia camelorum:
quingenta quoq; iuga boum et quingen-
te asine: ac familia multa nimis. Erat
q; vir ille magnus inter om̄es orien-
tales. Et ibant filij eius et faciebant
cōuiuiū per domos·unusquisq; in die
suo. Et mittentes vocabant tres soro-
res suas·ut comederent et biberēt cum
eis. Cumq; in orbem transissent dies
conuiuij mittebat ad eos iob et sancti-
ficabat illos: cōsurgensq; diluculo offe-

Ausschnitt aus einer Spalte der 42-zeiligen Gutenberg-Bibel (um 1455). Die Auschmückungen waren mit der Hand gemalt.

## Bücher zur Zeit Gutenbergs

*Natürlich gab es auch schon vor Gutenberg Bücher und ein Buchdruckgewerbe. Dieses stand in hohem Ansehen; der Buchdruck war aber äußerst mühselig, weil Texte und Bilder zunächst in Holztafeln geschnitten und danach in Handpressen Blatt für Blatt gedruckt werden mussten.*
*Mit Gutenbergs Erfindung war es möglich geworden, bewegliche Metall-Lettern für den Druck einfach und schnell zusammenzusetzen. Nach dem Druck konnten sie auseinander genommen und immer wieder neu verwendet werden.*
*Gutenbergs Erfindung breitete sich mit ungeheurer Schnelligkeit aus. Seine Gesellen wanderten in alle Welt und machten sich selbstständig. Druckereien wurden zunächst in größeren Städten eingerichtet, weil es dort mehr Auftraggeber und Käufer für Drucksachen gab. Die Erfindung der Buchdruckerkunst bedeutete für das damalige Leben eine Revolution. Schreibstuben wurden auf die Dauer überflüssig.*

Buchdruckerei. Kupferstich (um 1570)

Links im Bild fügen Setzer einzelne Metallbuchstaben zu Zeilen, die dann zur Druckseite zusammengesetzt werden. Die Druckform wird mit Stempeln eingefärbt (Bildhintergrund Mitte), dann wird das Papier mit der Schraubenspindel auf den Druckstock gepresst (rechts).

1. Beschreibe das Bild, indem du obige Informationen benutzt.
2. Auf dem Bild sind noch viele weitere Einzelheiten zu sehen. Versuche zu erklären, welche Bedeutung sie haben.
3. Denke dir zu dem Bild eine Geschichte aus, die zur Zeit Gutenbergs spielen könnte.

## Bücher heute

*Die Buchherstellung hat sich, wie du gesehen hast, seit den Zeiten der Schreibstuben in den Klöstern rasant verändert. Auch die Drucktechnik Gutenbergs wird heute nur noch für die Herstellung besonders kostbarer Bücher, aber nicht mehr für „normale" Bücher verwendet. Für das „Setzen" eines Textes, früher eine langwierige Handarbeit, ist der Computer ebenso selbstverständlich geworden wie für die Steuerung von modernen Druck- und Buchbindemaschinen.*

links:
Texterfassung am Satzcomputer

rechts:
Das Abstimmpult einer Druckmaschine

1. Vielleicht kannst du mit deiner Gruppe die Besichtigung einer örtlichen Druckerei vereinbaren und später vor der Klasse darüber berichten.

## Wer nutzt Computer & Co?

**MEDIENNUTZUNG VON KIDS**

| | | |
|---|---|---|
| **1.** | Fernsehen/Video | 160 Min. |
| **2.** | Radio | 109 Min. |
| **3.** | CD/Kassette/Walkman | 40 Min. |
| **4.** | Bücher | 23 Min. |
| **5.** | PC | 20 Min. |
| **6.** | Zeitungen | 14 Min. |
| **7.** | Zeitschriften | 9 Min. |

Zeitraum: täglich, Basis: 14- bis 19 Jährige

1. Die Statistik links gibt an, wie viele Minuten die Befragten pro Tag ein Medium nutzen. Formuliere die Angaben der Statistik jeweils in einen vollständigen Satz um.
2. Welche Medien nutzt du am häufigsten? Was kannst du zu deinem Leseverhalten sagen?
3. Mache eine Umfrage an deiner Schule. Befrage deine Mitschüler und Lehrer nach der Zeit, die sie durchschnittlich an Schultagen und am Wochenende für die verschiedenen Medien verwenden. Vergleiche die Ergebnisse mit den auf dieser Seite abgedruckten Statistiken. Welchen Anteil nimmt z. B. das Lesen, welchen Anteil die Verwendung des Computers ein?

## Bibliotheken und Buchhandlungen

### Ortsbücherei

**Öffnungszeiten**
Montag – Freitag 14.30–18.30 Uhr

**Die Bibliothek zieht um!**
Bald ist es so weit: Die Bibliothek zieht in das neue Bürgerhaus um. Vom 23.04. bis zum 08.05. ist die Bibliothek deshalb geschlossen. Erster Ausleihtag nach dem Umzug ist voraussichtlich Dienstag, 12.05.

**Was ändert sich?**
Die Bibliothek bekommt neue Öffnungszeiten.

| | |
|---|---|
| Di | 10.00–12.00 + 14.30–18.30 Uhr |
| Mi, Do, Fr | 14.30–18.30 Uhr |
| Sa | 10.00–12.00 Uhr |

Die Bibliothek erweitert ihr Medienangebot:
Der Bestand an Büchern, CDs, Spielen und Zeitschriften wird jetzt und in den kommenden Jahren kontinuierlich aufgestockt. Erstmals werden CD-ROMs verliehen. Auf einem Multimedia-PC im Kinderbereich können vorinstallierte CD-ROMs ausprobiert werden.

Die Bibliothek bezieht größere Räume:
Der Bestand der Bibliothek kann übersichtlicher präsentiert werden. Mehr Platz steht zur Verfügung zum Lesen, Spielen und Arbeiten, ebenso wie für Veranstaltungen und Ausstellungen.

Erweitertes Veranstaltungsprogramm:
Im Herbst startet unser neues Veranstaltungsprogramm – wir hoffen, dass auch für Sie etwas dabei ist!

1. Hier siehst du ein Beispiel, dass auch die örtlichen Büchereien ihr Medienangebot erweitern. Zähle auf, was du dort alles finden kannst.
2. Besucht in Kleingruppen eure Bücherei und erkundigt euch über den Medienbestand, der euch zur Verfügung steht.
3. Sicher interessiert es dich, welche Literatur es in deiner Bibliothek über Johannes Gutenberg und die Erfindung des Buchdrucks gibt. Starte eine Suche, entweder anhand des Bibliothekskatalogs oder mit Hilfe des Computers. Oder steht die Datenbank deiner Bibliothek sogar schon im Internet?

*Das Internet gewinnt zunehmend auch für den Buchhandel an Bedeutung. Über das Internet können in verschiedenen Datenbanken nicht nur Angaben zu Millionen von Büchern gesucht werden, per Mausklick können viele dieser Bücher bei Internet-Buchhandlungen auch gleich bestellt werden. Der Weg in die Buchhandlung am Ort wird aber dennoch nicht überflüssig, denn oft braucht man vor einer Buchbestellung eine intensivere Beratung oder man möchte sich die Bücher erst anschauen.*

4. Kennst du eine Internet-Buchhandlung? Wenn ja, berichte.

## Ein Schneeball vom Baikalsee per E-Mail nach Schwalbach

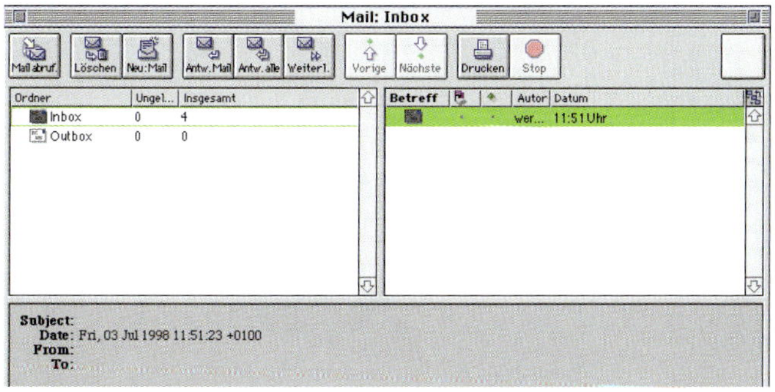


„Das ist ja geil!“ Strahlend liest Tanja (11) ihren Mitschülern Julien (12) und Addolorata (12) die Nachricht vor: Am Baikalsee in Sibirien herrscht Frost von minus 47 Grad. Die Schulen sind geschlossen. „Von allen Kontinenten scheint der Schnee zu uns gekommen zu sein“, berichtet die Schülerin Valentina aus der sibirischen Kälte. Um das für die deutschen Schüler zu unterstreichen, hat sie einen Buchstaben-Schneeball aufs E-Mail gezaubert.

Wie kommt der Kontakt ins ferne Russland zu Stande? Über die Datenautobahn des Internet. Denn Tanja, Julien und Addolorata gehören zum E-Mail-Projekt der Friedrich-Ebert-Schule. Die Sechstklässler pflegen übers Datennetz den Kontakt zu 15 Schulen auf dem ganzen Erdball. Ob nach Colorado in den USA, nach Sao Paulo in Brasilien oder nach Sibirien – es gilt, Infos übers Schülerleben in Schwalbach in die Welt zu senden. In englischer Sprache, versteht sich. „Wir erzählen von unseren Hobbys, von Fußball oder Tennis“, sagt Julien. Auch über das Weihnachtsfest ist per Internet geplaudert worden. Und das Praktische: In acht Sekunden erreicht die elektronische Post aus Schwalbach die Computer-Briefkästen der Partnerschulen.

Dass sich die drei Schüler im Internet zurechtfinden, liegt nicht zuletzt am Angebot ihrer Bibliothek. „Internet zwischen Büchern – Internetnutzung in einer Schulbibliothek“ heißt das Projekt, das Günter Schlamp und Heidemarie Bächreiner-Vogt vor knapp einem Jahr ins Leben gerufen haben. Vier Bildschirm-Arbeitsplätze stehen in der Bibliothek zur Verfügung. Täglich können die Seiten von allen Schülern und Lehrern genutzt werden. Und die sechs Mütter, die ehrenamtlich in der Bibliothek arbeiten, machen derzeit ihren „Internet-Führerschein“.

„Wir verstehen die Bibliothek als Informationszentrum“, erzählt Bächreiner-Vogt. Ob Bücher, Zeitungen, Videofilme, CD-ROMs oder Internet-Seiten – eine umfangreiche Recherche etwa für ein Referat ist mit diesem Medienmix jederzeit möglich: „Wenn wir in der Bibliothek nichts finden, gehen wir ins Internet“, erzählen Dennis und Dirk aus der 9. Klasse. Wie etwa beim Thema „Müll“, das sie in der Projektwoche behandelten. Oder kurz vor der Klassenfahrt nach Paris, als die Schüler sich die Texteinheit der französischen Hauptstadt aufgerufen hatten. „Wir sind virtuell mit der Metro gefahren und haben uns Museen angeschaut.“ Auch für die Lehrer bringt der Zugang zu den Datenbanken Erleichterung. Bächreiner-Vogt: „Das ist ein ganz anderes Unterrichten, weil wir viel mehr Möglichkeiten haben.“ Einziger Wermutstropfen: der Geldmangel. „Unser Konto geht gegen null“, so Bächreiner-Vogt. Der Main-Taunus-Kreis will bis Ende Januar entscheiden, ob er das Projekt finanziell unterstützt. Benötigt werden 1500 Mark↑ pro Jahr.

*Melanie Stangl*

1500 Mark: *ungefähr 750 Euro*

*Das sind Julien, Addolorata und Tanja, die zum E-Mail-Projekt der Schule gehören. Und hier kannst du die Nachricht von Valentina an Tanja lesen:*

**Von: www.saenko@zgr.kts.ru**
**An: fes_mtk@compuserve.com**

**Antwort auf: Grüße aus Schwalbach**
Liebe Tanja, liebe Schülerinnen und Schüler,
vielen Dank für eure Nachricht! Diesen Montag war der erste Schultag in unserer Stadt; vorher war es so frostig (-47 °C), dass alle Schulen geschlossen blieben. Von allen Kontinenten scheint der Schnee zu uns gekommen zu sein.

Etwas anderes: Vielleicht habt ihr Interesse an dem folgenden Spiel, das ich per E-Mail erhalten habe:
**Das Alters-Spiel**
Hast du mal wieder vergessen, wie alt du eigentlich bist? Kein Problem, das Spiel hilft dir!
Und so geht 's los:
>>>> 1. Wie oft in der Woche möchtest du ausgehen?
>>>> 2. Multipliziere diese Zahl der Tage mit zwei.
>>>> 3. Addiere fünf dazu.
>>>> 4. Multipliziere alles mit 50.
>>>> 5. Wenn du dieses Jahr bereits Geburtstag hattest, addiere 1751, wenn nicht, zähle 1750 hinzu.

>>>> 6. Letzter Schritt: Ziehe nun die vierstellige Zahl deines Geburtsjahres ab.
>>>> Du solltest nun eine dreistellige Zahl haben:
>>>> Die erste entspricht deiner ersten Wahl (wie oft du in der Woche ausgehen möchtest); die zwei letzten Stellen sagen dir, wie alt du bist.
>>>> Es funktioniert wirklich!!!

Und nun aufgepasst! Hier kommt ...
ein Schneeball von der Cosmonautic-Schule!!!
In einer Online-Schneeballschlacht wird man jedenfalls nicht triefnass, kalt ist es auch nicht und die Bälle tun niemandem weh ...

Viel Spaß noch!

snowballs
snowballsnowballs
snowballsnowballsnow
snowballsnowballsnowba
snowballsnowballsnowba
snowballsnowballsnow
snowballsnowballs
snowballs

Mit schönen Grüßen aus Sibirien
von Valentina und ihrer Klasse

1. Hat (oder plant) deine Klasse auch E-Mail-Kontakte zu Schulen rund um den Erdball? Berichte.

EINES TAGES WAR DANN AUCH DIE KLASSE 1 B NUR NOCH ÜBER E-MAIL ZU ERREICHEN...

Cartoon:
*Markus Grolik*

## Lese-Rallye durch das Hirschgraben Lesebuch

Eine Lese-Rallye ist ähnlich wie eine Fahrrad-Rallye. Dabei fahren die Teilnehmer los, ohne zunächst das Ziel zu kennen. Sie finden es erst, wenn sie bestimmte Aufgaben gelöst haben. Bei dieser Lese-Rallye musst du dreizehn Buchstaben suchen und diese zur Lösung zusammenstellen. Wenn du am Ziel angekommen bist, hast du dein Lösungswort.

1 Suche im Inhaltsverzeichnis deines Lesebuchs das Kapitel „Nachgeben – sich durchsetzen". In diesem Kapitel findest du eine Kalendergeschichte, die von einem Mittagessen handelt. Notiere dir den letzten Buchstaben des Autors der Geschichte.

2 Fahre zurück in das erste Kapitel deines Lesebuchs. Gesucht ist der vierte Buchstabe der Kapitelüberschrift.

3 Schlage im Textartenregister des Lesebuchs das Stichwort „Lied" nach. Schreibe dir den ersten Buchstaben des Vornamens der genannten Liedermacherin auf.

4 Sause zum Kapitel „Von Gutenberg zum Internet". In einer Überschrift ist ein See erwähnt. Notiere den ersten Buchstaben seines Namens.

5 Nun geht's rückwärts: Im Kapitel „Eine Welt — verschiedene Welten" steht ein Gedicht mit dem Titel „Fremde sind Leute". Wer hat es geschrieben? Schreibe den ersten Buchstaben des Nachnamens auf.

6 In demselben Kapitel steht eine Sage. Sie handelt von der Gründung des ???-Reiches. Gesucht ist der erste Buchstabe des hier fehlenden Wortes.

7 Suche mit Hilfe des Verfasser- und Textquellenverzeichnisses im Lesebuch den Text von Ernest Hemingway.
Die Hauptfigur in Hemingways Geschichte ist ein Junge. Wie lautet der erste Buchstabe seines Namens?

8 Fahre weiter in das Kapitel „Spannend erzählt". Dort findest du das Gedicht über einen Azubi, der in große Not gerät. Das Gedicht schrieb ein bekannter deutscher Klassiker. Notiere dir den ersten Buchstaben seines Nachnamens.

9 Ludwig Uhland hat ein Gedicht mit dem Titel „Lob des Frühlings" geschrieben. Fahre mit Hilfe des Verfasser- und Textquellenverzeichnisses zu diesem Gedicht. Eine Zeile beginnt so: „Wenn ich solche Worte ???" Lies nach, welches Verb hier fehlt. Gesucht ist der erste Buchstabe dieses Wortes.

10 Radle weiter bis zum Kapitel „Lesetraining". Suche in diesem Kapitel den dritten Text, finde den Autor heraus und notiere den vierten Buchstaben seines Nachnamens.

11 Weiter geht's im Kapitel „Leitbilder – Traumbilder". Dort findest du ein kurzes Gedicht einer Autorin. Schreibe den zweiten Buchstaben des Gedichttitels auf.

12 Schlage im Verfasser- und Textquellenverzeichnis den Namen „Manzoni" nach. Du brauchst den ersten Buchstaben des Vornamens des Autors.

13 Nun fährst du in die Zielgerade ein: Gesucht ist der erste Buchstabe des Vornamens des Autors Slesar. Schlage ihn im Verfasser- und Textquellenverzeichnis nach.

Wenn du nun alle Buchstaben zusammenschreibst, hast du die Lösung.

**Sehr gut!**

# Lösungen

**Zu Seite 16** In welchen Zeitschriften die Artikel erschienen sind, kannst du im Verfasser- und Textquellenverzeichnis nachschlagen, Unterpunkt „Unbekannte und ungenannte Verfasser“.

**Zu Seite 50** Schluss C stammt von Bertolt Brecht.

**Zu Seite 168** Die richtige Reihenfolge lautet A/D/F/E/C/B

**Zu Seite 169** Schluss Nr. 2 ist der richtige.

**Zu Seite 170/171** Heinrich von Kleist, Anekdote: B-H-E-I-C
Kurt Tucholsky, Der Floh: A-G-F-D-J

**Zu Seite 171** Die Reihenfolge der fehlenden Wörter:
Jungschwan – Beamte – Vater – Nachwuchs – Streifenwagen – Kilometer – Hilfe – Menschen – Antrieb – Polizeibericht

**Zu Seite 175** Jochen Hempel ist der Täter. Er verrät sich das erste Mal, als er voraussetzt, dass in den Direktionswagen eingebrochen wurde – was er eigentlich noch nicht wissen konnte.
Und dann sagt er noch: „In ein Clownskostüm kann sich jeder stecken.“ Auch dass der Zeuge einen Clown beobachtet hatte, konnte Hempel noch nicht wissen – es sei denn, er selbst war der Täter.

**Zu Seite 205**

1 Spuren des Borkenkäfers, der auch „Buchdrucker“ genannt wird.
2 Spuren im Schlamm von Würmern, Tausendfüßlern und hüpfenden Fröschen.
3 Schneespuren eines Feldhasen.
4 Fossilierter Urfarn, ca. 350 Millionen Jahre alt.
5 Eine Tontafel mit einer Rechnung über eine Esellieferung aus der Zeit um 3200 v. Chr.
6 Ein schöner Gruß von an
7 Eine klare Spur von

# Bildquellenverzeichnis

**S. 10:** Zentrale Farbbildagentur, Hamburg; **S. 11:** Verlag Beltz & Gelberg, Weinheim/Basel; **S. 12:** Ullstein Bilderdienst, Berlin; **S. 13:** Anna Baker, York/Großbritannien; **S. 14:** Jan Peter Schniebel/Rowohlt Verlag, Reinbek; **S. 17,** oben: Deutsche Post AG; **S. 18:** Interfoto Pressebild-Agentur; **S. 19:** Bob Schroeter; **S. 20:** Thienemann Verlag, Stuttgart; **S. 30:** Rolf Schulten, Berlin; **S. 33:** Walter Kurowski, Oberhausen; **S. 36:** Oskar Schlemmer/Staatsgalerie Stuttgart; **S. 38:** Agentur Wenn, London/Großbritannien; **S. 39,** oben: Thomas Köhler/dpa-Fotoreport, Berlin; Mitte: Ingo Wagner/dpa-Fotoreport, Berlin; unten: Brown/epa, afp/dpa-Fotoreport, Berlin; unten rechts: Cover von Britney Spears' Heart to Heart. Goldmann Verlag, München; **S. 40:** dpa, Frankfurt am Main; **S. 46:** Hagemann/Bildarchiv Okapia, Frankfurt am Main; **S. 48:** Bildarchiv Preußischer Kulturbesitz; **S. 51:** Foto: Friedrich Fohrer, Bertolt-Brecht-Archiv, Stiftung Archiv der Akademie der Künste, Berlin; **S. 56:** Hanefi Yeter, Berlin; **S. 72:** Marlis Scharff-Kniemeyer, Frankfurt am Main; **S. 73:** Huaxtekischer Fries. Zeichnung aus: Walter Krickenberg, Altmexikanische Kulturen. Safari Verlag, Berlin 1956; **S. 74:** Historia Photo, Hamburg; **S. 76:** Archiv für Kunst und Geschichte, Berlin; **S. 80:** Rose-Ausländer-Gesellschaft e. V., Adenau; **S. 81:** Stiftung Seebüll, Ada und Emil Nolde, Neukirchen; **S. 82:** Regina Rusch, Frankfurt am Main; **S. 88:** Corel; **S. 91,** unten: Marie Marcks, aus: D. Matten- Gohdes (Hg.): Goethe ist gut. Ein Goethe-Lesebuch. Beltz & Gelberg, Weinheim/Basel 1988; **S. 94:** Bildarchiv Preußischer Kulturbesitz; **S. 95:** National Gallery, London; **S. 96:** Ingrid Kellner, München; **S. 100:** Vgl. die Nachweise zu S. 103, 104, 110, 111; **S. 103**, oben: Universitätsbibliothek Heidelberg; unten: bpk, Berlin; **S. 104:** The Dean and Chapter Library, the College of Durham, Großbritannien, **S. 106–107:** AKG, Berlin; **S. 110:** aus: Eberhard Orthband, Bilderbuch Deutscher Geschichte. Hermann Pfahl Verlag, Baden-Baden 1961; **S. 111:** Kunsthistorisches Museum, Wien; **S. 113:** bpk, Berlin; **S. 116–117:** Corel; **S. 122:** E. Thiem, Lotos Film, Kaufbeuren; **S. 129:** K. Becker, Frankfurt am Main; **S. 130:** H. Schrempp, Oberrimsingen; **S. 131:** Schutzgemeinschaft Deutscher Wald; **S. 132:** Carl-Albrecht von Treuenfels, Neu-Horst; **S. 133:** aus: Freiräume, Ideen & Skizzen, Cornelsen BN 416712, S. 143; **S. 134:** Fotos von Kätchen Paulus, Charles Lindbergh und Otto Lilienthal: Bildarchiv Preußischer Kulturbesitz; alle andern: Corel; **S. 135:** Schwinge: NHPA, Flugzeugflügel: DASA; beide entnommen aus: Sparkassenheft 261301. Deutscher Sparkassenverlag 1997; **S. 136,** oben: Stadtarchiv Ulm; unten: Bildarchiv Preußischer Kulturbesitz; **S. 138:** Flugpionier Gustav Weißkopf-Museum, Leutershausen; **S. 141:** Archiv für Kunst und Geschichte, Berlin; **S. 142:** Roger-Viollet, Paris; **S. 146:** Globus Infografik, Hamburg; **S. 147:** BUND, Bonn; **S. 151:** Jan Peter Schniebel/Rowohlt Verlag, Reinbek; **S. 152:** Hans Bauer, Kitzingen; **S. 154:** Bildarchiv Preußischer Kulturbesitz, Berlin; **S. 160:** H. Schmied/ Mauritius, Mittenwald; **S. 162:** © Ton Smits; **S. 167:** Jan Peter Schniebel/Rowohlt, Reinbek; **S. 173:** Corel; **S. 177:** Szenenfoto aus dem Loriot-Film „Der Lottogewinner". Do Leibgirries, Bremen; **S. 179:** aus: Uli Stein, Ich hab sie, Mama... aber sie stellt sich quer! Lappan Verlag, Oldenburg 1987; **S. 180:** Corel; **S. 192:** © Manfred B. Limmroth; **S. 194:** Jutta Bauer, aus: Christine Nöstlinger, Der TV-Karl. Verlag Beltz & Gelberg, Weinheim/Basel 1989; **S. 195:** Altberliner Verlag, Berlin; **S. 196–197, 200:** Szenenfotos aus dem Film „Momo". © Rialto/Iduna; **S. 204:** E. Wolf/Süddeutsche Zeitung, München; **S. 205:** Nr. 1–4 Thomas Ruckstuhl. Aus: Claudia Schnieper/Thomas Ruckstuhl: Spuren, Fährten, Zeichen. Ein Schau- und Wunderbuch. Kinderbuch Verlag Luzern (Sauerländer AG), Aarau 1996, S. 1, 6, 11 und 31; Nr. 5: Staatliche Museen zu Berlin/Bildarchiv Preußischer Kulturbesitz, Berlin; Letter, aus: Erhardt D. Stibner, Bruckmann's Handbuch der Drucktechnik, 5. Aufl. 1992, S. 36; **S. 206:** Bildarchiv Preußischer Kulturbesitz, Berlin; **S. 207,** oben links: Initiale zum Weihnachtsfest. Drogo-Sakramentar, Metz, zwischen 850 und 855. Paris, Bibliothèque Nationale. Ms. lat. 9428, fol. 24 V; oben rechts: Initiale zu Exodus. Bibel von Winchester um 1150–1180. Winchester, Cathedral Library, Ms. 1942, fol. 9r. Beide aus: Otto Pächt, Buchmalerei des Mittelalters. Eine Einführung. Prestel Verlag, München 1984, Tafel XII und XXIII; **S. 207,** unten: Universitätsbibliothek Heidelberg; **S. 208:** Zeichnung von Burne Hogarth. © 1972 Edgar Rice Burroughs, Inc.; **S. 209:** Foto: Bildarchiv Preußischer Kulturbesitz, Berlin; **S. 211:** aus: Albert Kapr, Johannes Gutenberg. Urania Verlag, Leipzig 1986; **S. 212:** Buchdruckerei von Stradano. Foto: Deutsches Museum, München; **S. 213,** oben links: Angelika Wagener, Berlin; oben rechts: Michaela Jahnz, Berlin; **S. 213,** unten links: Media Perspektiven 1996, unten rechts (Hintergrund): Thomas Schulz, Hohen Neuendorf/Statistik: Stiftung Lesen; **S. 214:** Pressefoto Michael Seifert, Hannover; **S. 216:** Günter Schlamp, Eschborn; **S. 217:** Markus Grolik, München

# Illustrationen

Kristofer Arbeus, Ulm: S. 176; Thomas Binder, Magdeburg: S. 198/199; Jens Bonnke, Berlin: S. 42/43, 49, 66, 68, 70/71, 83–87, 121, 126/127, 183–188; Gisela Cohrs, Hessigheim: S. 166, 169, 174, 175; Klaus Ensikat, Berlin: S. 125, 143–145; Konrad Golz, Zühlsdorf: S. 203; Egbert Herfurth: S. 34, 35, 41, 124; Wolfgang Mond, Berlin: S. 52, 53, 55, 90/91; Klaus Müller, Berlin: S. 92/93, 118, 119, 148/149; Margit Pawle, München: S. 159; Barbara Schumann, Schöneiche: S. 17, 50, 98, 140, 164; Frauke Trojahn, Berlin: S. 44, 62, 63, 65, 153, 155/156, 190, 191

# Verzeichnis der Textarten

**Heldenepos/höfisches Epos**



**Hörspiel/Hörspielvorlagen**



**Jugendbuchauszug**
**(siehe auch: Romanauszug)**



**Kalendergeschichte**



**Kriminalgeschichte**



**Kurzgeschichte**



**Lexikontext**



**Lied**

# FACHBEGRIFFE

**Anekdote:** Eine Anekdote ist eine kurze Prosaerzählung, die – ähnlich wie ein Witz – mit einer Pointe, d. h. einem plötzlichen und komischen Höhepunkt, endet. Anekdoten handeln meist von bekannten Persönlichkeiten oder denkwürdigen Ereignissen; durch die Pointe soll den Lesern schlagartig eine geistreiche, neue Sichtweise dieser Person/dieses Ereignisses eröffnet werden.
(Vgl. auch S. 51.)

**Ballade:** Eine Ballade ist Gedicht, Erzählung und dramatische Szene zugleich: Wie viele Gedichte weist die Ballade → Reime, ein bestimmtes → Metrum und → Strophen auf. Gleichzeitig ist sie spannende Erzählung.
Sie handelt meist von Menschen, die sich in einer schwierigen Situation bewähren müssen oder die geheimnisvollen und bedrohlichen Mächten ausgeliefert sind. Wie in einem Drama wird die Handlung teilweise in → Dialogen wiedergegeben.
(Vgl. auch S. 88.)

**Barock:** Unter Barock versteht man eine → Epoche, die etwa von 1600 bis 1720 dauerte (vgl. S. 110 ff.). Grundstimmung: Erfahrungen des Gegensatzes zwischen Diesseits und Jenseits, Lebenslust und Todesverfallenheit, äußerem Schein und göttlicher Wahrheit.

**Bericht:** Ein Bericht ist ein Text, der in erster Linie der sachlichen Information über einen Vorgang, ein Ereignis u. Ä. dient. Der Berichtende sollte sich persönlicher Wertungen und Beurteilungen enthalten und sich auf die klare und möglichst genaue Darstellung des Geschehens beschränken.
*Zeitungsbericht:* Mitteilung von Fakten in sachlichem Stil. Ein Bericht geht über eine → Nachricht hinaus, da er auch Hintergrundfragen anspricht.

**Bild(er)geschichte:** Eine Bild(er)geschichte ist die Darbietung einer Geschichte durch ein Bild oder eine Reihe von Bildern. Der Text spielt dabei eine untergeordnete Rolle.

**Comics** sind moderne Bildergeschichten, die zumeist massenhaft in eigenen Comic-Heften, aber auch in Zeitschriften verbreitet werden. Außer den Bildern gibt es auch Textelemente, z. B. die Sprechblase, die Wörter (manchmal auch nur Geräuschwörter) und Sätze enthält.

**Dialog:** Ein Dialog ist das Gespräch zweier oder mehrerer Personen, d. h. eine Abfolge von Rede und Gegenrede.
(Gegensatz: → Monolog)

**Drama:** neben → Epik und → Lyrik eine der dichterischen Grundformen. Das Wort Drama kommt aus dem Griechischen und bedeutet Handlung. Unter „Drama" verstand man ursprünglich ein Theaterstück, vor allem eine Tragödie oder eine Komödie.

**Dramatischer Text:** Dramatische Texte sind nicht nur Theaterstücke, sondern auch die neueren Formen → Hörspiel, Fernsehspiel und Film. Sie sind zum Vorspielen vor Zuschauern oder Zuhörern bestimmt. Sie bestehen aus → Dialogen, d. h. aus Gesprächs- und Redebeiträgen von mindestens zwei Figuren oder Personen.
Beim Vorspielen muss man dramatische Texte lebendig darstellen. Hierzu dienen *Mimik* (Gesichtsausdruck oder Mienenspiel), *Gestik* (Körperhaltung und -bewegung) sowie *Requisiten* (bedeutsame Gegenstände), aber auch die *Intonation* (die Sprechweise, insbesondere die Betonung).

**Epik:** Die Epik ist, wie → Lyrik und → Drama, eine der drei Grundformen der Dichtung. Sie umfasst alle erzählenden Formen der Dichtung: Roman, Novelle, → Epos, → Erzählung, → Kurzgeschichte, → Fabel, → Anekdote usw.

**Epoche:** Unter Epoche versteht man einen Zeitabschnitt, der durch bestimmte Ideen und Entwicklungen (z. B. in der Politik, Literatur, Architektur, Technik) geprägt ist. Viele Menschen haben in einer solchen Zeitperiode ähnliche Vorstellungen, Sicht- und Lebensweisen. Eine genaue Abgrenzung von Epochen ist nicht möglich, weil immer Neues beginnt, wenn Altes noch andauert. Deshalb gibt es immer wieder Übergangsphasen, die Merkmale verschiedener Epochen aufweisen. (Vgl. → Barock, → Mittelalter.)

**Epos:** eine umfangreiche Verserzählung, z. B. die „Odyssee" von Homer.
Eine Sonderform ist das → höfische Epos.

**Erzählgedicht:** Ein Erzählgedicht ist eine moderne → Ballade. Es hat wie diese eine Handlung, im Gegensatz zum *lyrischen Gedicht,* das Gefühle und Stimmungen schildert.

**Erzählung:** Die Erzählung lässt sich als literarische Form nicht genau abgrenzen. Letztlich versteht man darunter alle kürzeren erzählenden Texte, die nicht den eindeutig bestimmten Kurzformen (z. B. der → Anekdote oder der → Fabel) zuzuordnen sind.

**Fabel:** Fabeln sind kleine Geschichten, meist von Tieren, denen wir bestimmte Eigenschaften zuschreiben: Der Fuchs ist schlau, listig, der Esel ist dumm usw. Die Tiere denken und handeln wie Menschen; häufig handeln sie auch klüger als die Menschen. Fabeln enthalten eine Lehre, die der Leser erkennen und beherzigen sollte.

**Gedicht:** Als Gedichte bezeichnet man kürzere literarische Texte, die in Versen geschrieben sind. Um Stimmungen, Gefühle und Gedanken zum Ausdruck zu bringen verwendet der Verfasser gebundene und bildhafte Sprache. Wesentliche Merkmale der gebundenen Sprache sind: → Vers, → Metrum, → Reim, → Strophe, → Rhythmus. Bildhafte Sprache entsteht u. a. durch die Verwendung von *schmückenden Beiwörtern* (blauer Himmel, warmes Gold), *Vergleichen* (Augen hell wie Sterne), *sprachlichen Bildern* (der Schleier fällt).

**höfisches Epos:** Erzählform des → Mittelalters, für den Vortrag vor einem höfischen Publikum gedacht; Beispiel: „Parzival" (vgl. S. 104).

Das Nibelungenlied (vgl. S. 101 ff.) ist ein Heldenepos, das noch die älteren germanischen → Sagen, auf die es zurückgeht, erkennen lässt, aber auch Züge des neuen höfischen Epos aufweist.

**Hörspiel:** Ein Hörspiel führt nur das vor, was mit dem Gehör wahrgenommen werden kann. Eindringliche Stimmen und kennzeichnende Geräusche und Klänge sorgen für Spannung auf der unsichtbaren Bühne.
(Vgl. auch S. 180.)

**Interview:** Ein Interview ist eine in Zeitungen, im Hörfunk oder im Fernsehen häufig verwendete Textsorte, in der ein Fragender mit einem Antwortenden ein Gespräch führt, um Informationen zu erhalten, die für Leser bzw. Hörer interessant sein könnten. Das Gelingen eines Interviews hängt vom Fragegeschick des Interviewers und der Aussagebereitschaft des Interviewten ab.

**Kalendergeschichte:** Kalendergeschichten sind kürzere, meist lehrhafte → Erzählungen, die man seit dem 15. Jahrhundert in den jährlich erscheinenden Kalendern – zusätzlich zum Verzeichnis der Tage, Wochen und Monate mit den kirchlichen Feiertagen – abdruckte.
Es gibt auch moderne Kalendergeschichten, z. B. von Bertolt Brecht.

**Kriminalgeschichte:** In Kriminalgeschichten geht es um die Planung, Durchführung und Aufklärung eines Verbrechens.

**Kurzgeschichte:** In knapper Form und in einfacher, alltäglicher Sprache wird in einer Kurzgeschichte ein Ausschnitt, „eine Momentaufnahme" aus dem Leben eines oder einiger Menschen geschildert. Die Handlung beginnt plötzlich, ohne Einleitung, und bricht auch plötzlich wieder ab. Der Schluss bleibt offen. Dadurch wird der Leser zum Nachdenken über die Probleme, die in der Kurzgeschichte angesprochen werden, angeregt.

**Lied:** Ein Lied ist ein → Gedicht, das man singen kann, zu dem es eine Melodie gibt. Als direkter, unmittelbarer Ausdruck menschlicher Gefühle behandelt es Themen wie Liebe, Leid, Naturempfinden. Während früher besonders geistliche Lieder, Volks- und Kunstlieder große Bedeutung besaßen, herrschen heute Formen wie Schlager, Chanson oder Song vor.

**Lyrik:** Das Wort Lyrik kommt aus dem Griechischen und bezeichnet ursprünglich den Gesang zur Lyra, der Leier. Die Lyrik stellt neben → Drama und → Epik eine der Grundformen der Dichtung dar.
Lyrik ist ein Sammelbegriff für alle Arten von → Gedichten und → Liedern, die durch → Vers, → Strophe, → Metrum, → Rhythmus, meistens auch → Reim gekennzeichnet sind.

**Metrum:** Das Metrum oder Versmaß wird durch die regelmäßige Aufeinanderfolge betonter *(Hebungen)* und unbetonter Silben *(Senkungen)* bestimmt. So wechselt zum Beispiel in dem Vers „Ganz únverhófft an éinem Húgel" (Wilhelm Busch) immer eine Senkung mit einer Hebung. Dadurch entsteht das für das Gedicht typische metrische Schema.

**Minnesang:** Der Minnesang ist die wichtigste Form der mittelhochdeutschen → Lyrik.
(Vgl. S. 105.)

**Mittelalter:** Für die mittelhochdeutsche Literatur des Mittelalters ist besonders das 12. und 13. Jahrhundert wichtig. Vgl. S. 101 ff.: → höfisches Epos, → Minnesang.

**Monolog:** Ein Monolog ist das Selbstgespräch einer Person. Im → Drama oder → Hörspiel erfährt der Zuschauer bzw. Zuhörer durch Monologe entweder von nicht dargestellten Vorgängen und Ereignissen, beispielsweise aus der Vorgeschichte, die für das Verständnis des Geschehens wichtig sind, oder aber er erhält Aufschlüsse über die Gedanken und Empfindungen der betreffenden Person in Konfliktsituationen.

Eine Sonderform ist der *innere Monolog*, bei dem der Hörer oder Leser den Eindruck unmittelbarer Beteiligung am Seelenleben einer Person hat. (Vgl. auch S. 180.)

**Nachricht:** sachliche Wiedergabe von Informationen über ein aktuelles Ereignis oder einen Sachverhalt. Die Nachricht sollte kurz sein und Antwort auf die folgenden W-Fragen geben: *Wer* hat *was wo wann wie warum* getan?
Nachrichten werden von Journalisten für Zeitungen, den Rundfunk und das Fernsehen verfasst.

**Pantomime:** Unter Pantomime versteht man die Darstellung eines Vorgangs, eines Charakters usw. allein mit Hilfe der Körpersprache (d. h. der Bewegungen und Gebärden) und der Mimik (d.h. des Gesichtsausdrucks) eines Schauspielers. Dabei wird nicht gesprochen.

**Parabel:** Eine Parabel ist eine → Erzählung, die durch die Verwendung eines umfangreichen Vergleichs eine sittliche Wahrheit oder Erkenntnis ausdrücken will. Im Unterschied zur → Fabel ist die Parabel oft rätselhafter, die „Lehre" also entsprechend schwerer zu erkennen. (Vgl. auch S. 41.)

**Reim:** Reim ist der Gleichklang von mindestens zwei Wörtern, vom letzten betonten Vokal an, am Ende zweier Verszeilen (z.B. Hügel – Flügel).
Es gibt verschiedene Reimarten:
- Paarreim aa bb cc,
- Kreuzreim ab ab,
- umschließender Reim a b b a,
- Schweifreim aa b cc b.

**Rhythmus:** Der Rhythmus entsteht beim Sprechen durch die je unterschiedliche Art und Weise, wie wir betonte Silben hervorheben, wie wir Pausen machen, die Stimme heben oder senken usw. Beim Vortrag eines → Gedichtes kommt es also nicht nur auf das Versmaß an; erst durch rhythmisches Sprechen gewinnen die Verse ihre Lebendigkeit.

**Sachtext:** „Sachbuch" heißt ein Buch, das nicht erfundene Geschichten enthält, sondern das genau über Tatsachen informiert. Sachbücher beschäftigen sich z.B. mit geschichtlichen Ereignissen oder mit Erscheinungen in der Natur, z. B. in der Tierwelt.
Ein „Sachtext" ist dementsprechend ein Text, der über Tatsachen informiert. Zu den Sachtexten gehören auch die meisten Zeitungstexte.

**Sage:** Sagen sind kurze Erzählungen. Sie wurden früher mündlich überliefert und haben keinen bestimmten Verfasser.
Es gibt sehr unterschiedliche Sagen. Manche entstanden um bestimmte Orte *(Ortssagen)*, begründen die Entstehung von Städten, handeln von berühmten Persönlichkeiten der Geschichte *(historische Sagen)* oder von volkstümlichen Heldengestalten *(Heldensagen*, z.B. die Nibelungensage). Andere Sagen entstehen im Zusammenhang mit nicht erklärbaren, unheimlichen oder überirdischen Erscheinungen (*dämonische* oder *Geistersagen*) oder ranken sich um auffällige Naturdenkmäler wie Felsen, Bäume *(Natursagen)*.

**Sonett:** 14-zeiliges Gedicht mit strenger → Strophenform aus in der Regel zwei Quartetten (= vierzeilige Strophen), zwei Terzetten (= dreizeilige Strophen) und einem festen → Reimschema (z. B. abba abba ccd eed).
Das Sonett war vor allem in der Lyrik des → Barock weit verbreitet. (Vgl. S. 113 f.)

**Sprachspiel:** Ein Sprachspiel ist ein Spiel mit Elementen der Sprache, das oft zu überraschenden Ergebnissen und Einsichten führt.

**Strophe:** Unter „Strophe" versteht man die Verbindung mehrerer Zeilen eines Gedichts, also mehrerer → Verse, die im Druckbild voneinander abgesetzt sind. Je nach Verszahl und Vermaß unterscheidet man verschiedene Strophenformen. Häufig sind die einzelnen Strophen eines Gedichtes gleich, es gibt aber auch Gedichte mit unterschiedlichen Strophen (→ Sonett).

**Szene:** Eine Szene ist die kleinste Einheit eines → Dramas. Da sie in der Regel vom Auftritt einer Person bis zum Abgang einer Person dauert, nennt man die Szene oft auch *Auftritt*. In vielen Theaterstücken werden mehrere Szenen zu einem *Akt* zusammengefasst.
Auch Hörspiele, Filme und Fernsehspiele bestehen aus einzelnen Szenen.

**Vers** nennt man die Zeile in einem → Gedicht, die zumeist durch ein bestimmtes Versmaß gekennzeichnet ist, d. h., die betonten und unbetonten Silben folgen nach einem bestimmten Schema (→ Metrum) aufeinander.

# Verfasser- und Textquellenverzeichnis

**Anrich-Wölfel, Bettina** (*1941)
208 Was ist ein Buch?
Aus: Zeitung für Bücherleser 11/1983. Anrich Verlag, Neunkirchen

**Ausländer, Rose** (1901–1988)
80 Gemeinsam
Aus: R. A., Ich höre das Herz des Oleanders. Gedichte 1977 bis 1979. S. Fischer Verlag, Frankfurt am Main 1984

**Berlinger, Josef** (*1952)
17 Gedankn auf d Nacht ganz aloans nach am Hitchcock-Fuim
Aus: J. B., Wohnzimma-Gflimma. Verlag Friedl Brehm, Feldafing 1976, S. 34

**Bichsel, Peter** (*1935)
33 Colombin
Aus: K. Eulenberg (Hg.), Vom Gelingen des Lebens. Verlag G. Mohn, Gütersloh 1977

**Böll, Heinrich** (1917–1985)
44 Anekdote zur Senkung der Arbeitsmoral
Aus: H. B., Erzählungen 1950 bis 1970. Verlag Kiepenheuer & Witsch, Köln 1972

**Brecht, Bertolt** (1898–1956)
50 Der hilflose Knabe
Aus: B. B., Gesammelte Werke. Suhrkamp Verlag, Frankfurt am Main 1967, Bd. 12, S. 38
137 Der Schneider von Ulm (Ulm 1592)
Aus: Ebd., Bd. 9, S. 645–646

**Britting, Georg** (1891–1964)
118 Fröhlicher Regen
Aus: G. B., Gedichte von 1919 bis 1939. Nymphenburger Verlagshandlung, München 1957

**Busch, Wilhelm** (1832–1908)
46 Bewaffneter Friede
Aus: W. B., Sämtliche Werke in zwei Bänden. Hg. v. Rolf Hochhuth. Bertelsmann Verlag, Gütersloh 1982

**Dietmar von Aist** († vor 1171)
107 Slâfest du, friedel ziere?
207 Ahî nu kumet uns diu zît
Aus: Des Minnesangs Frühling. Hg. v. C. von Kraus. Hirzel Verlag, Stuttgart $^{32}$1959, S. 39, 31

**Ecke, Wolfgang** (1927–1984)
174 Zirkusluft oder Zwischen Drahtseilakt und hoher Schule
Aus: Das Geheimnis der alten Dschunke. Otto Maier Verlag, Ravensburg 1973, S. 98–101

**Eich, Günter** (1907–1972)
121 Vorsicht
Aus: G. E., Gesammelte Werke, Bd. 1. Suhrkamp Verlag, Frankfurt am Main 1973, S. 166

**Eichendorff, Joseph von** (1788–1857)
124 Verschneit liegt rings die ganze Welt
Aus: J. v. E., Werke. Hg. v. Wolfgang Rasch. Carl Hanser Verlag, München 1955

**Ende, Michael** (1929–1995)
20 Die Rechnung ist falsch und geht doch auf
Aus: M. E., Momo. Thienemanns Verlag, Stuttgart 1973, S. 57–62

**Ferra-Mikura, Vera** (*1923)
32 Fragt mich nicht, warum das so ist
Aus: Mit 13 ist alles ganz anders. Hg. v. Jutta Madler. Verlag Herder & Co., Wien 1990, S. 11
159 Darüber wundert sich das „V“
Aus: Das Sprachbastelbuch. Hg. v. H. Domenego. Verlag Jugend und Volk, Wien/München 1975

**Forster, Georg** (1754–1794)
76 Begegnung mit „Wilden“ – Bericht von Kapitän Cooks Reise um die Welt
Aus: G. F., Reise um die Welt. In: Werke in vier Bänden. Hg. v. Gerhard Steiner. Frankfurt am Main 1967, Bd. 1. (Der Ausschnitt wurde von Margret und Karlheinz Fingerhut bearbeitet.)

**George, Stefan** (1868–1933)
125 Vogelschau
Aus: St. G., Werke I. Verlag Klett-Cotta, Stuttgart $^{4}$1984

**Goethe, Johann Wolfgang** (1749–1832)
11 Man sollte alle Tage …
Aus: J. W. G., Wilhelm Meisters Lehrjahre, Buch 5, Kapitel 1, S. 138 der Sophien-Ausgabe. Hermann Böhlau Verlag, Weimar 1887–1919
90 Der Zauberlehrling
Aus: J. W. G., Werke. Hamburger Ausgabe in 14 Bänden. Bd. 1, S. 276 ff. Hg. v. Erich Trunz. Verlag C. H. Beck, München $^{10}$1974

**Greflinger, Georg** (ca. 1620–1677)
115 An seine Gesellschaft
Aus: Karl Otto Conrady, Das große deutsche Gedichtbuch. Athenäum Verlag, Kronberg/Ts. 1977, S. 123

**Gryphius, Andreas** (1616–1664)
110 Vanitas, Vanitatum Vanitas!
113 Tränen des Vaterlandes, anno 1636
Aus: Karl Otto Conrady, Das große deutsche Gedichtbuch. Athenäum Verlag, Kronberg/Ts. 1977, S. 108 f.
114 Abend
Aus: Echtermeyer/von Wiese, Deutsche Gedichte. Cornelsen Verlag, Berlin $^{18}$1993, S. 110 f. Frakturfassung aus: Albrecht Schöne, Das Zeitalter des Barock. Texte und Zeugnisse. Verlag C. H. Beck, München 1963, S. 245

**Hagelstange, Rudolf** (1912–1984)
121 Sommerliches Gebet

**Morgenstern, Christian** (1871–1914)
126 Die zwei Wurzeln
Aus: Von dem großen Elefanten. Boje Verlag, 1986

**Mörike, Eduard** (1804–1875)
96 Der Feuerreiter
Aus: E. M., Sämtliche Werke, hg. v. H. G. Göpfert. Carl Hanser Verlag, München $^{2}$1958

**Opitz, Martin** (1597–1639)
111 Lied
Aus: Karl Otto Conrady, Das Buch der Gedichte. Cornelsen Verlag, Berlin 1987, S. 69

**Orff, Carl** (1895–1982)
120 Am gestrign Tag
Aus: C. O., Bayer. Welttheater. Musikverlag B. Schott's Söhne, Mainz o. J.

**Radecki, Sigismund von** (1891–1970)
190 Eine eilige Geschichte
Aus: S. v. R., Der runde Tag. S. Fischer Verlag, Frankfurt am Main 1985, S. 108–110

**Radhakrishnan, Sarvepalli**
72 Die Blinden und der Elefant
Aus: S. R., Eastern Religion and Western Thought. London 1940, S. 308 f.

**Rechlin, Eva** (*1928)
34 Song
Aus: Mit 13 ist alles ganz anders. Hg. v. Jutta Madler. Verlag Herder & Co., Wien 1990, S. 33

**Reding, Josef** (*1929)
36 er ist „in"
Aus: Mit 13 ist alles ganz anders. Hg. v. Jutta Madler. Verlag Herder & Co., Wien 1990
148 Meine Stadt
Aus: Ebd.

**Rilke, Rainer Maria** (1875–1926)
123 Herbsttag
Aus: R. M. R., Werke in drei Bänden. Insel Verlag, Frankfurt am Main 1966

**Ringelnatz, Joachim** (d. i. Hans Bötticher, 1883–1934)
140 Fallschirmsprung meiner Begleiterin
Aus: J. R., Das Gesamtwerk. Diogenes Verlag, Zürich, S. 361

**Ringseis, Franz** (*1919)
150 In Husum gwesn
Aus: I sag da Welt an schöna Gruaß. Ein Strauß bairischer Gedichte. Ehrenwirth Verlag, München 1986, S. 114 f.

**Roth, Eugen** (1895–1976)
162 DASSCH NIT ZEL
Aus: E. R., Sämtliche Werke, Bd. 1. Carl Hanser Verlag, München
162 Zweierlei
Aus: E. R., Von Mensch zu Mensch. Carl Hanser Verlag, München

**Ruck-Pauquèt, Gina** (*1931)
52 Der Krebs
Aus: Deutsche Kurzgeschichten II. Hg. v. G. Lange. Reclam Verlag, Stuttgart 1988

**Rusch, Regina** (*1945)
82 Johanna, wir sind stark
Aus: Kindererzählung. Arena Verlag, Würzburg 1996, S. 47–60

**Saint-Exupéry, Antoine de** (1900–1944)
11 Plädoyer für die Freizeit
Aus: A. de S.-E., Der kleine Prinz. Übersetzt v. Grete u. Josef Leitgeb. Karl Rauch Verlag, Düsseldorf 1956
142 Nachtflug
Aus dem gleichnamigen Roman (Auszug). Übersetzt von Hans Reisiger. S. Fischer Verlag, Frankfurt am Main 1960, S. 86 ff.

**Scheibner, Hans**
98 Der Maulwurf muss weg!
Aus: Das Beste – Scheibnerweise. Verlag Rasch & Röhring 1993

**Schiller, Friedrich** (1759–1805)
92 Der Handschuh
Aus: F. Sch., Sämtliche Werke, hg. v. G. Fricke und H. G. Göpfert. Carl Hanser Verlag, München $^{3}$1962

**Schlüter, Andreas** (*1958)
194 Die Fernsehgeisel
Aus dem gleichnamigen Jugendbuch. Altberliner Verlag, Berlin/München 1997

**Schnurre, Wolfdietrich** (1920–1989)
47 Krieg und Frieden
Aus: Ich frag ja bloß. Paul List Verlag, München $^{2}$1974, S. 154
166 Die Höhe der Frechheit/ Die Macht der Winzigkeit
Aus: Schnurren und Murren. Georg Bitter Verlag, Recklinghausen

**Alfons Schweiggert** (*1947)
209 Der zündende Fackelzug
Aus: A. Sch., Das ist der Knüller. Herder Verlag, Freiburg 1986

**Sklenitzka, Franz S.**
17 Die Geschichte vom Hans-Guck-auf-den-Schirm
Aus: Wolfgang Wagerer (Hg.), Total im Bild. Herder Verlag, Wien/Freiburg/Basel 1992

**Slesar, Henry**
182 Das tödliche Telefon
Aus: Mehr Morde, hg. v. Mary Hottinger. Übersetzt von Günther Eichel. Diogenes Verlag, Zürich 1984, S. 529 ff.

**Stangl, Melanie**
215 Ein Schneeball vom Baikalsee per E-Mail nach Schwalbach
Aus: Höchster Kreisblatt, 27. 1. 1998

**Stankiewitz, Karl**
139 Definitive Beweise. Dem Bastler Gustav Weißkopf gelang der erste Motorflug
Aus: Süddeutsche Zeitung Nr. 234, 10. 10. 1996, S. 23

**Storm, Theodor** (1817–1888)
149 Die Stadt
Aus: Th. St., Sämtliche Werke. Hg. v. F. Düsel. Verlag Knaur Nachf., Berlin o. J.

**Thoma, Ludwig** (1867–1921)
155 Auf der Elektrischen
Aus: Gesammelte Werke, Band 4. Piper Verlag, München 1968

**Tolstoi, Leo N.** (1828–1910)
41 Die drei Söhne
Aus: L. T., Alle sind Brüder. Friedrich Velmede Verlag, Hamburg 1953

**Trakl, Georg** (1887–1914)
124 Im Winter
Aus: G. T., Die Dichtungen. Hg. v. K. Röck. Verlag Wolff, Leipzig o. J.

**Tucholsky, Kurt** (1890–1935)
164 Ein Ehepaar erzählt einen Witz
Aus: K. T., Gesammelte Werke, Bd. 9. Hg. von Mary Tucholsky und Fritz J. Raddatz. Rowohlt Verlag, Reinbek 1960
170 Der Floh
Aus: Ebd.

**Uhland, Ludwig** (1787–1862)
117 Lob des Frühlings
Aus: Uhlands Werke in vier Bänden. Hg. v. R. von Gottschall. Hesse Verlag, Leipzig o. J., S. 23

**Wader, Hannes** (*1942)
31 Heute hier, morgen dort
Aus: Hein u. Oss Kröher (Hg.), Das sind unsere Lieder. Büchergilde Gutenberg, Frankfurt am Main 1977

**Walther von der Vogelweide** (um 1170 – ca. 1230)
108 Herzeliebez frouwelîn
Aus: Walther von der Vogelweide, Gedichte. Mittelhochdeutscher Text und Übertragung. Ausgewählt, übersetzt und mit einem Kommentar

versehen von Peter Wapnewski. Fischer Bücherei, Frankfurt/ Main [4]1966

**Weisenborn, Günther** (1902–1969)
69 Zwei Männer
Aus: Wolfgang Weyrauch (Hg.), Tausend Gramm. Rowohlt Verlag, Reinbek o. J.

**Wendt, Irmela** (*1916)
35 Gut
Aus: Mit 13 ist alles ganz anders. Hg. v. Jutta Madler. Verlag Herder & Co., Wien 1990

**Zöpfl, Helmut** (*1937)
151 Sprachfehler
Aus: H. Z., Zum G'sundlachen. Rosenheimer Verlagshaus, Rosenheim 1974, S. 89

**Unbekannte und ungenannte Verfasser**

12 Skateboarding
Aus: Wilder Süden, Echterdingen. 3/1996, S. 10ff.
16 Sterben für die Pelzmode
Aus: Das Tier 12/1993, S. 10
16 Das erste Rennen
Aus: Treff. Schülermagazin. Velber Verlag, Seelze 1998
16 „Gibt es denn niemand in meinem Königreich, ..."
Aus: Geschichte mit Pfiff 1/ 1994, S. 14
16 Längst weiß man auch, dass ...
Aus: Young Miss 4/1998, S. 62
16 Seit fast drei Jahren dominieren ...
Aus: Popcorn 11/1994, S. 5
18 Actionhelden sind Vorbilder
Aus: Südwestpresse, 20. 2. 1998
30 Die Jugend von heute
Aus: Shell Jugendstudie '97
38 Britney öffnet ihr Fotoalbum
Aus: Popcorn 8/2000, S. 4/5
66 Vierjähriger rettet seinen Vater aus Seenot
Aus: Süddeutsche Zeitung, 30. 7. 1997, S. 10
73 Sage von der Gründung des Inka-Reiches
Aus: Hans Helfritz, Amerika – Inka, Maya, Azteken. Carl Ueberreuter Verlag, Wien/Heidelberg 1979
74 Aus dem Bordbuch des Christoph Columbus
Aus: Das Bordtagebuch 1492. Hg. v. Robert Grün. Thienemanns Verlag, Stuttgart 1983
88 Die Ballade
94, 96 biografische Abrisse
Originalbeiträge von Eva-Marie Häußler
89 Zwei Königskinder
Aus: Musik im Leben. Verlag Moritz Diesterweg, Frankfurt/ Main 1991, S. 238 f.
97 Der Feuerreiter (nacherzählt von Eva-Marie Häußler)
105 Dû bist mîn
Aus: Deutsche Lyrik des Mittelalters, ausgewählt und übersetzt von Max Wehrli. Manesse Verlag, Zürich 1977
128 Fünf Millionen Hektar Wald ...
Aus: Brigitte, Heft 7/1998. Verlag Gruner + Jahr, Hamburg
128 Eine Umschweltsch(m)utzgeschichte.
Aus: singen – spielen – nachdenken. Distel e. V., Förderverein für Umwelterziehung, Würzburg
130 Kleiner Knigge für Waldfreunde
Aus: Unsere Bank. Zeitschrift für Mitarbeiter der Hessischen Landesbank Frankfurt u.a. 12/ 1985, S. 14
132 Vom Urwald zum Kulturwald
Aus: Prospekt zur Ausstellung „Bedroht der Mensch den Wald" der Schutzgemeinschaft Deutscher Wald
135 Vorbild Vogelflügel
Aus: Sparkassenheft 261301. Deutscher Sparkassenverlag 1997
136 Der Schneider von Ulm – ein verkanntes Genie?
© Rolf Kauffeldt, Düsseldorf
138 Gustav Weißkopf
Aus: Der Große Brockhaus, Bd. 12. Verlag F. A. Brockhaus, Wiesbaden 1981
141 Von Anfang an dabei – mutige Fliegerinnen
© Rolf Kauffeldt, Düsseldorf
146 Luftverkehr(t)
Originaltitel: Beim Klimaschutz mehr Aufmerksamkeit für den Flugverkehr erforderlich.
Aus: Umweltbundesamt, Berlin; Presseinformation Nr. 07/1996
147 Mehr Fluggäste auf deutschen Flughäfen
Aus: Süddeutsche Zeitung, 7. u. 8. 3. 1998, S. 26
150 Der Ritt zum Kalvarienberg
Aus: Christine und Richard Kerler, Bayerischer Kuriositätenführer. Athenäum Verlag, Königstein/Ts. 1983, S. 84
152 Das Wurstmännchen von Geiselwind (nacherzählt und kommentiert von Eva-Marie Häußler)
Nach: J. Klarmann u. K. Spiegel, Sagen und Skizzen aus dem Steigerwald. Gerolzhofen 1912, S. 107/108 und S. 284
154 Der Dreißigjährige Krieg – Die Schweden in Dettelbach
Nach: Praxis Geschichte, Heft 3/1989
163 Musik liegt in der Luft
Aus: Rätsel, Denkspaß, Kniffeleien. Otto Maier Verlag, Ravensburg 1984, S. 260
171 Polizei rettet Schwan vor seinem Vater
Aus: Stuttgarter Zeitung, 4. 3. 1998
172 Esa-Teleskop findet Wasser
Aus: Stuttgarter Nachrichten, 11. 4. 1998
172 Lebende Vögel und Korallen im Koffer
Aus: Ludwigsburger Kreiszeitung, 4. 3. 1998
180 Das Hörspiel
Aus: Bertelsmann Jugendlexikon in Farbe. Bertelsmann Verlag, Güterloh 1997, S. 260
180 Aus der Geschichte des Hörspiels
Nach: dtv junior Literatur-Lexikon. Hg. von Heinrich Pleticha. Deutscher Taschenbuch Verlag, München/Cornelsen Verlag, Berlin
181 Hörspiele selbst gemacht
Originalbeitrag von Renate Arbeus
181 Geräusche/Hörspiel
Nach: Knister, Mikromaus mit Mikrofon. Spiele mit dem Kassettenrekorder. Arena Verlag, Würzburg [4]1995, S. 52–60
193 Fernsehberufe aus der Nähe betrachtet
Originalbeitrag von Renate Arbeus
196 „Momo" – Ein Film entsteht
Aus: Margarete von Schwarzkopf, Momo. Das Filmbuch. Thienemanns Verlag, Stuttgart/ Wien 1986
198 Einstellungsgrößen
Nach: Praxis Deutsch, Heft 57/ 1983
200 Effekte
Aus: Margarete von Schwarzkopf, Momo. Das Filmbuch. Thienemanns Verlag, Stuttgart/ Wien 1986, S. 86 ff.
201 Literaturverfilmung selbst gemacht
202 Einen eigenen Film drehen
Originalbeiträge von Renate Arbeus
206 Notiz eines Schreibers im 8. Jahrhundert
Aus: Vera Trost, Skriptorium. Die Buchherstellung im Mittelalter. (Übersetzung aus dem Lateinischen.) Belser Verlag, Stuttgart 1991, Titel
214 Ortsbücherei
Aus: Broschüre der Bücherei in Schwieberdingen